인구의 보이지 않는 손

인구의 보이지 않는 손
10개의 숫자로 보는 인류의 미래

폴 몰랜드 지음 송지우 옮김

기파랑

차례

들어가는 말 6

1 영아 사망률 … **19**
10: 페루의 1천명 당 영아 사망률

2 인구 증가 … **45**
40억: 2100년 아프리카 추산 인구

3 도시화 … **73**
121: 인구 백만 명이 넘는 중국 도시의 수

4 출산율 … **99**
1: 싱가포르의 합계출산율(TFR)

5 고령화 … **125**
43: 카탈루냐의 중위연령

6 노년 … **147**
79,000: 일본에서 100세 이상인 사람

7 인구 감소 … **175**
55: 한 세기 동안 불가리아 인구가 줄어든 비율

8 인종 변화 … **201**
22: 캘리포니아에 있는 학교 학생 중 백인 비율

9 교육 … **229**
71: 방글라데시 여성 100명당 문해율

10 식량 … **251**
375: 에티오피아에서 25년 동안 곡물 생산이 증가한 비율

결론 내일의 사람들 … **279**

감사의 글 - 저자 폴 몰랜드 … 292
옮긴이의 글 보이지 않는 손 - 역자 송지우 … 293

들어가는 말

현대

인구 변동은 오늘날 우리를 만들었으며 앞으로도 우리 삶에 깊이 관여할 것이다. 19세기 말 유럽의 세계 정복은 인구 폭발과 이것이 초래한 대이동이 없었다면 불가능했을 것이다. 20세기 미국과 소련 역시 이들의 인구가 유럽 경쟁국들을 압도한 덕에 초강대국으로 부상할 수 있었다. 현재 중국과 인도가 지닌 경쟁력의 바탕에는 10억 명이 넘는 방대한 인구가 자리한다.

역사적 팽창이 인구 변화와 맞물려 있듯 거대한 쇠퇴도 마찬가지다. 소련에서 러시아의 우위가 줄어들고 결국 소련 자체가 붕괴한 것도 인구 변동이 작용한 결과였다. 1990년대 일본 인구가 한 세기 전과 같이 젊고 성장하고 있었다면, 일본은 오늘날 '해가 지는 나라'로 인식되지 않았을 것이다. 그러나 20세기 말부터 일본은 인구가 감소하고 고령화되며 경제성장마저 둔화되기 시작했다. 이라크·예멘·리비아 등 중동 상당 부분이 불확실한 미래를 앞둔 젊은이들로 가득하지 않았다면 이들은 심각한 정치적 혼란에 빠져있지 않을 것이다. 대규모 이민부터 경기침체, 포퓰리즘, 브렉시트 국민투표, 도널드 트럼프의 미국 대통령 당선, 헝가리의 빅토르 오르반 집권 등 헤드라인을 장식하는 사건들은 모두 인구 변화를 빼놓고는 이해할 수 없다.

인구가 우리의 과거를 이끌어왔다면 미래 또한 그 손끝에서 그려지고 있을 것이다. 인구학이 곧 운명은 아니지만, 인류 사회를 바꿀 빠르고 강력한 힘인 것은 분명하다. 한때 막대한 인구가 빠져나간 유럽은 이제 대규모로 이민을 받아들이고 있고, 인구가 젊었던 지역은 점차 고령화되고 있다. 대가족의 대명사였던 이탈리아에선 오늘날 아이를 훨씬 적게 낳으며 한때 태어나는 아이의 3분의 1이 자신의 돌잔치가 열리는 것을 채 보기도 전에 숨지던 나라에서 이제는 그 수치가 천 명 중 두 명으로 줄었다. 교육이 특권이었던 곳에선 문맹이 거의 사라졌고, 대부분의 사람들이 굶주리던 지역에서는 오히려 비만이 새로운 문제로 떠오르고 있다. 오늘날 지구를 거느리는 사람들은 과거와 확연히 다르며, 앞으로도 더욱 달라질 것이다.

그저 하루하루 살아가는 우리에게 인구학의 영향은 눈에 잘 띄지 않는다. 그러나 인구의 역사를 전근대·근대·탈근대로 나누어 살펴보면 지역마다 인구변천의 시작점과 속도가 다르더라도 전개되는 양상은 비슷하다는 사실을 금방 눈치 챌 것이다. 지역과 국가; 나아가 대륙도 서로 다른 지점에서 다른 속도로 걸어가지만 결국 같은 길을 걷고 있는 셈이다.

전근대(Pre-Modern)

오랜 세월 인간의 삶과 죽음은 전적으로 자연의 지배 하에 있었다. 인간의 번식본능은 남녀가 성관계를 맺도록 했는데, 마땅한 피임법이 없던 시절에도 사람들은 번식을 무분별하게 하지 않고 어느 정도 통제하려고 했다. 일부 지역에서는 영아살해가 흔했다. 원치 않는 아이를 유기하거나 고대 스파르타처럼 선별 과정을 거쳐서 아이 수를 줄이기도 했다.[01] 모유 수유 기간을 최대한 길게 유지하거나, 배란일을 계산해 임신 가능성이 낮은 시기에만 성관계를 하는 방법으로 출산 시기를 조절하기도 했다. 중세 유럽 가톨릭 문화권에서는 사제의 독신 제도나 수도원·수녀원 체제를 통해 많은 사람을 번식 집단에서 배제하기도 했다.

그럼에도 세계 인구는 꾸준히 증가하여, 율리우스 카이사르(B.C. 100~44)부터 빅토리아 시대(1837~1901)에 이르는 약 18세기 동안 네 배가량 늘어났다. 물론 높은 사망률이 높은 출산율을 어느 정도 상쇄하여 더 폭발적인 인구증가는 일어나지 않았다. 기술이 발전하고 인류가 평화로운 시기를 맞아 인구가 일시적으로 늘면 곧이어 다시 줄어든 것이다. 중세 유럽은 농경지 개간과 새로운 농업 기술 도입으로 인구가 증가했으나, 1310년대 흉작과 1340년대 흑사병을 맞으며 도로 감소했다. 중국 역시 인구 성장의 황금기를 누린 뒤 여지없이 암흑기를 맞았다.

전근대 시대 교통수단은 단순했고 비용도 많이 들었다. 많은 사람을 먹여 살리기 위해 육로로 식량을 운송하는 일은 경제성이 떨어졌고, 통행세나 세관 규정 같은 추가 부담도 현실적인 걸림돌이었다. 그래서 사람들은 주로 가까운 지역에서 공급받는 식량에 의존할 수밖에 없었다. 그해 수확이 시원찮으면 배고픔에 시달렸고, 대흉작은

---

01 역주: 스파르타는 극도로 군사화된 사회였다. 스파르타인들은 신체적 힘이 생존에 필수라고 여겨, 아이가 태어나면 원로들이 신생아의 건강과 체력을 살폈다. 만약 아기가 지나치게 허약하거나 기형이라고 판단되면 그대로 내버려두어 죽게 했다. 이렇게 가장 강인한 아이만 살아남아 병사가 되도록 한 것이다.

굶주림이나 먹을 것을 찾아 떠나야함을 의미 했다. 기근과 질병이 인구 증가를 억제하지 않을 때면, 전쟁과 대학살이 그 역할을 대신했다. 독일은 17세기에 벌어진 30년 전쟁 때 인구 3분의 1을 잃었고, 중국은 명나라가 멸망하던 무렵에는 인구 10분의 1이상이 사망했다.

당시 출산은 아무런 제약 없이 이루어지기 일쑤였고 간혹 통제하려 해도 조악하고 비위생적인 방식에 기대거나 만혼(晩婚) 같은 사회적 관습으로 억제되기도 했다. 동시에 영아 사망률은 매우 높아서, 80세까지 산 사람이 다음 해 생일을 맞이할 확률이 신생아가 한 살까지 생존할 확률보다 높았다. 이것이 전근대 시대 인류가 처한 극심한 생존 환경이었다.

근대(Modern)

유럽 역사학자들은 흔히 15세기 후반을 중세와 초기 근대의 분기점으로 본다.[02] 중국에서 기원한 금속활자와 인쇄술은 학습의 문턱을 급격히 낮추었고, 지식의 급속한 확산 속에서 그 혜택을 누린 지식인 계층이 새롭게 등장했다. 아시아로 향하던 유럽인들이 우연히 아메리카 대륙을 발견하면서 완전히 새로운 탐험 무대를 열었고 원주민들에게는 인구학적 재앙을 선사했다. 한편 스페인에서 쫓겨난 이슬람 세력은 발칸 반도에 정착했는데 콘스탄티노플이 오스만 제국에 함락당한 후에는 더 확실하게 자리를 잡았다. 또, 서유럽 기독교 세

---

02 이는 중세와 근대에 걸친 르네상스 시기를 간과한 것이다. 시대 구분은 본래 완벽하기 어렵고, 다양한 이견의 여지가 있다.

계의 통합은 종교개혁을 계기로 크게 흔들렸다.

　그러나 이 모든 변화도 전근대 인구 체제를 근본적으로 흔들지는 못했다. 귀금속의 유통은 사람들의 구매력을 결정했고, 감자 같은 신대륙 작물의 등장이 값싼 탄수화물을 제공하며 유럽 일부 지역 생활양식을 서서히 바꾸었다. 하지만 정작 결정적인 인구 변화는 그로부터 300년 뒤, 유럽의 한 지역에서 시작되었다.

　18세기 후반, 토머스 맬서스(경제학자, 1766~1834)는 당대 인구 체제를 설명하면서 낙관적 계몽주의 사상을 비판했다. 그는 1798년에 출간한 저서 『인구론』에서 다음의 사실을 주장했는데, 아무런 제약이 없었다면 기하급수적으로 증가했을 인구는 식량 생산량의 더딘 증가로 인해 결국 억제될 수밖에 없다. 그러나 맬서스가 이를 두고 '신이 설계한 고정불변의 원리'라고 선언한 그 시점부터 변화가 시작됐다.[03] 오늘날 기준으로 보면 당시 식량 공급이나 공중보건, 의학 수준은 여전히 미흡했지만, 사망률을 낮출 정도로는 충분히 발전한 것이다. 아울러 이 당시에는 출생률도 매우 높은 수준을 유지해서 맬서스가 살았던 영국의 인구가 폭발적으로 늘어났고 미국·캐나다·오스트레일리아·뉴질랜드 등지로 이주하는 정착민까지 생겨났다. 오늘날 '인구변천'이라 부르는 현상이 바로 이렇게 시작되었다.

　영국에서 시작된 인구변천은 유럽 여러 지역으로 빠르게 확산했고, 곧 유럽 밖으로도 퍼져 나갔다. 다른 지역이 인구변천의 첫 단계

03　맬서스의 『인구론』 후기 판본에서는, 지역이나 시기에 따라 사람이 부양할 수 있는 최대 인구보다 자녀를 적게 낳아 생활수준을 높일 수 있다고 일부 인정했다.

를 밟는 동안, 영국은 그다음 단계에 돌입했다. 출생률이 하락하며 급격한 인구 증가 시대가 막을 내린 것이다. 20세기에 접어들어 교육 수준이 높아지고 아동 사망률이 낮아졌으며, 저렴하고 개선된 피임법까지 보급되어 많은 사람들이 자녀를 적게 낳기 시작했다. 전간기 (1차 세계대전 종전과 2차 세계대전 발발 사이의 기간) 동안, 유럽과 북아메리카 대부분 지역에서 '두 자녀 가족'이 표준 형태로 자리 잡았다. '높은 출생률과 높은 사망률'을 지닌 작은 인구 체계가 '낮은 출생률과 낮은 사망률'을 지닌 큰 인구 체계로 완전히 전환된 듯 보였다. 2차 세계대전 종전 후에 아무도 예측하지 못한 베이비붐이 터져서 출산율이 잠시 증가했는데 1960년대 말에는 다시 대체출산율인 여성 한 명당 2명을 조금 넘는 수준까지 내려갔고, 곧 그 이하로 떨어졌다.

이같이 인구변천의 초기 단계들은 유럽과 북아메리카에서 먼저 일어나서 전 세계로 확산했는데, 그다음 단계도 마찬가지였다. 일본은 19세기 말 비유럽계 국가로서는 처음으로 산업화·도시화를 거쳐 사망률이 낮아지고 인구가 늘었으며, 결국 출생률도 하락했다. 이로써 인구변천은 전 지구적 현상이 되었다.

이 과정은 유럽이 다른 지역에 소가족 선호와 출산의 의료화 그리고 죽음에 대한 기술적 방어를 강요하는 이른바 '유럽 중심적 시도'로 비판받아 왔다. 그러나 근대적 인구체계가 정말로 서구에 의해 도입된 것이 사실이더라도 이를 받아들인 지역들은 대체로 긍정적이었다. 나 또한 우리 가족이 아이를 몇 명 가질지 선택할 수 있고, 내가 80세 넘게 살 것이라 기대할 수 있는 현실이 만족스럽다. 다른 이들도 비슷한 선택의 자유와 장수를 누릴 수 있다면 기쁜 일이지 않은가. 게다가 내가 전근대 인구 체제의 소멸을 아쉬워하더라도, 세상은 그것과 상관없이 이미 그 길로 가고 있다.

어떤 나라는 인구 근대화를 이제 막 시작했다. 아프리카 대부분의 지역은 최근 몇십 년 사이에 사망률이 급감했고 출산율은 여전히 여성 한 명당 6명 안팎으로 전근대 시대 유럽과 유사하다. 전근대 인구 체계가 많이 낳고 빨리 죽는 '상태'였다면 근대적 인구 체계는 모두가 아이를 적게 낳고 오래 사는 길로 가는 '과정'이다. 이는 경제·기술·교육의 발전, 산업 성장, 교통 발달, 문해력·교육 확대 등과 밀접한 관련이 있다. 아직도 전 세계 곳곳이 이 단계를 지나고 있는데 그 여정이 이미 끝난 곳에서는 한 가지 질문이 남는다. 이제 어떤 미래가 기다리고 있는가?

탈근대(Post-Modern)

세계 대부분 지역은 이미 인구변천 과정이 끝났거나 마무리 직전 단계에 들어섰다. 과거에는 이 과정이 경제발전과 깊은 관련이 있었는데, 나라가 부유해지면 교육 수준이 높아지고 도시화가 진행되며 출생률과 사망률이 함께 떨어졌기 때문이다. 그러나 오늘날에는 인구 근대화가 오히려 산업발전이나 경제성장을 앞지른다. 가난한 나라에서도 가족 규모가 작아지고 기대수명이 크게 늘어나고 있는 것이다. 스리랑카의 평균 소득은 미국보다 훨씬 적지만 평균 기대수명은 비슷하다. 모리셔스도 아일랜드와 비교하면 평균 소득이 훨씬 적은데 평균 자녀수도 0.5명 적다. 21세기 초반 모로코 여성은 문맹률이 높았음에도 평균적으로 낳는 자녀 수가 세 명도 채 되지 않았다. 이렇게 인구 근대화와 경제발전이 분리되는 현상은 다가올 미래의 예고편과도 같다.

인구변천이 끝났다고 해서 인구의 변화가 멈춘 건 아니다. 이제 우리는 '탈근대 인구학'의 출현을 목도하고 있다. 현대적 생활양식이 당연시 여겨지는 가운데, 오히려 자녀를 더 많이 낳는 이들이 생겨난 것이다. 여기에는 경제력, 산업화 및 도시화, 피임 접근성 등 물질적 조건보다 문화·가치관·종교 등이 더 크게 작용했다. 인구변천의 동력이 물질적 조건에서 이념과 가치관으로 옮겨 가고 있는 셈이다. 마르크스는 물질적 조건이 역사를 이끈다고 주장했지만, 적어도 인구학에선 그와는 다른 현실이 펼쳐지고 있다. 이미 전 세계 어느 국가든 사망률이 낮아지고 평균 수명은 늘었으니, 오히려 출산율이 공동체나 국가를 구분 짓는 결정적인 요소가 됐다. 그리고 이는 점차 물질적 조건이 아닌 희망과 두려움, 열망과 가치관에 의해 좌우된다.[04] 예를 들어 오하이오의 아미시[05] 여성들은 같은 주 여성보다 평균 세 배나 많은 자녀를 두는데, 이는 이들 가족이 벌어들이는 소득이 아니라

04　나는 1970년과 2019년에 각각 관련 자료를 확보할 수 있는 100여 개국의 1인당 GDP와 출산율, 기대수명, 영아 사망률을 비교했다. 그 결과 소득과 이 세 가지 인구통계 지표 간 상관관계(출산율·기대수명과는 양의 상관관계, 영아 사망률과는 음의 상관관계)는 전반적으로 약해졌다. 특히 1인당 GDP와 출산율 간 상관관계는 기대수명이나 영아 사망률 간 상관관계보다 훨씬 크게 약화됐다. 또한 2019년 기준으로 가난한 나라보다 부유한 나라에서 이 상관관계가 더 약화되었다.

05　역주: Amish, 재침례파 계통의 종교적, 문화적 생활 공동체. 농경 생활을 하던 때의 문화를 유지하고 있다는 점에서 한국의 청학동 마을과 비슷하다고 이해하면 된다.

이들이 가진 신념에 그 이유가 있다.

인구 근대화는 마치 경제성장과 닮아있다. 선진국에서 경제성장이 둔화하면, 한편으로는 무한히 지속될 수 없는 과정이 마침내 끝났다고 해석하기도 하기 때문이다. 또 탈근대 인구학은 우리의 정치 영역에도 드러난다. 정체성과 나이는 이제 계급보다 더 중요한 요인이 되었고, 사람들은 더 이상 직업이나 자신이 속한 사회적 계층을 바탕으로 투표하지 않는다. 대신에 이들은 정체성과 나이를 바탕으로 선거에 참여한다. 경제적 서열보다는 나이가 그 사람의 관점을 결정짓는 데 더 큰 역할을 하는 셈이다.

'두 번째 인구변천'에 관한 논의도 있다. 이 이론에 따르면, 사람들은 가족을 이루기보다 개인의 목표 추구를 우선시하여 출산율이 결국 대체출산율 아래로 떨어지고 그 수준에 머물 것이다. 결혼과 출산에 대한 열의가 식어 전통적 생활양식이 해체되고 여러 대안이 등장할 것이다. 그 결과 인구는 줄고 고령화가 가속화되며 부족한 노동력을 이민으로 보충하는 과정에서 사회 전체가 큰 인종 변화를 겪을 것이다. 이 '두 번째 인구변천'도 첫 번째와 마찬가지로 서구에서 시작되어 전 세계로 확산될 것이다.

그러나 조금만 자세히 들여다보면 이보다는 더 복합적이면서 덜 운명적인 이야기를 찾을 것이다. 모두가 소규모 가족을 택하는 것은 아니며, 더 큰 가족을 꾸리는 사람들도 있다. 어떤 나라는 이민을 제한하거나 애초에 받아들이지 않는다. 일부 지역에서는 기대수명이 더 이상 오르지 않거나 낮아지기 시작했고, 몇몇 대도시에서는 인구가 유출되고 있다. 코로나19 팬데믹 이후 이 흐름이 더 가속화될 가능성도 있다.

미래의 인류를 들여다보기 전

이 글을 쓴 목적은 인구의 역사적 변화가 오늘날 우리를 어떻게 형성했는지 보여주고, 미래 인류의 삶을 엿보고자 하는 것이다. 10개의 숫자가 인구 흐름과 관련된 큰 줄기를 짚어 줄 것이다. 영아 사망률 하락, 인구 증가, 도시화, 출산율 감소, 고령화, 노인 인구 증가, 인구 감소, 인종 변화, 교육 수준 상승 그리고 식량 공급 확대이다. 이 현상들은 따로따로 일어나는 것이 아니라, 원인과 결과의 긴 사슬 속에 놓여있다. 영아 사망률이 낮아지면 인구가 늘고, 그 인구가 도시로 몰리며 도시화가 진행된다. 이후 도시에 사는 사람들의 출산율이 낮아지고 이는 고령화와 인구 감소로 이어진다. 그러면 이민이 늘고 인종 변화가 뒤따르며, 이 모든 과정은 교육 기회 확장과 식량 공급 증가에 의해 뒷받침된다.

이러한 변화들을 한데 묶어서 보면 떠오르는 핵심 주제가 있다. 전근대 인구체계에서 탈근대 인구체계로의 전환은 곧 우리가 어디서 어떻게 살고 죽을지 더 자유롭고 주도적으로 결정하게 하는 움직임이란 사실이다. 이 책에 나오는 이야기와 숫자들은 이런 전환의 방향을 보여주지만, 미래는 수십억 개인이 자기 삶에서 가장 중요한 문제를 두고 내리는 결정에 달려 있다는 사실을 기억해야 한다.

이전 저서인 『인구의 힘』에서 나는 미래가 세 가지 색으로 나타날 거라고 했다. 인구 증가가 느려져 환경이 회복될 수 있는 '더 녹색', 인구가 고령화되는 '더 회색', 그리고 인종 변화로 인해 '덜 하얀색'이 되는 것이다. 이는 탈근대 인구체계로 가는 과정이다. 인구가 줄고 적은 자원으로도 식량을 공급할 수 있게 되면 세계는 '더 녹색'이 되고, 전세계적으로 고령화가 가속화되며 '더 회색'이 된다. 동시에 아프리카 인구가 크게 늘고 유럽계 인구가 줄어들면서 세계는 '덜 하얀색'이 되는 것이다.

▶ 용어 및 데이터에 관하여

이 책을 읽기 전에 몇 가지 기본 용어를 알아 두면 좋다. 먼저 **출생률**은 한 해 동안 태어난 아이 수가 전체 인구에서 차지하는 비율을 뜻한다. 인구가 1천만 명이고, 그해 20만 명의 아기가 태어났다면 출생률은 2% 혹은 1천 명당 20명이다.

한편 **출산율**(총출산율, TFR)은 특정 기간 가임 여성 한 명이 낳는 아이의 평균을 계산해, 한 여성이 평생 낳을 아이가 몇 명인지 보여 준다. 예를 들어 15세에서 40세 사이 여성 1백만 명이 1년에 10만 명의 아기를 낳는다면, 여성 한 명당 1년에 0.1명을 낳는 셈이고, 이를 가임기인 25년으로 환산하면 평균 2.5명을 낳는다고 볼 수 있다.

인구학에서 말하는 출산율은 사람들이 얼마나 많은 아이를 낳을 수 '있는지'가 아니라 사람들이 얼마나 많은 아이를 '실제로 낳았는지'를 의미한다. 건강 문제이든 다른 사정이든 아이를 전혀 낳지 않았다면, 그 여성의 출산율은 0으로 본다.

사망률은 한 해 동안 사망한 사람 수가 전체 인구에서 차지하는 비율이다. 인구가 1천만 명인데 1년에 10만 명이 사망했다면, 그해 사망률은 1% 혹은 1천 명당 10명이다. **기대수명**은 특정 시점에 사람들이 앞으로 얼마나 더 살 수 있는지 추정한 값으로, 측정 당시 그 지역의 연령대별 사람들이 얼마나 죽는지를 바탕으로 계산한다. 나이가 명시되어 있지 않은 경우 '출생 시 기대수명'을 가리키며, 남성과 여성은 보통 따로 계산한다.

중위연령은 특정 시점에 한 사회 구성원의 나이가 어떻게 분포하는지 보여 주는 지표다. 인구 전체를 나이순으로, 가장 어린 사람부터 가장 나이 많은 사람까지 줄 세웠을 때, 그 줄 한가운데에 있는 사람의 나이가 곧 중위연령이다.

이 책에는 데이터가 여기저기 등장하는데 그 의미를 알아야 내용을 제대로 파악할 수 있다. 하지만 미리 경고를 하자면, 인구 데이터를 수집하고 검증하려면 대규모 조사와 확인 작업이 필요하고, 조사 지역·시기·주제 등에 따라 자료의 품질도 달라진다. 현대 사회에서는 국가 기관이 출생, 사망, 국경 간 인구 이동 정보를 수집·분석하는 일을 당연하게 여기지만, 이 제도는 비교적 최근에 도입됐다. 예를 들면 인구학자들도 18세기 일본의 낮은 출생률이 성적 금욕, 낙태, 영아 살해 중 무엇 때문인지 정확히 알 수 없다. 일반적으로 발전된 국가일수록 그리고 가장 최근의 데이터일수록 신뢰도가 높다. 그래서 2020년 핀란드 사망 통계는 1950년 보츠와나 이민 통계보다 훨씬 더

믿을 만하다. 가능하면 유엔의 종합 데이터를 사용했다.

과거와 현재의 데이터가 명확하지 않듯이 미래와 관련된 데이터도 불확실하다. 그럼에도 인구학자들이 어느 정도 확신을 갖고 예측할 수 있는 영역은 있다. 큰 재앙만 없다면, 2050년 이탈리아의 서른 살 인구 규모를 알 수 있고 그때가 되면 남아프리카 공화국 사람들의 평균 수명이 지금보다 짧아지지 않을 것이라고 상당한 확신을 갖고 얘기할 수 있다. 그러나 이 책의 핵심 주제 중 하나는 미래가 이미 정해진 운명이 아니라는 사실이다. 앞으로 미래가 어떻게 전개될지는 사람들이 내리는 선택에 달려 있다. 과거에는 환경이나 물질적 조건만으로도 미래를 어느 정도 예측할 수 있었고, 경제학자들도 그 변화를 짐작하기가 비교적 쉬웠다. 그러나 이제는 문화적·개인적 선호가 인구 흐름에 끼치는 영향이 경제적 요인보다 커지면서, 인구의 미래를 예측하기가 훨씬 더 까다로워졌다.

먼 곳으로 여행을 떠날 때, 도착하기도 전에 도로가 새로 생기거나 지진으로 원래 있던 도로가 사라질 수 있다. 그럼에도 여정을 출발할 때 가능한 한 정확한 지도를 구해 두는 일은 중요하다. 이 책은 인구가 현재에 미치는 영향과 인구학의 주요 흐름이 정치·경제·사회에 끼치는 파급 효과를 살펴보며, 미래를 가늠해 볼 수 있는 지도를 제시한다.

10 페루의 1천명 당 영아 사망률

먼지 자욱한 카라바이요는 페루의 수도 리마와 안데스 산맥 사이에 자리한다. 1530년대 스페인 정복자들이 잉카 제국을 파괴하기 전에 이곳은 잉카 권역에 속했고 이후 스페인인들이 이 땅을 차지하며 원주민들을 노역에 동원했다. 수도 외곽에 위치한 이곳은, 서구인들이 흔히 생각하는 제3세계 빈민가와는 거리가 멀다. 황토빛 진흙벽돌로 지은 구시가지에서는 전통미가 느껴지고, 일부 주민은 페루 중산층이기도 하다. 물론 대부분 지역은 엉성한 집들과 들판이 뒤섞여 도시와 시골이 어중간하게 공존한 형태다. 언덕 옆에 임시 주거지들이 있지만, 현대식 사무실 건물도 있어서 사무직 일자리가 있음을 짐작할 수 있다.

카라바이요는 전형적인 개발도상국 주거 환경과 비슷하다. 주민들의 생활양식은 극빈 농촌을 벗어나 서구 수준에 가까워졌고, 그 과정에서 영아 사망률도 크게 낮아졌다. 한때 아기가 죽는 일이 흔했으나, 이제는 드문 사례가 됐다.

1996년 이곳에선 보건 진료소가 문을 열었다. 지역 보건 활동가들은 임신부들에게 영양·위생 교육을 하고, 교육을 받은 어머니들은 주변 사람들에게 배운 내용을 전했다. 또한, 보건 교육 담당자들은 문화와 관습을 잘 아는 현지인들로 구성되어 외부인보다 더 효과적으로 활동할 수 있었고, 이렇게 작은 활동들이 모여서 페루의 영아 사망률을 낮추는 데 큰 역할을 했다.

때때로 사람들의 행동은 간단한 금전적 보상에 의해 바뀐다. 21세기 초 페루 정부는 임산부들에게 현금을 지급하여 예비 어머니들이 산전교육에 참석하고 자녀들에게 백신을 접종하도록 하기 위해 현금을 지급했다. 대개 현지 언어를 잘 아는 보건 인력을 배치하여 참여율을 높였는데 이러한 접근은 페루의 영아 사망률을 낮출 뿐만 아니라 페루인 전체의 건강 상태와 기대수명을 개선하여 이들의 삶을 크게 바꾸었다.

세계은행 자료에 따르면 오늘날 페루에서 1천 명의 아기가 태어나면 그 중 열 명은 여전히 자신의 첫 생일을 맞지 못하고 사망한다. 통계마다 조금씩 차이가 있긴 하지만, 확실한 건 영아 사망률이 빠르게 떨어지고 있다는 사실이다. 1970년대 초반까지만 해도 페루의 영아 사망률은 1천 명 중 무려 백 명 이상으로, 지금의 10배였다. 불과 50여 년 만에 페루가 이렇게 영아 사망률을 크게 낮춘 사실이 전 세계적으로 주목받지 못한 건, 페루와 비슷한 발전 수준을 지닌 나라에는 이것이 꽤 흔한 일이었기 때문이다. 실제로 지난 50년 동안 페루의 영아 사망률이 감소한 속도는 남아메리카보다 조금 빨랐을 뿐이며, 중국 등 여러 아시아 국가와는 유사한 수준이었다.

페루 여성의 교육 기회가 확대된 것이 영아 사망률을 낮추는 데 결정적 요인이었다. 교육은 여성들의 임신·출산·육아에 관한 지식을 넓힐 뿐만 아니라, 어머니들로 하여금 가족 복지를 주도할 역량을 키워주었기 때문이다. 1970년만 해도 페루 인구의 3분의 1 이상이 중등교육을 받지 못했지만, 현재는 남녀 대부분이 중등교육을 이수한다. 모두가 기초 교육에 접근할 수 있는 사회는, 교육이 소수 특권층에게만 허용된 사회와는 전혀 다른 모습을 띠며, 특히 아동 복지에서 그 차이가 두드러진다. 교육은 여성들이 임신·출산·육아 과정에서 더욱 적극적으로 의료 조언을 구하고 실천하는 것으로 이어지며, 그 결과 자녀를 안정적으로 양육할 가능성도 훨씬 커진다.

교육이 영아 사망률을 직접 낮춘 게 아니라, 이 둘이 상관관계에 불과하다고 주장할 수도 있다. 물질적 조건이 좋아지면 사망률이 줄고 교육 기회도 덩달아 늘어나기 때문이다. 그러나 여러 통계분석을 종합하면 실제로 교육 수준이 높아질수록 영아 사망률이 낮아지는 경향이 있다. 결국 지식은 수명을 늘려주는 열쇠다. 그것이 말라리아를 예방하기 위한 모기장 사용법이든 설사 회복에 도움이 되는 소금물 및 설탕물 복용법이든 말이다. 선진국에서도 대체로 교육 수준이 높을수록 더 건강하고 사망률이 낮다.

또 영아사망률이 감소한만큼 산모 사망률도 낮아지는 것을 확인할 수 있다. 페루에서는 2003년부터 2013년 사이에만, 출산 중 사망하는 여성 비율이 절반 이상 줄었다.

결국 페루에서는 저렴한 양질의 약품 공급, 식품 기준 강화, 깨끗한 식수 제공 그리고 여기에 교육의 확대까지 더해지며 영아 사망률이 크게 떨어졌고 그 속도는 유럽보다 두 배 빨랐다. 페루의 지난

25년 간 영아 사망률 감소 폭을 보면 이를 똑같이 달성하는 데 영국은 무려 75년이 걸렸다. 물론 페루는 여전히 가난하고, 영아 사망률만 놓고 보면 1970년대 후반 영국이나 21세기 초반 러시아와 비슷한 수준이다. 달리 말해, 현재 페루에서 태어난 신생아가 한 살 이전에 사망할 확률은 1960년대 런던에서 태어난 내게 적용된 확률의 절반 정도이다.

앞서 언급했듯이 페루가 지난 수십 년간 이룬 발전은 다른 여러 개발도상국에서도 관찰된다. 전 세계 영아 사망률은 1950년대 초부터 1980년대 초까지 절반으로 줄었고, 그 뒤로 다시 절반 가까이 감소했다. 이는 곧 과거 수천 년의 인류 역사보다, 바로 직전 수십 년 동안에 더 많은 발전이 이루어졌음을 의미한다.

영아 사망률의 정의와 요인

오늘날 영아 사망률은 '1천 명 중 몇 명'으로 계산한다. 예전에는 '100명 중 몇 명'을 사용했는데 전근대 시대 대부분 사회에서는 아이 세 명당 한 명 정도가 돌 전에 숨졌기 때문이다. 지난 200년 동안 생활 방식과 삶의 기준이 크게 바뀌어 어린아이의 생존 가능성이 눈에 띄게 높아졌다. 일본의 영아 사망률은 1천 명당 2명에 불과하다.

우리는 보통 죽음을 노인과 연결해 생각하지만, 전근대 시대에는 오히려 갓 태어난 아기가 가장 위험했다. 세례를 받아야 천국으로 갈 수 있다고 믿은 기독교 신자들은 아이가 태어나자마자 가능한 빨리 이 의식을 치르는 것이 중요할 정도였다. 1816년 이탈리아 파두아에서는 태어난 아기의 약 15%가 생후 6일 이내에 사망했는데, 이러한 이유로 인해 갓난아기의 4분의 3가량은 태어난 지 이틀도 되지 않아 세례를 받았다. 1870년대에 이르러 영아 사망률이 절반으로 줄면서 세례 시기도 자연스레 늦춰졌다. 부모들이 아이가 금방 죽지는 않을 거라 여기게 된 것이다.

우리는 앞에서 어머니가 글을 읽지 못하고 영양 상태와 위생 환경이 안 좋으면 아이가 생존하기 매우 어렵다는 사실을 알게 되었다. 그러나 과거에는 모두의 상황이 그러했다. 16세기에 온갖 사치와 편의를 누리던 영국의 헨리 8세는 자녀가 셋만 살아남았는데 그 아이들은 후손조차 남기지 못했다.[06] 헨리의 여섯 명의 아내 중 두 명은 처형당했는데 그 중 한 명은 열아홉 살에 불과했고, 나머지 네 명은 자연사했다. 영국인들은 흔히 헨리가 아내를 여섯이나 두었다는 사실을 기억하지만, 정작 손자를 보지 못했다는 점은 잘 기억하지 못한다. 이는 사회 최상층이라 해도 후손이 끊기기 쉽던 전근대 시대 상황을 잘 보여준다.

영국 왕실에서 장남이 아버지에게 왕위를 물려받고 그 장남이 자기 아들에게 왕위를 물려준 마지막 사례가 언제일까? 정답은 600여 년 전이고 그 주인공은 헨리 5세다. 왕위 계승이 실패한 데에는 반란이나 왕위 찬탈자 탓도 있었지만, 보통은 후계자의 이른 죽음 때문이었다. 헨리 8세의 형 아서는 아버지 헨리 7세보다 먼저 죽었고, 조지

---

06 헨리 8세의 마지막 아내였던 캐서린 파는 헨리 8세가 죽은 뒤 네 번째 남편과의 사이에서 아이를 낳았는데, 그 아이는 두 살 무렵 세상을 떠났다.

2세의 아들 프레데릭 역시 아버지보다 일찍 세상을 떠났다. 결국 프레데릭의 아들 조지 3세가 왕위를 이어받았고 조지 5세도 형 앨버트 빅터가 아버지보다 먼저 숨지는 바람에 왕이 됐다.

그래서 그런지 옛날에는 인구 증가가 무척 더뎠다. 오늘날 전 세계 인구는 70억 명에 이르는데 불과 몇백 년 전까지 그 숫자가 10억 명에 불과했던 것도 같은 이유에서다. 헨리 8세 시대로부터 한 세기 반이 지난 앤 여왕 때에도 상황은 크게 달라지지 않았는데 앤 여왕은 무려 열일곱 번 임신했으나 단 한 명의 자녀도 살아남지 못했다. 그나마 오래 산 아들 윌리엄(글로스터 공)이 열한 살에 숨지면서 왕실이 단절됐다. 언니 메리 2세도 후손을 남기지 못했고, 그렇게 개신교 튜더·스튜어트 왕실이 끊기자 1714년 하노버에서 온 사촌이 그 자리를 메웠다. 왕실 이야기가 눈에 띄는 건 기록이 많아서일 뿐, 일반인도 마찬가지였다. 옛 가계도를 살펴보면 헨리 8세와 그의 아내들처럼 후손 없이 대가 끊긴 사례가 매우 흔했다. 결국 우리 모두는 과거 누군가가 살아남아 자손을 이어 왔기에 살아숨쉬고 있는 것이다.

한편, 보통 청소년기에 사망 위험이 줄다가 노년기에 다시 늘어난다. 옛날에는 자녀를 낳기 전에 죽는 이가 많아서 여성 한 명이 평균 여섯 명 이상의 아이를 낳아야 인구가 겨우 유지됐는데 현재는 그 수를 2.1명 정도로 본다.

죽음의 그림자

인간이 의식을 갖게 된 이래 죽음의 불가피성은 늘 인간을 괴롭혀

왔다. 지하 세계의 어두운 강이나 불타는 가마 같은 이미지는 우리의 선조들을 공포에 떨게 했고, 오늘날까지도 많은 이들이 두려워한다. 또한 죽음에 대한 공포는 우리의 종교, 신화 그리고 예술에도 깊은 영향을 끼쳤다. 영국 국민보건서비스(NHS)나 미국의 대규모 의료산업에 막대한 예산이 투입되는 것도 결국 죽음을 늦추려는 의도가 아니면 무엇이겠는가. 우리는 언젠가 우리의 가족과 친구가 영영 사라지고 우리 또한 같은 운명을 맞을 거라는 낯선 진실과 함께 살아간다. 그러나 인구학자들에게 죽음 혹은 '사망률'은 그저 학문의 가장 기본적인 전제에 불과하다.

생존을 해마다 넘어야 할 장애물이 있는 경주로 생각해보자. 옛날에는 경주가 시작되면 초반의 장애물들이 워낙 높아서 서너 개의 장애물도 넘지 못하고 쓰러진 사람이 많았다. 인구학적으로, 그때 인류는 자연 상태에 가까웠는데 자연은 기본적으로 생명을 무척이나 낭비한다. 무화과의 수많은 씨앗 중 극히 일부만 무화과나무가 되고, 야생에서 태어나는 개코원숭이는 네 마리 중 한 마리 꼴로 1년 안에 죽는다. 전근대 시대 농경사회에서 인류의 영아 사망률은 유인원과 비슷하거나 유인원보다 조금 높은 수준이었다. 수렵채집 사회의 우리 선조들은 조금 나았는데 아이 네 명 중 한 명은 돌 전에, 또 한 명은 자손을 남길 나이가 되기 전에 숨졌다. 이는 19세기에 이르기까지 어느 지역이나 마찬가지였고 만일 그렇지 않았다면 인류는 훨씬 더

일찍 폭발적으로 늘었을 것이다.[07]

지금은 경주의 초반 장애물들이 크게 낮아져서 선진국에서 태어난 아이 대부분은 자녀를 낳을 수 있다. 누군가가 어린 나이에 죽는 일은 여전히 큰 비극이지만, 전 세계 곳곳에서 그 사례가 점점 드물어지고 있는 것은 분명 긍정적인 변화다.

그러나 여전히 사하라 이남 아프리카나 아시아 외딴 지역에는 출생이 문서로 남지 않는 경우도 많다. 태국 북부 치앙라이 출신인 조(Joe)의 부모는 출생 등록을 이해하지 못해 십대 후반이 돼서야 국적과 신분증을 받았다. 이러한 상황에서는 인구학자들이 정확한 통계를 내기 어렵고 당사자도 현대 생활방식에 적응하기가 힘들다. 조는 영국 기자에게 "내가 태국인임을 증명할 서류가 없어서 경찰이 내가 마을 밖으로 나가는 것을 막았다"고 털어놓았다. 이렇게 출생과 사망이 기록되지 않으면 영아 사망률 역시 추정치에 의존할 수밖에 없다.

한편, 통계상 왜곡이 발생하기도 하는데 이는 데이터를 수집하기 가장 쉬운 곳에서 보통 영아 사망률이 가장 낮기 때문이다. 아기를 돌보는 시설이 잘 갖춰져 있고 교육 수준이 높은 곳은 영아 사망률도 비교적 낮다. 도시 환경에서는 의료와 통계를 보완하려 애쓸 수 있지

---

07 한편 죽음을 기꺼이 받아들이는 '반대 경향'도 존재한다. 바흐의 아름다운 칸타타 BWV 82는 "난 이제 충분하다(Ich habe genug)"라는 애절한 탄식으로 시작해, 마지막에는 "나는 내 죽음을 기뻐한다(Ich freue mich auf meinen Tod)"라는 구절로 끝난다. 예술가나 신비주의적 경건주의자, 혹은 독특한 사이코패스가 아니어도, 영광이나 순교, 영원성을 얻고자 스스로 죽음을 택하거나 앞당긴 사람은 언제나 있었다. 더 나은 사후 세계나 환생을 굳게 믿으면 살아 있으려는 욕구가 약해질 수도 있다. 그러나 그런 사례가 일반적이었다면 인류가 지금처럼 존속하고 번성하기는 어려웠을 것이다. 대부분의 경우에는 '살고자 하는 의지'가 더 강하게 작용한다.

만, 인구학자는커녕 의사조차 접근하기 어려운 지역이 많은 나라에선 대략적인 추정치밖에 얻지 못한다.

또 다른 한계는 사회 변화가 너무 빨라 데이터를 분석할 무렵 이미 상황이 바뀌었을 수 있다는 점이다. 인구 통계 지표 가운데 영아 사망률만큼 급변하는 예를 찾기는 어려울 것이다. 전염병이나 기근이 닥치면 한 세대 전체가 사라지기도 하는데 영아나 고령자는 특히 병에 취약하기 때문이며 최근 예방 접종 프로그램이나 기초 산모 교육 같은 혁신적 방법이 도입되면서 어린아이뿐 아니라 인구 전체의 사망률도 급격히 떨어졌다. 미국은 수돗물에 남은 염소를 제거해 불과 십여 년 만에 장티푸스 사망률을 절반 이하로 줄였고 결국 장티푸스를 완전히 퇴치하는 데 이르렀다.

이렇듯 데이터에 약간의 오류나 불확실성이 있는 것은 사실이지만 영아 사망률 하락은 현대 세계에서 가장 긍정적이고 강력한 인구학적 변화로 꼽힌다. 전세계 거의 모든 지역에서 이런 긍정적 상황이 진행되고 있지만, 지역 간 격차는 여전히 뚜렷하다.

선진국과 뒤처진 나라들

지난 50년 동안 영아 사망률을 가장 빠르게 낮춘 지역은 개발도상국이다. 보통 나라가 부유해지고 교육 수준이 높아진 뒤에 영아 사망률이 떨어지지만, 오늘날은 비교적 가난한 나라도 정부와 국제 원조 단체가 아동 건강을 우선시하고, 대부분 부모도 자녀 복지를 중요시 여겨서 페루처럼 선진국과의 격차를 예상보다 더 빠르게 줄이는 경우가 늘고 있다.

　미국은 영아 사망률이 1천 명당 약 5.5명이다. 개발도상국인 페루보다는 훨씬 낮지만 세계 최고 부국이자 의학 연구 중심지라는 점을 생각하면 다소 실망스럽다. 이는 미국에서 빈곤층이 이용할 수 있는 의료 서비스가 제한적이기 때문이다. 물론 현재 미국의 영아 사망률은 1980년대 초에 비해 절반으로 줄었고 이미 낮은 수준을 더 낮추기 어려운 것도 사실이다. 하지만 40년 전만 해도 미국과 영아 사망률이 비슷했던 프랑스·독일 등 서유럽 국가들의 영아 사망률은 현재 미국의 절반 수준이며 1980년대 초에 미국의 두 배를 웃돌았던 동유럽의 영아 사망률도 이제는 미국과 거의 비슷해졌다.

　인구 통계를 자세히 들여다보면, 최근 미국이 선진국 중에서 상대적으로 뒤처지는 이유가 좀 더 분명해진다.

　미국의 여러 사회문제와 마찬가지로 영아 사망률도 인종이란 변수가 크게 작용한다. 아프리카계 미국인의 영아 사망률은 전체 평균 대비 2배 이상으로 1천 명당 11명 내외이며 비교적 가난한 히스패닉계는 전체 평균보다 오히려 조금 낮은 1천 명당 약 4.86명이다. 영아 사망률이 가장 낮은 사람들은 주로 아시아계 미국인이며 1천 명당 약 3~4명으로 세계 최저 수준과 크게 다르지 않다. 백인 미국인의 영아 사망률은 히스패닉계보다는 조금 낮지만, 쿠바나 중남미 출신 이민자보다 높고 아시아계 미국인보다는 훨씬 높다.

　그럼에도 아프리카계 미국인의 영아 사망률 문제에는 희망적인 소식도 있다. 신시내티에서는 현지 여성들 대상으로 교육을 확대한 결과 흑인 영아 사망자가 1년 전 대비 24%나 줄었다. 지역 보건 활동가를 늘리고 임신부 대상 산전 모임을 확대한 것도 큰 몫을 했다.

한편, 영아 사망은 주로 산모의 나이가 너무 어리거나 너무 많을 때(20세 이하 또는 40세 이상) 발생한다. 어린 엄마들은 환경이 열악하고 교육이 부족하여 양육이 쉽지 않고, 나이 많은 엄마들은 임신·출산·회복 과정 자체가 더 힘들다. 이로 미뤄 보면 미국에서 어느 계층이 가장 취약한지, 또 정부가 어디를 우선 지원해야 할지 짐작할 수 있다. 하지만 미국의 전반적인 성과가 저조한 가장 큰 이유는 적절한 의료 서비스를 쉽게 누리지 못하는 계층이 많기 때문이다.

지리적으로 살펴보면, 미국 남동부의 빈곤한 주들이 특히 상황이 좋지 않은데 이 지역은 아프리카계 미국인의 인구 비중이 높다. 또, '힐빌리'[08] 문화로 유명했으나 산업이 쇠퇴하여 고전 중인 웨스트버지니아주는 백인 비중이 높음에도 영아 사망률이 앨라배마나 조지아와 비슷하다.

일본·한국·싱가포르·노르웨이 등은 영아 사망률이 1천 명당 2명 정도다. 구소련 지역 가운데 발전이 빠르고 비교적 최근에 공산주의 체제를 벗어난 에스토니아도 이 수준에 도달했다. 선진국 상당수는 1천 명당 3명 선을 유지해, 머지않아 산모 사망률처럼 영아 사망률도 1천

---

08 역주: 힐빌리(Hillbilly) 문화는 18세기 스코틀랜드·아일랜드계 이주민이 미국 남동부 애팔래치아 산악지대에 정착하며 형성되었다. 이들은 거친 지형에서 살아남기 위해 소규모로 농사와 사냥을 하고 석탄을 채굴하며 생계를 꾸렸다. 산악 지형에 고립된 가운데 블루그래스 같은 독특한 민속 음악과 방언, 수공예 전통이 발달했고, 이들은 가족과 이웃 중심의 강한 결속력을 통해 자립심을 길렀다. 그러나 석탄 산업이 쇠퇴하고 인프라가 열악했던 탓에 이들은 점점 가난해졌고 이들에 대한 부정적인 편견도 심화되었다.

명당이 아닌 1만 명 혹은 10만 명당으로 계산하게 될지도 모른다.

영아 사망률 측면에서 페루보다 더 인상적인 나라로 몰디브가 있다. 몰디브는 관광 산업 붐을 타고 경제가 빠르게 성장하면서 1990년대 초에 비해 영아 사망률을 무려 85% 이상 줄였다. 1960년대만 해도 신생아 네 명 중 한 명이 돌 전에 죽었는데, 지금은 그 수치가 1천 명당 7명으로 1%에도 미치지 않는다. 아이 생명을 얼마나 소중히 여기는지는 2019년 초 인도 해안경비대가 위급한 아이를 헬리콥터로 수도 말레 병원까지 이송한 사례에서 잘 드러난다. 과거에는 상상도 못 할 대규모 지원이 가능해진 것이다. 몰디브는 아직 개발도상국이지만, 영아 생존율은 선진국 가운데서 상대적으로 뒤처지는 미국에 조금 못 미치는 정도이고 루마니아 같은 유럽연합의 빈곤 국가와 대등한 수준이다.

아직 안심하기는 이르다!

영국의 영아 사망률은 세계 평균의 7분의 1 미만으로 여전히 낮은 편이다. 현재 수치는 1980년대 후반의 절반 이하이고, 1960년대 중반과 견주면 5분의 1 수준까지 떨어졌지만 안심하기에는 이르다. 최근에는 이런 추세가 멈추거나 심지어 과거로 돌아가기도 했다. 예를 들어 1천 명당 영아 사망률이 2014년 3.6명에서 2017년 3.9명으로 증가했는데, 통계적 오차범위를 감안하더라도 이는 기존의 감소하는 흐름과 어긋난 변화다. 또한 가장 빈곤한 지역의 수치는 이보다도 더 안 좋았다. 영국의 영아 사망률은 미국의 3분의 2 수준이지만 핀란드 등 최상위권 국가와 견주면 두 배나 된다. 다만 영아 사망률이 2020년경에는 약 3.5명 수준까지 다시 낮아졌다는 자료도 있어, 일부 흐름이 개선되고 있는 것은 희망적이다.

영국의 영아 사망률이 퇴보하거나 정체된 원인은 아직 분명하지 않다. 일부 정치인은 지난 10여 년간 이어진 긴축 정책을 탓하지만 실제로는 역대 어느 때보다 많은 예산이 의료 분야에 투입되었다. 여성 대상 교육 등 영아 사망률을 낮추는 데 중요한 요소들은 꾸준히 확대되고 있고, 세대가 바뀔수록 그 수준도 더 높아지고 있다. 한 가지 주목할 만한 점은 출산하는 인구 구성이 과거와 다르다는 사실인데 영국 신생아의 약 30%는 이주 여성에게서 태어난다. 이는 1990년대 초반과 비교하면 2배 이상 늘어난 수치다. 이들 중 상당수는 폴란드처럼 영국보다 영아 사망률이 낮은 나라에서 왔지만, 영아 사망률이 훨씬 높은 파키스탄 출신도 많아서 영국 의료체계(NHS)의 노력만으로 두 나라 간 영아 사망률 격차를 단번에 좁히기란 쉽지 않다. 이 밖에도 비만과 당뇨병 등 건강 문제가 늘어나 임신부 건강에 악영향을 미치는 점과 고령 출산 증가도 원인으로 지목된다. 40대 중·후반에 출산하는 여성은 생물학적으로 임신과 출산, 회복이 더 힘든데 실제로 2018년까지 10년간 잉글랜드에서 45세 이상 여성의 출산 건수는 46% 증가했다.

이주 여성의 증가와 영아 사망률의 변화가 관련된 이유는 무엇일까. 파키스탄과 같은 국가에서 온 여성들은 NHS(국민보건서비스)를 이용하거나 다른 사회복지 서비스를 받는 데 있어 문화적·언어적 장벽으로 인해 어려움을 겪을 수 있다. 아이의 건강은 어머니의 교육 수준, 건강 상태, 영양 이력 등에 좌우된다. 또한 이 여성들은 교육 수준이 낮을 뿐만 아니라, 어린 시절과 청소년기에 열악한 환경을 겪었을 가능성이 높으며, 이는 이들이 어머니가 되었을 때에도 영향을 미친다. 이러한 영향을 줄이기 위해 많은 노력을 해도 그 영향이 조금이라도 남아 있다면 영아 사망률이 소폭 상승하는 결과로 이어질 수 있는 것이다.

영국의 통계가 다소 실망스럽긴 하지만, 이미 영아 사망률이 낮았던 국가임에도 그 수치가 더 크게 감소한 사례도 분명 있다. 전 세계적으로보면 현재 영아 사망률은 20세기 중반의 5분의 1에서 4분의 1 수준이다. 그렇다고 안심하기에는 이르다. 지구 어딘가에서는 여전히 5초마다 한 아이가 숨지고, 영아 사망률이 가장 높은 나라는 최저국보다 그 수치가 40배나 높다. 전 세계적으로 2018년까지 해마다 15세 이하 아동이 600만 명 넘게 죽었고, 이 중 500만 명 이상이 5세 미만이었다. 물론 교육·생활환경·의료기술이 계속 발전하면서 사망자 수가 더 줄어들 것으로 기대할 수 있다. 한 미국인 어머니는 위태로웠던 자기 아이가 병원에서 가까스로 목숨을 건진 일을 언급하며 "인류의 진보가 내 아기를 살렸고, 앞으로도 많은 아이를 살릴 것"이라고 말했다.

안타깝게도 지구촌 영아 사망의 절반 이상은 아프리카에서 일어난다. 시에라리온의 영아 사망률은 여전히 1천 명당 약 80명에 이르고, 말라리아·폐렴·설사가 만연해 출산 중 사망하는 여성 비율도 세계 최고 수준이다. 그럼에도 1990년대 중반과 비교하면 영아 사망률은 절반 가까이 줄어 크게 나아진 편이다.

사하라 이남 아프리카가 가장 심각하지만, 그 외에도 상황이 나쁜 나라들이 있다. 파키스탄의 영아 사망률은 인도의 두 배에 이르지만, 원래부터 그랬던 것은 아니다. 1970년대까지만 해도 양국은 거의 비슷했는데 이후 인도가 영아 사망률을 4분의 1로 줄인 반면 파키스탄은 절반가량 낮추는 데 그쳤다. 여기에는 예방 접종을 막은 음모론이 큰 장애물로 작용했다. 한 부모는 어느 보건 관계자에게 "힌두교도들이 우리를 지옥에 빠뜨리려고 백신에 돼지 피를 섞는다"라고 말하기도 했다. 2019년 소셜미디어로 유포된 괴담 때문에 보건요원 한 명과 경찰 두 명이 총에 맞아 숨지고 소아마비 백신 접종이 중단된 적도 있었다. 무지는 실제로 많은 목숨을 앗아간다.

불평등, 선순환, 그리고 '쉽게 딸 수 있는 과일'의 끝

최근 수십 년간 개발도상국은 빠른 경제성장을 이룬 반면, 선진국에서는 중위 임금이 거의 오르지 않았다. 이로써 국가 간 격차는 줄어든 대신 각 나라 내부의 불평등이 커졌다. 가난한 나라에선 중산층과 빈곤층 간 격차가 벌어졌고, 유럽·북미·아시아의 부유한 지역에선 초부유층이 생겨났다. 영아 사망률에서도 비슷한 양상이 나타난다. 가난한 나라일수록 영아 사망률이 빠르게 개선되면서 국가 간 격차가 점차 좁아지고 있다. 1950년 말라위의 영아 사망률은 미국보다 1천 명당 150명 가까이 높았으나, 현재는 약 35명 차로 줄었다. 다만 말라위 안에서 지역별 격차가 크다. 도시 지역은 시설이 잘 갖추어졌고 교육 기회가 풍부하여 성과가 좋은 반면, 농촌 지역은 상대적으로 소외된 상황이다. 특정 지역에 대해 특혜 조치를 내리거나 중산층을 창출하는 과정에서 벌어진 부정부패는 국가 내부의 격차를 더욱 심화시켰다. 실제 2014년 조사에 따르면 말라위의 부유한 도시 지역 영아 사망률은 빈곤 농촌 지역의 절반에도 못 미쳤다.

한편 위험이 줄어들수록 사람들은 그 위험 상황을 더욱 적극적으로 피하려고 한다. 이는 인구학만의 이야기가 아니다. 영국의 경우 1980년대 초반 이후 화재로 인한 사망자가 절반 가까이 줄었는데, 장작불 사용이 감소하고 난연성 가구가 보급되는 등 예방 조치 효과 덕분이었다. 하지만 화재가 드물어질수록 한 번 발생하면 충격이 더 크다. 실제로 2017년 6월 그렌펠 타워 화재로 72명이 숨졌을 때 영국 전역이 큰 충격에 휩싸였다. 재난이 드물수록 사회적 관심은 커지고 대책은 강화돼 사망률이 계속 낮아지는 선순환이 이어진다.

영아 사망률도 마찬가지다. 한 구호 활동가에 따르면, 불과 15년 전만 해도 아프리카의 한 빈곤 국가에서는 아기가 죽어도 보호자가 직장에 휴가조차 내지 않을 정도로 영아 사망이 흔했다. 흔한만큼 당연하게 여기다 보니 방지하려는 노력도 적었다.

영아 사망률이 낮아지면 아기가 죽는 일이 주는 충격도 그만큼 커져 더 강한 대책을 마련하게 되고, 이는 사망률이 더 낮아지는 선순환이 되는 것이다. 영국에서 최근 소폭 오른 영아 사망률에 대해서도 조사가 이어졌으며 정책과 의료 현장을 개선하는 방안을 찾으면, 시간이 지나 영아 사망률이 다시 떨어질 공산이 크다.

반면 '낮게 달린 과일을 이미 다 따 버려 더 개선하기 어렵다'는 우려도 있다. 백신 프로그램 등으로 생후 첫 달 이후부터 1년 전까지 사망률은 비교적 쉽게 낮출 수 있지만, 가장 위험한 시기는 생후 첫 달이다. 출산 전후 관리나 산모의 영양 및 건강 등 여러 복잡한 문제가 얽혀 있기 때문이다. 어떤 지역에서는 첫 달 안에 아이가 죽는 일이 너무 흔해 이에 대응하기 위한 관습까지 생겼다. 한 구호 활동가는 우간다에서 일할 때 "아이를 낳고 한 달이 지나야 축하 의식을 해요. 그전에는 아이를 완전한 사람으로 치지 않는 듯했고, 만약 그 시기에 죽으면 유산이나 사산처럼 여기는 것 같았어요"라고 전했다.

어머니가 중요하다

과거에는 출산이 여성의 생명에 큰 위협이었다. 영아 사망률뿐 아니라 산모 사망률도 인구 증가를 막는 주요인이었다. 한 여성이 출산이 가능한 나이까지 살아남아도, 첫 번째나 두 번째의 임신과 출산 과정에서 죽는 사례가 많았기 때문이다. 또, 과거에는 계모가 오늘날보다 훨씬 일상적인 존재였다. 아내가 사망해 아이들만 남게 된 남성들은, 아이들을 돌볼 새 어머니가 필요로 했다.

임신과 출산은 본질적으로 위험이 따른다. 임신 중에는 고혈압이 쉽게 발생하고, 출산 중에는 출혈이나 감염이 생기기 쉽다. 또, 낙태 과정에서도 사망이 잦은데, 불법으로 진행되거나 전문 지식이 없는 사람에 의해 이뤄지면 더 심각해진다. 이런 문제는 산모가 가난하고 교육 수준이 낮으며 기초 의료 시설조차 제대로 갖추지 못한 환경일수록 더욱 흔하다.

일부 지역에서는 여전히 출산 중 산모 사망이 잦지만 조금씩 줄어드는 추세다. 2000년부터 2017년까지 산모 사망률은 3분의 1 이상이 줄었고, 전문 지원을 받으면 결과가 크게 달라진다는 점에서 산모 사망률은 영아 사망률과 비슷하다.

스리랑카 수도 콜롬보의 노동자 거주 지역에서 활동하는 한 조산사 이야기는 이 점을 잘 보여준다. 조산사 아리야실리 구나위는 갓 아버지가 된 남성에게 직접 만든 수제 유축기 사용법을 알려주어, 사흘 된 아기를 수유하도록 돕고 산모의 가슴 통증을 완화할 수 있게 해주었다. 스리랑카에서는 산모의 90% 이상이 출산 후 이런 방문 서비스를 받는데, 이는 때로 산모와 아기의 생명을 구하기도 한다. 한 할머니는 관련 내용을 취재하는 기자에게 "우릴 도와줄 사람은 조산사뿐"이라며 고마움을 전했다. 유축기 자체는 비용이 매우 저렴하기 때문에 깨끗하고 안전하게 쓰는 방법만 잘 교육해도 매일 아이와 엄마를 살리고 있는 것이나 다름없다.

스리랑카가 이 제도를 성공시킨 비결은 임산부 상태를 꼼꼼히 기록하고 위험 요인이 있는 사람을 조기에 발견하는 체계에 있다. 스리랑카 조산사들은 출산을 앞둔 여성들과 긴밀하게 교류하며 성 문제나 가정 폭력 같은 민감한 주제도 터놓고 이야기한다. "난 이제 가족의 일부다"라고 아리야실리 말한다. 스리랑카는 아시아 여러 나라에서 견학을 올 만큼 산모·신생아 관리의 모범이 되었다.

스리랑카는 최근까지 참혹한 내전을 겪었으나, 영국령 시절에는 대표적인 모범 식민지였다. 1948년 독립 전까지 헌법 제도도 비교적 발전했고, 세계 시장과 연결된 홍차 수출로 많은 이점을 누렸다. 조산사 교육은 이미 1880년대에 시작됐는데, 2000년 무렵에는 스리랑카의 산모 사망률은 출산 10만 건당 56명으로 선진국보다는 높았지만 개발도상국 치고는 이례적으로 낮았다. 이후 산후 관리가 더 발전해 2017년에는 10만 건당 36명으로 떨어졌다. 아직 선진국과 격차가 크고, 피할 수 있는 산모의 죽음이나 그로인해 버려지는 아이도 많은 것이 현실이지만 상당수 지역에서 한 세대 만에 그 수치가 절반 이하로 줄었다. 시골 지역은 조산사 접근이 어려워 산모 사망률이 훨씬 높기에, 적어도 아이를 낳는 상황에는 도시 생활이 더 유리하다.

영아 사망률처럼 산모 사망률도 단순한 지원책으로 큰 변화를 이끌 수 있다. 연구에 따르면 여성들이 함께 임신·출산 경험과 기초 건강 지식을 나누도록 조직하는 것만으로도 이들의 건강이 개선되고 사망률이 낮아지는 데 효과적이라고 한다.

남아시아 다른 지역, 특히 아프가니스탄도 최근까지 어느 정도 성과를 냈다. 1990년 이후 산모 사망률이 절반 이상 줄었지만, 오래전부터 산모 및 아기 관리를 잘해 온 나라 수준에는 아직 못 미친다. 아프가니스탄에서 수집된 자료는 늘 불확실하고, 실제 개선 폭도 기대만큼 크지 않다는 분석도 있다. 게다가 조산사가 늘어도 농촌 지역까지 충분히 닿지 못하는 경우가 흔하다. 실제로 아프가니스탄은 사하라 이남 아프리카를 제외하면 가임 여성 100명당 한 명 이상이 목숨을 잃는 유일한 나라로 추정된다.

산모 사망률은 그 자체도 중요하지만 또 다른 중요한 의미가 있다. 산모 사망률이 높으면 영아 사망률도 높은 편인데, 둘 다 교육·위생·의료 시설·공공보건 부족이라는 공통 원인이 있다. 산모 사망률이 줄어드는 것은 영아 사망률 감소와 마찬가지로 여성 교육과 산모 심리 지원의 중요성을 보여 준다.

전통적인 시골 사회에서 출산은 특히 산모에게 위험하다. 잉글랜드와 웨일스에서는 19세기 출산 중 산모 사망이 1천 건당 40~60명이었는데, 1930년 무렵에는 42명 안팎으로 줄었고, 현재는 10만 건당 7명 수준이다.

전후 시대에 산모 사망률은 세계적으로 크게 낮아졌지만 예외도 있다. 미국은 의료 불평등과 빈곤층 지원 부족으로 인해 출산 전후 사망률이 10만 건당 약 19명에 이르는데 이는 한 세대 전보다도 악화된 수치다. 심지어 1980년대 후반 이후 최소 두 배 이상 올랐다. 이는 빈곤층만의 문제가 아니다. 세레나 윌리엄스와 비욘세 같은 유명 인사도 출산 중 죽음 직전까지 갔던 경험을 털어놓았다. 윌리엄스는 "딸 올림피아를 제왕절개로 낳은 직후 심각한 기침 때문에 수술 부위가 터졌다. 다시 봉합하기 위해 갔던 수술대 위에서 의사들은 나의 배 안에 피가 응고된 큰 혈종이 있는 것을 발견했다. 기침은 색전증으로 인한 것이었고 다시 혈전이 폐로 가는 것을 막기 위한 수술을 받아야 했다"고 말했다. 그녀는 치료받을 수 있었던 사실에 감사를 표했지만, 그런 지원을 받지 못하는 여성도 많다.

미국은 스리랑카 등지에서 이미 성공을 거둔 산후 관리 제도를 도입하는 데 놀라울 만큼 더디다. 여기서 다시 인종 문제가 거론되는데, 흑인 여성의 출산 중 합병증 사망 위험은 백인 여성보다 3배 이상, 히스패닉 여성보다 4배 가까이 높다. 카멀라 해리스(전 부통령)는 이를 의료 시스템 전반에 뿌리박힌 인종차별의 결과라고 지적했다. 그러나 정말 그게 핵심이라면 히스패닉 여성이 백인보다 더 나은 결과를 보이는 이유는 설명하기 어렵다. 영아 사망률과 마찬가지로 이 중대한 문제를 해결하려면 철저한 조사 및 분석, 세심한 기획 그리고 꾸준한 실행이 뒤따라야 한다.

한편 출산 직후는 산모 건강에 가장 중요한 시기다. 미국에서는 실제로 출산 중이거나 출산 후 일주일 내 사망하는 여성이 그 뒤 51주 안에 사망하는 여성보다 약간 더 많다.

영아와 산모 사망률이 만들어내는 차이

영아 사망률이 크게 낮아지면 사회 전체가 달라진다. 개발도상국은 인구가 더 젊어지는데, 프랑스령 인도양의 섬 마요트는 1950~1985년에 영아 사망률이 약 90%가 줄면서 중위연령이 15년이나 낮아졌다. 그 결과 학교를 더 짓고, 아이 중심 교육과 돌봄 인력을 늘려야 했으며, 경제구조도 늘어난 젊은 노동력을 흡수해야 했다. 이는 노인 인구 증가 문제처럼 영아 사망률 하락에 따른 긍정적 인구 변화에 수반되는 과제다. 일본처럼 영아 사망률이 이미 1천 명당 2~3명에서 1명 이하로 떨어진 나라는 그 수치를 더 낮춘다 해도 이

[표1] 인구 1,000명당 영아 사망률: 전 세계 및 일부 국가, 1950-2020

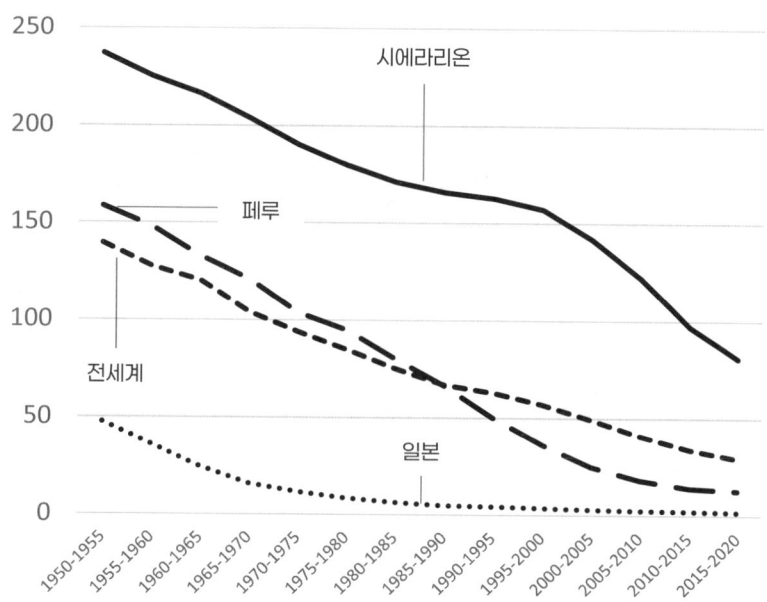

출처: United Nations Population Division

영아 사망률은 빠르게 낮아지고 있으며, 특히 원래 영아 사망률이 높았던 나라일수록 그 감소폭이 더 크다. 시에라리온은 1950년대 초반만 해도 태어난 아기 중 4분의 1이 첫돌 전에 사망했지만, 지금은 그 비율이 10분의 1 훨씬 아래로 떨어졌다. 일본은 이미 영아 사망률이 오랫동안 매우 낮았기에 눈에 띄는 감소폭은 없지만, 아이 1,000명 중 약 2명이 사망하여 세계 최저 수준을 유지한다. 전체적으로 세계 영아 사망률이 낮아지는 이유로 교육받은 부모, 특히 교육받은 어머니의 증가와 소득 향상, 의료 서비스·산전·산후 케어 접근성 확대가 꼽힌다.

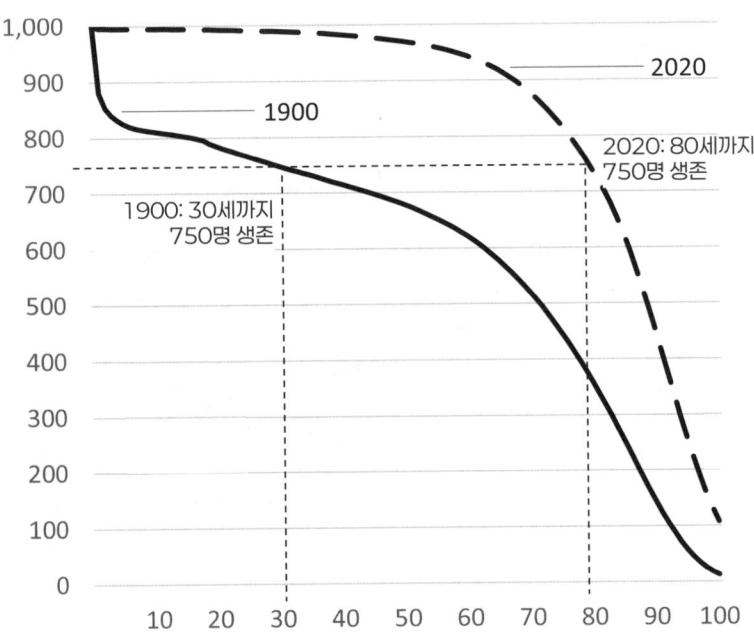

[표2] 미국 여성의 0~100세 연령대별 1,000명당 생존율, 1900년과 2020년

출처: 미국 사회보장국 (US Social Security)

1900년대 미국 여성의 연령별 사망률을 오늘날 똑같이 적용해보면, 1,000명 중 약 800명만이 10살까지 살아남고 50살에는 대략 2/3만 생존할 것이다. 반면 2020년대의 사망률을 기준으로 하면, 10살 무렵엔 99% 이상, 50살 무렵엔 약 97%가 살아남는다.

같은 자료를 보면, 1900년에 태어난 이들 중 약 4분의 1이 30살 전에 사망하지만, 2020년에 태어난 여성은 80살이 되어서야 비로소 4분의 3 정도가 사망하는 수준에 이른다. 이를 각 세대별로 생존곡선으로 나타내면, 시간이 흐를수록 각 연령대 생존 비율이 점진적으로 낮아지는 모습을 확인할 수 있는데 2020년 코호트의 성공률이 언제나 더 높다.

미 너무 낮아서 인구 구조에 큰 변화는 없을 것이다.

페루 같은 나라도 영아 사망률을 완전히 없앤다 해도 실제 인구 규모에는 큰 영향을 주지 않을 것이다. 이미 영아 사망률이 약 1%에 불과하기 때문이다. 과거에는 영아 사망률 하락이 전 세계 인구 증가를 이끄는 큰 동력이었지만, 이제는 낮은 사망률에 높은 출산율이 더해질 때 인구 폭발이 일어난다.

그러나 영아 사망률이 감소하면 이어서 출산율이 떨어졌다. 자녀를 잃을 가능성이 줄었다고 믿는 부모는 아이를 덜 낳게 되고, 작은 가정이 더 풍요로운 삶과 밀접하다는 인식도 작용하기 때문이었다. 처음에는 더 많은 아이가 살아남아 한 사회의 중위연령이 낮아지지만, 이후 가족 규모가 줄어들기 시작하면서 살아남은 큰 규모 코호트 뒤로 더 작은 규모 코호트가 뒤따른다. 2차 세계대전 이후 서구 사회에서 '베이비붐 세대'가 이런 과정을 거쳤다.

일부 냉소주의자는 인구 증가가 우려될 경우, 저개발국가의 영아 사망률을 낮추는데 돕지 말라고 주장할 수 있다. 그러나 이런 발상에는 길고 불쾌한 역사가 깔려 있고, 애초에 수백만 명을 전근대적 수준의 고통에 영원히 묶어 두겠다는 것은 비윤리적이고 비현실적이다. 오히려 전 세계 인구 증가율을 낮추려면 인구변천 초기 단계를 겪는 지역이 경제발전과 여성의 해방 및 자유를 갖춘 후 다음 단계로 빠르게 넘어가도록 돕는 게 가장 인간적이고 현실적이다. 이를 위해서는 물질과 교육 여건이 매우 열악한 사회가 출산율이 떨어지기 전에 사망률은 낮아지고 출산율이 높게 유지되는 단계를 거쳐야 한다.

미국과 파키스탄에 부분적으로 미흡한 점이 있더라도, 이들이 영아 사망률과 산모 사망률을 얼마나 낮추었는지는 되새겨 봐야 한다. 앞으로 개발도상국에 산후 지원이 확충된다면 엄마를 잃는 아기는 매우 드문 비극이 될 수 있다. 전 세계적 재앙만 없다면, 영국처럼 잠시 주춤할 수는 있어도 통계적으로 유의미하지는 않을 것이다. 어쩌면 영국 사례는 이미 좋은 성과를 보이는 나라가 최고 수준으로 올라가는 과정에서 겪는 어려움을 보여주는 것일 수도 있다.

영아와 산모의 사망률이 낮은 개발도상국의 '미래'는 이미 여러 선진국이 오늘날 마주한 '현실'이다. 죽음 자체가 사라질 것이라고 주장하는 사람도 있지만, 이는 아직은 공상과학에 가깝다. 이후 다소 황당한 이론도 살펴보겠지만, 현실적으로 보면 앞으로 몇십 년 안에 영아나 산모 사망이 완전히 사라지지는 않더라도 전 세계가 매우 낮은 수준으로 수렴할 가능성은 크다. 1천 명당 2명을 1만 명당 2명, 또는 10만 명당 2명으로 줄이는 목표도 의미는 있으나, 이미 그 수치가 아주 낮다면 더 낮춰도 인구 전체에 미치는 영향은 크지 않을 것이다.

전 세계 여러 지역이 아직 그 수준을 향해 나아가고 있고, 영아와 산모 사망률이 가파르게 떨어지면 초기에는 인구가 폭증한다. 100여 년 전 유럽이 거쳐 간 인구변천의 확장 단계가 지금 여러 나라에서 재현되고 있는 셈이다. 특히 아프리카는 앞으로도 수십 년간 이 과정을 이어 갈 전망인데 이는 모든 것을 뒤바꿀 것이다.

40억 2100년 아프리카 추산 인구[09]

말냥가예 아담은 열다섯 살에 결혼한 아내 카투마와 열 명이나 되는 자식을 두고 있다. 그는 〈파이낸셜 타임스〉 기자에게 "아내가 충분히 아이를 낳지 못했다면 다른 부인을 찾았을 것"이라고 솔직하게 말했다. 차드 남부 시골에 사는 이 부부는 가뭄과 이슬람 급진 세력의 습격 위험에 늘 노출되어 있지만, 말냥가예는 자식을 많이 둔 것을 전혀 후회하지 않는다. "대가족은 자랑거리예요. 아이가 많으면 도움이 됩니다. 제 선택이 아니라 신이 주신 거니까요." 차드 같은 나라에서는 전통적인 가족 제도와 사고방식으로 인해, 사람들의 자율성이 제한돼 있다. 원하든 원치 않든 아이가 많이 태어나는 문화인 셈이다.

사하라 이남 아프리카에 사는 말냥가예 아담 같은 사례는 왜 이 대륙 인구가 폭발적으로 늘어나는지 잘 보여 준다. 유엔 추정에 따르면 21세기 말 아프리카 인구는 약 40억 명에 이를 전망이다. 이는 현재 지구에서 가장 중요한 흐름 중 하나로, 세계 정치·외교·경제·문화·생

---

09 유엔의 중위 추계에 따르면, 아프리카 전체 수치는 이 값보다 높고, 사하라 이남 아프리카는 이 값보다 조금 더 낮다. 이 장에서 별도 언급이 없을 경우 '아프리카' 관련 데이터는 일반적으로 사하라 이남 아프리카를 가리킨다고 보면 된다.

태를 크게 바꿀 잠재력이 있다. 지난 200년간 세계 여러 지역에서 벌어진 대규모 인구 팽창처럼, 1장에서 언급한 높은 출산율과 영아 사망률 급감이 맞물려 이 결과를 낳았다.

옛날에는 인생이라는 기차역에 사람이 끊임없이 도착하면 죽음이라는 기차가 거의 동시에 그들을 태워 떠나는 일이 흔했다. 이제는 인생역에 계속 사람들이 밀려들지만 떠나는 이는 훨씬 적어서 역 안이 인파로 가득 찼다. 이 추세는 19세기 영국에서 시작되어 20세기에 전 세계로 확산됐고, 아프리카는 현재 그 인구변천의 마지막 경계를 통과하는 중이다.

이 흐름을 헨리 8세와 견주어 보면 흥미롭다. 앞 장에서 보았듯이 헨리 8세는 원하는 자손을 얻지 못했는데, 사회적 위치가 가장 낮은 말냥가예 아담은 열 명의 아이를 무사히 키워냈다. 물론 과거에도 가난한 사람이 운이 좋아 자녀를 많이 낳아 기른 경우가 있었고, 최상류층 중에서도 대가 끊긴 이들이 있었다. 그러나 말냥가예와 헨리 8세의 결정적 차이는 '시대'다. 전근대 시대였다면 말냥가예 아담이 열 아이 모두를 성인으로 키울 확률은 극히 낮았을 것이고, 이것이 성공하려면 엄청난 행운이 필요했을 것이다. 반면 오늘날에는 차드처럼 가난한 나라조차 영아기를 넘기면 아이가 살아남을 가능성이 훨씬 커진다. 실제로 1950년대 차드에서는 다섯 명 중 한 명이 생후 1년이 되기 전에 사망했지만, 지금은 그 숫자가 열 명 중 채 한 명도 되지 않는다. 비록 이 수치가 여전히 일본의 50배 수준으로 높은 것은 사실이지만 올바른 방향으로 가고 있다.

차드는 출산율을 높일 모든 조건을 갖추었다. 교육 수준이 낮은 여성일수록 아이를 더 많이 낳는데, 차드는 젊은 여성 다섯 명 중 한 명만이 글을 읽을 줄 알고, 중등학교 진학률도 12% 정도에 불과하다. 또, 이 나라는 인구변천을 막 시작하여 사망률은 조금 낮아졌지만 출산율은 아직 변함이 없다. 예상대로 차드 인구는 매우 젊은데, 중위 연령이 20세기 중반보다 5살이나 더 낮아진 16세이다.

물론 이 나라 대부분 사람들은 여전히 힘겹게 살아가며, 인구가 줄어들지 않을 거라고 보는 건 순진한 생각이다. 많은 이들이 제대로 먹지 못해 위험한 상황이고 어떤 추정에 따르면, 차드호 유역에서 경작지 확대와 산림 벌채, 지나친 방목 등으로 최대 300만 명이 식량 불안을 겪고 있다. 한때 지구온난화 탓에 차드호가 줄어든다고 우려했지만, 최근 몇십 년 동안 오히려 호수가 크게 늘어나 지금은 그 지역의 과도한 비를 기후변화 탓으로 돌리는 분위기다. 물이 많든 적든, 차드 인구는 여전히 기하급수적으로 늘어나고 있다.

차드 옆에 있는 니제르도 넓은 땅에 비해 인구는 적지만 빠르게 늘어나고 있다. 영국보다 면적이 5배 이상 큰데, 인구는 영국의 3분의 1에 지나지 않으며[10] 니제르 국립병원에는 심각한 영양실조 상태의 아이들이 많이 온다. "아이 여섯이 있는데, 둘이 급성 영양실조였어요. 제가 제대로 못 먹어서 젖이 충분치 않았거든요." 젊은 엄마인 아

---

10 이 말이 얼마나 정확한지는, 쓰인 시점에서 얼마나 시간이 지났는지에 달려 있다. 급변하는 현상일수록 원래 그렇다. 유엔 중위 추계에 따르면 21세기 중반쯤에는 니제르 인구가 지금의 영국 인구 수준에 이를 것이다.

미나 차이부의 한탄을 들으면, 병원 치료를 받을 수 있는 이들도 실은 운이 좋은 편이라는 사실을 간과하기 쉽다. 큰 도시에서 멀리 떨어진 곳에서는 누군가 도움도 받지 못한 채 고통받을 수도 있다. 하지만 아프리카에서 아미나 차이부의 사례가 점차 예외가 되고 있다는 점도 기억해야 한다. 그렇지 않았다면 니제르 인구가 21세기 들어서 20년 동안 두 배로 늘고, 영아 사망률이 절반으로 줄 수는 없었을 것이다.

한편 인류 역사에서 인구 증가는 언제나 한정된 자원으로 인해 억제되었다. 이것이 현대 인구학의 창시자 토머스 맬서스가 강조한 사실이다. 지금은 많은 지역에서 자원 부족으로 인한 생존 문제가 완화되어 인구가 꾸준히 증가할 수 있다.

물론 전 세계에 갑작스레 큰 재난이 닥쳐 인구가 크게 줄면 200년 만에 맬서스 주장이 맞을 수도 있다. 우리는 코로나19로 전염병이 얼마나 파괴적인지 더 절실히 깨달았다. 그러나 당분간 차드와 이웃 나라들의 인구는 계속 급증할 것이다. 중국이 최근 몇십 년 동안 세계 경제에 충격을 준 것처럼, 아프리카는 세계 인구 흐름을 뒤흔들 것이다. 동쪽에서 일어난 큰 경제 변동이 이제는 남쪽에서 일어날 차례다.

아프리카: 인구 폭발

차드는 영국·프랑스·독일을 합친 것보다 땅이 넓은 아프리카 주요 국가 중 하나지만, 세계에서 가장 가난한 나라이기도 하다. 21세기 들어 20년 동안 인구가 800만 명에서 1,600만 명으로 두 배 늘었는데, 이는 이민으로 인한 영향보다 출생자 수가 사망자 수를 압도적으로 넘은 것이 핵심 원인이다. 사하라 이남 아프리카에는 약 50개 나라가 있으며, 지리·기후·민족·역사·종교·자원이 매우 다양하다. 잠비아와 남수단은 전혀 다른 세계이고, 르완다와 기니도 마찬가지다. 차드의 수도 은자메나는 케이프타운보다 파리에 더 가깝고 세네갈의 수도 다카르에서 소말리아의 수도 모가디슈까지 거리는 다카르에서 스페인의 마드리드까지 거리의 두 배가 넘는다. 그럼에도 유럽이나 라틴아메리카를 어느 정도 일반화하듯이 아프리카 인구에도 공통적인 특징이 있다.

  수 세기 동안 아프리카는 노예 공급원이었다. 처음에는 이슬람 노예상들이, 뒤이어는 노예들을 아메리카로 끌고 간 유럽인들이 있었다. 아랍인은 1,400만 명가량, 유럽인은 1,200만 명 정도를 끌고 간 것으로 추정된다. 이처럼 오랜 노예 사냥에 이어 식민 통치가 뒤따랐고 전근대적 인구 구조까지 겹치면서 아프리카는 대륙은 광활한 면적에 비해 인구가 턱없이 적었다. 아프리카는 유럽보다 몇 배나 크지만, 1950년 무렵 인구가 2억 명도 안 되어 당시 유럽 인구의 절반에도 못 미쳤다. 오랫동안 높은 출산율과 높은 사망률이 균형을 이루면서 인구 증가가 정체됐는데, 이제 생존율이 높아지면서 아프리카 이 '인구의 블랙홀'에서 벗어나고 있다.

  이러한 인구 역전이 얼마나 극적인지는 1870년대 동아프리카 해안 지역을 여행한 영국인 제임스 프레데릭 엘턴 선장의 회고록을 통해 알 수 있다. 당시 영국은 잉여 인구를 식민지로 보내던 중이었고, 엘턴은 그 지역이 이민에 적합한지 조사하는 임무를 맡았다. 그는 원주민 수가 너무 적은 사실을 걱정하며 '백인이 진보하는' 동안 이들이 완전히 사라지지 않았으면 좋겠다고 적었고 이는 '우리 식민지 역사를 숱하게 괴롭힌 비극'이라고 표현했다. 19세기에 유럽이 전 세계로 뻗어나가면서 비유럽권이 밀려났고, 엘턴처럼 이를 안타까워한 인물은 드물었다. 당시는 '백인'의 진격에 따른 '원주민'의 소멸이 불가피해 보였는데 한편으로는 그걸 안쓰럽게 여기는 사람도 있었다.

원주민을 바라보는 이런 태도는 아프리카에 국한되지 않았다. 19세기 호주의 한 신문은 "야만인이 문명에 맞서면 결국 몰락한다. 그것이 그들의 운명이다. 이런 상황을 통탄하더라도, 원주민의 저항 때문에 문명의 전진이 막히는 걸 막으려면 어쩔 수 없다"라고 썼다. 찰스 다윈은 1871년 초판이 나온 『인간의 유래』에서 "언젠가 문명 인종이 전 세계 야만 인종을 멸종시키고 대체할 가능성이 거의 확실하다"라고 예견했다. 19세기 중엽, 미국이 지금의 서부 지역과 옛 멕시코 북부를 차지했을 때 한 상원의원은 멕시코인들이 "문명의 영향력에 밀려나지 않으면, 결국 문명에 짓눌려 사라질 것이다. 그들은 더 강력한 인종에 자리를 내줄 운명"이라며 멕시코인들을 멸시했다. 오늘날 '다윈식'으로 불리는 이 인종차별적 시각은 사실 다윈 이전부터 이미 널리 퍼져 있었으며 다윈주의가 인종차별의 유사 과학적 근거로 악용된 것은 사실이지만 그것이 다윈 때문에 생겨난 것은 아니다.

그러나 다윈과 엘턴이 살던 시절 영원할 것만 같았던 흐름도 실제로는 오래 가지 않았다. 유엔의 최근 조사에 따르면, 2100년에 아프리카 인구는 1950년의 20배로 늘어날 전망이다. 인구가 40억 명에 이르면 아프리카인은 유럽인의 6배에 달할 것이고, 1950년 사하라 이남 아프리카에 사는 인구가 전 세계 인구 14명 가운데 1명이었던 반면, 2100년엔 3명 중 1명이 될 것이다. 이는 16세기 유럽의 정복으로 아메리카 대륙 원주민 인구가 급감한 이후 인종별 인구 비중이 역사상 가장 급격하게 바뀌는 사례가 될 것이다.

21세기 동안 아프리카에서는 기대수명이 꾸준히 오르고, 사망률, 특히 어린이와 산모 사망률은 계속 낮아질 전망이다. 또 아프리카 내부와 유럽으로 대규모 이주도 벌어질 텐데, 그 규모는 아프리카 국가들의 경제·정치 발전 속도와 유럽 이민정책에 달렸다. 물론 인구 증가를 감당하는 능력은 아프리카 안에서도 지역마다 다르겠지만, 어떤 형태로든 미래의 주역은 아프리카가 될 공산이 크다. 만일 정말로 인류가 아프리카에서 기원했다면, 우리는 결국 뿌리로 돌아가는 셈이다.

아프리카 밖으로

"밀라노 일부 지역이 이탈리아나 유럽 도시가 아니라 아프리카 도시처럼 느껴질 정도로 외국인 거주자가 많아지는 건 용납할 수 없다. 어떤 사람들은 다채로운 사회를 원하지만, 우리는 동의하지 않는다." 이는 북이탈리아의 어느 극우 지지자나 무작위 행인이 아닌 2009년 당시 이탈리아 총리였던 실비오 베를루스코니가 한 말이다.

선진국이 대규모 이민으로 어떤 영향을 받을지 살펴보기 전에, 이민의 근본적인 원인이자 개발도상국 일부 지역에서 일어나는 인구 폭발부터 알아보자. 아시아와 라틴아메리카는 인구 증가가 둔화하면서 많은 국가에서 중위연령이 높아지고 대규모 이민 가능성도 줄어들고 있다. 이 때문에 멕시코인들이 미국으로 쏟아져 들어가는 흐름도 반대로 뒤집히기 시작했다. 그러나 아프리카 인구 폭발의 전성기는 아직 오지도 않았으며 상당수는 아프리카 내 시골에서 도시로, 덜 발전된 나라에서 더 발전된 나라로 이동할 것이다. 하지만 많은 이가 선진국 중 지리적으로 가장 가깝고 식민지의 영향으로 영어, 프랑스어 등 언어가 친숙한 유럽을 택할 것이다. 세네갈에서 막 졸업하고 일자리가 없어 답답해하는 젊은이는 베이징보다 파리를 더 잘 알고, 라고스 출신이라면 도쿄보다 런던 소식을 훨씬 많이 접하기 때문이다.

많은 아프리카인은 지중해를 건너는 데 성공해도 결국 이탈리아나 유럽 다른 지역의 길거리에 나앉는다. 그러나 더 많은 이는 지중해를 건너지 못하거나 아예 그곳까지 닿지도 못한다. 시에라리온 프리타운 출신 28세 청년 파트마타는 사하라를 넘으려다 노예상들에게 붙잡혀 고문당했다. 그녀는 간신히 탈출했지만 알제리에서 다시 잡혀 감금됐고, 두 번째 탈출 후에는 유럽행을 포기하고 NGO의 도움을 받아 집으로 돌아갔다. 집을 떠난 지 2년 만에 돌아왔으나, 가족들은 파트마타가 '약속의 땅'에 도달해 송금해 줄 것을 기대했기에 그녀를 외면했다. 파트마타는 "돌아와서 정말 기뻤지만, 차라리 오지 않았으면 좋았을 것 같다"고 털어놓았다. 그녀의 오빠는 "차라리 거기서 죽

없어야지, 아무것도 못 가져올 거면 집에 오지 말았어야 했어"라고 말했다.

뜻한 바를 이루지 못한 당사자나 이들의 가족도, 돈을 손에 쥐지 못해 실망한다. 가족 중 한 사람이 더 풍족한 기회와 부가 넘치는 곳으로 떠나, 고향에 남은 가족을 부양하기를 기대하지만, 그를 위해 투자한 돈이 헛되이 날아가는 경우가 많다. 오랫동안 런던에서 산 한 나이지리아 출신 친구는, 고향 가족과 통화할 때마다 친척이나 먼 친지에게서 '친척 한 사람이 몰래 영국으로 들어갈 수 있도록 해달라'는 부탁을 숱하게 듣는다고 했다.

아프리카에서 유럽으로 향하는 이 거대한 압박에는 경제적 요인도 크다. 아프리카 인구가 빠르게 늘고 경제 수준이 약간 올라가면, 가족 중 한 사람을 유럽에 보낼 여력이 생긴다. 도시 사람들은 더 넓은 세상과 연결되어 다른 대륙의 삶을 쉽게 상상하고, 농촌에 사는 이도 SNS·화상통화 등으로 전혀 다른 풍요를 보며 '저곳에 가면 나도 가능할지 모른다'고 여긴다. 비전이 생기면 바람이 일고, 그 바람은 행동으로 이어진다.

인구 압박, 경제적인 매력, 기술이 불러일으키는 욕구 외에, 이미 이민에 성공한 사람들의 사례 또한 동기부여가 된다. 먼저 건너간 사촌이나 친지가 다른 가족을 불러 함께 살도록 도우면, 일정 규모를 갖춘 지역 공동체가 생겨 이민자가 정착하기 쉬워진다. 합법·불법 경로를 알려 주고, 숙소·인맥·직장 정보를 제공하면 금세 자리 잡을 수 있다. 숙모가 일부 경비를 내주고, 사촌이 잠시 재워 주며, 친구가 일자리를 소개해 줄 수도 있다. 익숙한 음식점·가게·신문 등은 새 이민자가 '옛 고향'과 비슷한 환경에서 생활하도록 하며 적응을 돕고, 추가 이민을 부추긴다. 오늘날 유럽으로 들어오는 아프리카인이 겪는 이런 일은 20세기 초 뉴욕으로 간 유대인이나 시칠리아인도 똑같이 겪었다.

아프리카에서 유럽으로 이동하는 규모는 유럽 이민정책에 의해서 좌우되기도 한다. 2017년 8월부터 2018년까지 총 18만 3천 명의 아프리카인이 이탈리아로 이주했다. 보통 아프리카인은 이탈리아를 거쳐 다른 나라로 가고자 하지만 100만 명 이상은 이 곳에 남는다. 이미 수십 년간 세를 키운 이탈리아 포퓰리즘 정당들은 이민자 수가 급증한 것을 계기로 2018년 정권을 확실히 잡았다. 누군가에게는 불편한 사실이겠지만, 이탈리아 내 아프리카 인구 증가는 이미 유럽의 민족·정치 지도를 바꾸고 있다.

아프리카 안에서

지금 당장은 아프리카 밖으로 나가는 이민보다 대륙 내부를 오가는 인구 이동이 훨씬 더 많다. 사실 아프리카 내 이동은 늘 있었다. 아프리카 국가 간 국경선이 대부분 비교적 최근에 생긴 데다가 150여 년 전 유럽 열강이 자의적으로 그은 경우가 많기 때문이다. 게다가 교통 수단이 점차 저렴해지고 접근이 쉬워지면서 아프리카 안팎에서 몰려드는 사람들로 대도시들이 더욱 붐빈다. 1983년 유가 하락으로 경제가 어려워진 나이지리아는 서아프리카 출신 불법 체류자 200만 명을 추방했지만, 2018년 추정치에 따르면 여전히 나이지리아에는 가나 출신이 약 50만 명 거주하고 있다. 남아프리카 공화국에도 약 300만 명의 이민자가 살며, 이 지역 외국인 공동체 대부분도 아프리카 내 다른 지역에서 온 사람들로 구성되었다.

아프리카 인구가 급격히 늘지 않았다면 이렇게 많은 사람이 이동하기는 어려웠을 것이다. 다만 이동의 원인은 지역마다 다르다. 서아프리카나 남부 아프리카 지역에선 주로 경제적 기회를 찾아 이동하는 편인데 이것이 일반적인 흐름은 아니다. 부르키나파소에서 더 부유한 코트디부아르로 간 이민자가 100만 명이 넘는데, 동시에 코트디부아르 출신 약 50만 명이 부르키나파소에서 살고 있다.

동아프리카에서는 전쟁으로 이민을 가는 경우가 흔하다. 2017년 기준, 남수단에서 우간다로 피난한 사람이 약 90만 명, 수단으로 이동한 사람이 약 30만 명에 달했다. 또한 소말리아의 오랜 내전과 불안정으로 이곳 인구가 주변국으로 대거 빠져나가기도 했다.

아직까지 아프리카 출신 이민자는 대륙 밖보다 대륙 안의 다른 나라에 살 가능성이 높다. 이민을 고려하는 사람도 유럽이나 미국보다는 다른 아프리카 국가를 염두에 두는 경우가 훨씬 흔하다. 우간다에서 케냐로 건너가는 것이 지중해를 건너거나 먼 나라로 이주하기 위해 비자와 자금을 마련하는 것보다 훨씬 쉽고 안전하며 저렴하기 때문이다.

아프리카의 미래 출산율: 미지의 영역

1980년대 후반부터 1990년대 초까지 냉전이 끝난 시기에 일부 사람들은 '역사의 종말'이 왔다고 생각했다. 혼합 경제를 바탕으로 한 자유민주주의가 가장 효과적인 모델로 여겨졌고 전 세계가 같은 길을 갈 거라는 생각이었다. 이 논리를 펼친 사람 중 가장 유명한 이는 정치학자 프랜시스 후쿠야마로, 그는 이 과정을 '덴마크로 간다'라고 표현했다. 이는 인류가 언젠가 경제적 번영·자유주의·정치적 안정·인권 등을 모두 갖춘 덴마크를 모방하게 될 거라는 뜻이었다. 전 세계가 정말로 범죄율이 낮고, 경제가 효율적이며, 복지가 탄탄하고, 민주주의 제도가 안정된 덴마크와 비슷해지고 있는지에 대해서는 논란이 있지만, 인구학적 흐름만큼은 덴마크로 수렴하는 양상이 비교적 분명해 보인다. 전 세계적으로 영아 사망률이 떨어지고 기대수명이 늘었으며, 중위연령이 높아지고 가구 규모가 줄어드는 추세이기 때문이다. 실제로 일부 나라는 몇 가지 지표에서 덴마크보다 더 '덴마크스럽다'. 일본인은 덴마크인보다 평균 3년 더 살고, 그리스인의 출산율은 덴마크보다 0.5명 가량 낮다.

한 가지 예외는 역시 사하라 이남 아프리카의 출산율이다. 장기적으로 이 지역도 결국 출산율이 낮아질 것으로 예상되지만, 그 속도와 폭은 예측하기 어려운 인구학적 미지수다. 이 변화에 따라 21세기 말 세계 인구가 150억 명을 넘을지, 아니면 70억 명대에 머무를지 갈릴 수 있다. 2014년 학술지 〈랜싯(Lancet)〉에 실린 한 연구에 따르면 전 세계 인구는 2064년경 약 100억 명에 못 미치는 수준에서 정점을 찍고, 2100년에는 90억 명 아래로 내려갈 전망이다. 반면 유엔은 21세기 말쯤 세계 인구가 110억 명쯤에 이르고, 이후에도 조금씩 증가할 것으로 추산한다.

아프리카에서 기대수명이 늘 가능성은 꽤 높지만, 출산율의 미래는 확실하지 않다. 오늘날 아프리카 여성은 평균 5명의 자녀를 낳는데, 이는 70년 전과 크게 다르지 않을 뿐 아니라 전 세계 대부분 지역과도 차이가 크다. 유엔의 '중간' 예측에 따르면, 2100년에 아프리카 출산율은 대체출산율 수준인 약 2.2명으로 줄어들 전망이지만, 이 수치가 2.5명을 넘으면 아프리카 인구는 55억 명이 될 것이다. 한편 2020년 발표된 다른 연구에서는 2100년 아프리카 출산율이 2 이하로 내려가면서 인구도 약 30억 명에 이를 것으로 본다.

다만 남 아프리카는 예외다. 오늘날 남아프리카 공화국의 출산율은 대체출산율을 조금 웃도는 수준으로, 1970년대 말의 절반에 그친다. 아파르트헤이트[11] 시절 정부가 추진한 가족계획 정책은 흑인 인구 증가를 억제하려는 의도로 시행됐다는 비판을 받았는데, 의도가 무엇이었든 결과적으로 성공하여 남아공 출산율이 대륙 내 다른 지역과 차이를 띠기 시작했다. 이후에도 가족계획 서비스 공급과 이용이 이어지면서 출산율이 꾸준히 낮아졌고, 여러 문제가 있긴 해도 폭발적 인구 증가만큼은 피하고 있다.

11　역주: Apartheid, 남아프리카 공화국의 아프리카너 주도의 극우 국민당 정권에 의하여 1948년에 법률로 공식화된 인종분리 즉, 남아프리카 공화국 백인정권의 유색인종에 대한 차별 정책을 말한다.

남아공에서 시작된 이 흐름은 주변 국가로 빠르게 확산했다. 에스와티니(옛 스와질란드), 레소토, 나미비아는 여성 1명당 자녀가 평균 3명 안팎이고, 보츠와나는 이보다 더 적다. 보츠와나는 남아공만큼 자원이 풍부하진 않지만 피임 사용을 장려하는 면에서는 큰 차이가 없다. 또한, 보츠와나 보건 당국이 이미 거의 50년 동안 지역 현장에서 일한 경험이 있다는 점도 큰 이점이다. 언제나 그렇듯 출산율이 낮아진 지역에서는 여성 교육이 강조되었는데, 최근에는 남성도 책임져야 한다는 인식이 커졌다. 트레버 오아힐은 남자아이를 대상으로 한 생식(生殖) 건강 교육과 성교육 라디오 프로그램을 진행하며, 여자아이와 같은 시기에 월경을 배워야 한다고 강조한다. 교육은 여전히 남녀 모두가 자기 몸과 미래를 통제할 수 있는 가장 효과적인 방법이다.

물론 정부나 NGO, 활동가들이 적극적으로 활동하는 것이 긍정적인 현상일 수 있어도 그들은 사람들이 원하는 것을 간과해선 안 된다. 중국의 한 자녀 정책처럼 정부가 강제 제한을 둘 수 있는 경우도 있지만, 정부 자원이 부족하고 출산 장려 문화가 강한 아프리카 대부분 지역에서는 그러한 방식이 극단적으로 여겨질 것이다. 중국식 강압이 없는 상황에서, 출산을 조절할 수 있을 때 개인이 어떤 결정을 내리느냐가 관건이다. 남부 아프리카는 상대적으로 작은 가족을 선호하는 경향이 뚜렷하지만, 사하라 이남 다른 지역은 그렇지 않다. 2015년 서아프리카·중부아프리카 여성은 평균 자녀 수가 약 5.5명이었는데, 이는 그들이 원했던 자녀 수보다도 약 0.5명 적은 수치였다.

사람들이 원하는 자녀 수에 대한 설문 결과를 너무 심각하게 해석할 필요는 없다. 답변은 종종 문화적 뉘앙스에 좌우되기 때문이다. 그럼에도 이것이 남부에서 동부로 확산하는 아프리카 출산율 감소의 흐름일 가능성은 높다. 동아프리카 여성은 평균적으로 서아프리카 여성보다 아이를 거의 한 명 덜 낳고, 중부아프리카보다도 적게 낳는다. 우간다와 소말리아의 출산율은 여전히 나이지리아·니제르·차드같이 아이를 많이 낳는 국가와 비슷하지만, 케냐·에티오피아 등은 꾸준히 내려가고 있다.

케냐에서는 피임 관련 질문에 답해 주는 혁신적인 앱으로 출산 관련 민감한 질문을 묻는 금기를 극복하는 데 도움을 준다. 한 젊은 여성은 기자에게 "예전엔 그냥 구글에 검색만 했어요. 어떤 궁금증은 주변 사람에게 묻기 너무 어렵거든요"라고 털어놓았다.

한편 나이지리아는 출산율이 내려가는 속도가 너무 더디다. 이란과 중국은 여성 1명당 자녀 수가 6명에서 3명으로 줄어드는 데 불과 10년이 걸렸지만, 나이지리아는 20년 전 6명 수준이던 출산율이 현재 약 5명에 머물러 있다. 그 원인으로는 출산을 선호하는 문화, 부족한 정부 서비스, 일부 지역의 정치 불안 등이 꼽힌다.

아프리카인들이 문화적으로 출산을 장려한다면 인구가 끝없이 늘어날 것이다. 하지만 애초에 왜 그런 문화를 받아들였는지 생각해 볼 필요가 있다. 이 대륙은 오랫동안 인구가 적었고, 땅이 넉넉해도 사망률이 높아서 이러한 문화 없이는 생존하기조차 어려웠다. 이는 인구 증가로 땅이 부족해지자 곧바로 사람들이 가족 규모를 축소시킨 중국과 대조적이다. 어쩌면 아프리카인 중 일부는 아시아·유럽인보다 출산을 더 장려할 수도 있는데 또 한편으로 그 문화가 영원히 이어진다는 보장은 없다. 문화는 다른 모든 것처럼 변하기 마련이고, 세대가 바뀌면 달라진 환경에 맞춰 변화하기 때문이다.

아프리카의 출산율이 더디게 낮아진다고 실망하는 이들에게는 두 가지 이야기를 할 수 있다. 첫째, 1970~80년대 중국이나 1980~90년대 이란보다 속도가 느리긴 해도, 일부 국가는 영국보다 변화 속도가 훨씬 빠르다. 영국은 여성 1명당 평균 자녀 수가 6명에서 3명으로 줄어드는 데 60년 가까이 걸렸다. 아프리카 내 모든 지역이 이전보다 훨씬 빠르게 인구변천 과정을 밟길 기대하면 실망할 수 있으나 대륙 내 여러 지역은 그보다 훨씬 빠르게 변하고 있다. 둘째, 아프리카가 상당히 발전했어도 나이지리아처럼 여성 문해율이 되러 낮아지는 나라에서는 출산율이 급격히 줄긴 어렵다.

에이즈: 비극과 승리

치료제가 널리 보급되고 비용도 낮아졌지만, 에이즈의 공포는 여전히 아프리카를 뒤흔든다. 그러나 이것이 인구의 거대한 흐름을 되돌릴 거라고 생각한 이들의 예상은 빗나갔다.

전례는 다양하다. 1910년대는 유럽 역사상 가장 치명적인 전쟁이 벌어진 시기였다. 서부 전선에서 4년 넘게 격전이 이어졌고, 발칸과 러시아 등 다른 전선에서도 최신 무기로 인해 막대한 피해가 있었다. 게다가 1차 세계대전이 끝날 무렵, 스페인 독감이 수백만 명을 추가로 희생시켰다. 그럼에도 당시 유럽은 사망률이 전반적으로 낮아지고 출산율이 높아서 1920년 인구가 1910년보다 많았다.

좀 더 최근이지만 규모가 작은 사례로, 시리아에서 10년 넘게 이어진 유혈 내전을 들 수 있다. 사망자가 50만 명에 달하는 점은 충격적이지만, 이는 시리아 인구가 1년 새 늘어나는 수치와 비슷하다. 또, 시리아 인구가 줄어든 주된 이유는 사망이 아니라 대규모 이주다. 14세기 흑사병이나 17세기 30년 전쟁처럼 국가 인구의 3분의 1이 죽고 회복하는 데 수십 년에서 수백 년 걸리던 때와는 다르다. 오늘날 식량·물·의료 서비스가 개선된 환경에서는 웬만한 재앙도 인구학의 큰 흐름에 비하면 미미하다.

전 세계적으로 약 3,500만 명이 에이즈로 사망했고, 그중 2,500만 명은 사하라 이남 아프리카에서 숨졌다. 이 질병은 거의 40년 동안 매년 아프리카에서만 60만 명 넘게 숨지게 했지만 이는 그 지역 한 해 출생아의 약 2%에 불과해 아프리카 인구 증가에는 거의 영향을 주지 못했다.

그러나 에이즈 피해가 극심했던 대륙 남부 국가들 통계를 보면 상황이 다르다. 보츠와나는 1980년대 말부터 21세기 초까지 다른 긍정적인 발전에도 기대수명이 10년 정도 줄었다. 에스와티니(옛 스와질란드)는 에이즈 영향을 더 크게 받아 기대수명이 17년 이상 떨어지며 수십 년 쌓은 진전을 되돌렸고, 결국 1950년대 수준으로 후퇴했다.

반가운 사실은 치료법 개발과 저렴한 공급을 위한 국제적 노력, 성교육 덕분에 상황이 반전됐다는 것이다. 남부 아프리카 기대수명은 하락했을 때보다 더 빠른 속도로 회복했고 선진국에서 기대수명이 꾸준히 늘어나는 것과 달리, 이 지역은 잠시 낮아졌다가 다시 오르는 양상이 두드러졌다. 물론 그래프만 볼 게 아니라, 그 이면에 있는 수많은 사람들의 파괴된 삶을 잊어서는 안 된다.

성서 시대 재앙처럼 한때 세계를 뒤흔든 전염병이 완전히 박멸되지는 않았어도 어느 정도 억제된 사실은 고무적이다. 에스와티니에서는 25~49세 인구의 27%가 HIV에 감염된 상태인데 미국이 '대통령 긴급 에이즈 구호 계획'을 통해 수만 명에게 항레트로바이러스 약을 제공한 덕에 감염률을 크게 낮출 수 있었다. 물론 이는 에스와티니 정부가 지원을 받아들이고 협력하지 않았다면 어려웠을 것이다. 유엔 에이즈 합동프로그램 대표 미셸 시디베에 따르면 에스와티니 국왕이 에이즈를 국가 생존과 직결된 문제로 받아들인 후부터 비로소 돌파구가 열렸다고 한다.

남아프리카 공화국에서도 에이즈 확산은 한풀 꺾였다. 21세기 초 당시 대통령 타보 므베키가 "에이즈와 HIV는 별개"라고 주장해 치료 프로그램이 지연되는 암울한 시기가 있었지만 이제는 상황이 다르다. 통계를 보면 남아공의 기대수명은 1990년대 초 달성한 최고치를 뛰어넘었다. 전 세계적으로도 지난 15년간 에이즈 사망자는 절반으로 줄었다.

에볼라는 에이즈처럼 대규모 유행병이 될 뻔했으며 전파 속도가 훨씬 빨라 더 치명적일 수 있었다. 2013년 말 서아프리카 기니에서 처음 확인된 뒤, 이듬해 여름까지 라이베리아·시에라리온으로 번졌다. 유럽·북미 등 다른 지역에서도 감염 사례가 조금씩 있었으나 모두 빠르게 차단됐고, 가난한 서아프리카 3개국에서만 에볼라가 걷잡을 수 없이 확산됐다. 국제사회가 서둘러 대응해 2016년 초 세 국가의 전역에서 에볼라가 소멸됐다. 사망자는 1만 1천여 명으로 이는 매우 안타까운 일이지만 빠르고 효율적인 방역 덕분에 흑사병 같은 또 다른 대참사는 막을 수 있었다.

한편 현대 생활은 질병 전파를 더 쉽게 만든다. 가난한 나라에서도 이동이 흔해지고, 국제선 항공 여행으로 감염병이 먼 지역까지 옮겨가기 때문이다. 그러나 다른 한편으로는 현대적 환경과 국제사회의 신속한 대응이 확산을 저지하는 데 크게 기여한다.

우리가 미처 대비하지 못한 생물학적 재앙이 일어나지 않는다고 단정할 수는 없지만, 인류가 축적한 뛰어난 방역 기록은 낙관적인 전망을 가리킨다. 코로나19가 전 세계에 위협과 혼란을 안겼지만, 코로나19 사망자는 (이 글을 쓰는 시점 기준) 전 세계 인구 1천 명 중 1명도 되지 않는다.

인구 배당: 인구, 경제, 그리고 아프리카의 미래

2013년 초, 나는 자카르타에서 한 프로젝트를 진행했다. 인도네시아 수도인 이 도시는 공해와 교통 체증으로 악명이 높은데, 호텔에서 사무실까지 차로 30분쯤 걸리던 길이 어느 날은 거의 1시간이나 걸렸다. 동료와 내가 운전사에게 "무슨 일이에요?"라고 묻자 그는 "오늘 발렌타인데이라서 다들 데이트하러 나왔어요"라고 답했다. 호텔로 돌아와 30층에서 내려다보니 도시 전체가 멈춰 선 듯했다.

인도네시아는 국민 대다수가 이슬람교도다. 많은 이슬람 지도자는 발렌타인데이가 이슬람과 무관하고 혼외 관계를 부추긴다고 보며, 전통문화에도 맞지 않다고 여긴다. 하지만 이 대도시의 젊고 활기찬 청년들은 다양한 서구 문화를 받아들이며 발렌타인데이도 즐기고 있었다. 거리 곳곳에서 짧은 옷차림의 여학생들이 오토바이 뒤에 올라 남자친구를 꽉 잡은 채 혼잡한 도로 사이를 누비는 모습이 보였는데 이들은 할머니 세대처럼 많은 아이를 낳지 않을 것이고, 어머니 세대보다도 아이를 더 적게 낳을 가능성이 크다.

인도네시아는 흔히 '인구 배당'이라 불리는 상황을 누리고 있다. 이는 출산율이 떨어지면 나타나는 현상으로 전체 인구 대비 생산가능 인구가 늘면서 경제성장률이 높아지는 현상을 말한다. 한때 높았던 출산율 덕에 10대 후반에서 20대 초반 청년층이 대거 노동시장에 진입하고 이들은 부모 세대와 달리 서둘러 큰 가족을 꾸리려 하지 않는다. 실제로 1970년대에 여성 한 명당 자녀가 5명 수준이던 인도네시아의 출산율은 이제 2명을 조금 넘을 정도로 낮아졌다. 젊고 활기찬 인구가 많아 노동력은 늘고, 자녀가 적은 젊은 노동자는 연금 등에 대비해 저축을 많이 하면서 인구 대비 부양비를 낮춘다. 이 시점에서 경제는 큰 성장 기회를 잡게 되며 실제로 인도네시아 1인당 소득은 21세기 초 15년 간 2배 이상 뛰었다.

물론 인구 배당은 기회일 뿐, 성공이 보장되지는 않는다. 인도네시아는 시장을 개방하고 자본이 들어오도록 하여 이 기회를 살렸고, 민주주의가 발전하고 정치가 안정되면서 투자자들에게 신뢰를 주었다.

반면 비슷한 인구 구조 변화를 겪고도 이 기회를 놓친 나라가 적지 않다. 시리아만 봐도, 내전 이전부터 사회에 퍼진 부패와 기득권층이 변화를 거부한 탓에 발전이 막혔다. 이런 모습은 많은 아랍 국가에서도 흔히 나타나며, 이 지역이 불안정한 데는 어느 정도 경제적 부진이 작용하지만 그 근저에는 심오한 인구학적 배경도 깔려 있다. 이 부분은 뒤에서 다시 다룰 것이다.

아프리카의 인구 배당은 주로 미래의 몫이다. 가족 규모가 여전히 큰 지역에서는 젊은 세대가 경제성장과 관련된 생활양식을 받아들이기 쉽지 않다. 자녀가 일곱인 빈곤층 여성은 세탁기나 냉장고를 사고 싶어도 형편이 안 되고, 교육 예산도 빠듯하다. 또 가족 규모가 줄면 상황이 달라진다. 교육 수준이 높은 젊은 부모는 더 나은 교육과 영양, 돌봄을 위해 자녀 수를 조절하고자 한다.

아프리카의 인구 배당 효과는 그들이 인도네시아 모델을 따를지, 시리아 모델을 답습할지에 따라 달라진다. 나이지리아의 경우 잠재력이 큰 것은 사실이지만 노동 인구만 늘어난다고 큰 효과가 생기지는 않을 것이며 적절한 규모의 세대가 뒤를 이어야 한다.

아프리카: 미래의 인류가 살아갈 땅

아프리카 인구가 40억이 되든 55억이 되든 이는 우리 시대 가장 큰 인구 사건이 될 것이다. 19세기에 영국이 산업혁명을 일으키며 처음으로 근대적 인구 폭발을 겪었지만, 중국과 아프리카에서 이 흐름이 반복된 것이 인류사에 더 큰 흔적을 남겼다. 중국의 산업화와 아프리카의 인구 증가는 우리가 여전히 제대로 파악하지 못한 방식으로 세계를 바꿔 놓고 있으며, 2100년 무렵이면 아프리카의 모습과 분위기는 크게 바뀔 것이다.

인구변천을 먼저 시작한 유럽인들은 분명한 우위를 확보했고, 이들의 활력과 인구 증가는 전 세계에 영향력을 행사하는 핵심 동력이었다. 미국·캐나다·호주 등지에서 유럽인은 원주민을 내몰고 자신이 원하는 대로 새로운 사회를 건설했다. 그러나 아프리카인들에게는 '늦게 뛰어드는' 이점이 있다. 인구변천이 늦을수록 사망률은 더욱 빨리 떨어지는데 이것이 출산율 감소로 이어지지 않으면 인구는 놀라울 정도로 급격하게 증가할 것이다.

인구 증가는 아프리카가 마주한 가장 큰 기회이자 도전이다. 새로 늘어나는 수십억 인구를 생산적 일자리로 흡수하고 세계 경제와 연결할 수 있느냐가 앞으로 몇십 년간 우리 미래를 좌우할 것이다. 인구 과잉, 자원 고갈, 사막화 위험이 닥치고 있지만, 충분한 영양을 공급받고 교육을 이수한 수십억 아프리카인은 인류 발전에 막대한 기여를 할 가능성도 크다.

가장 큰 문제는 경제와 정치다. 대다수 아프리카인이 건강하고 평화롭고 물질적으로 풍족한 삶을 누리려면, 대단한 수준의 발전이 필요할 것이다. 20세기 초 유럽에서 벌어진 갈등처럼 자원을 둘러싸고 폭력적인 충돌이 일어날 가능성도 있다.[12] 결국 이들이 성공하기 위

---

12 유럽의 전쟁이 실제로 자원을 둘러싼 것이었는지에 대해선 논쟁의 여지가 많다. 레닌이나 제국주의적 관점에서는 제1차 세계대전을 자원 쟁탈전으로 본다. 하지만 지금은 그

해서는 아프리카 지도자들이 세계가 축적한 기술·정치적 교훈을 폭넓게 받아들여야 한다. 최근 수십 년간 콩고민주공화국 등에서 벌어진 전쟁은 세계에서 가장 치명적인 분쟁 가운데 하나였다. 젊은 남성이 많은 인구는 원래 급격한 변화를 겪기 쉬운데, 아프리카는 오랫동안 이러한 인구 구조가 이어질 전망이라 국가 안팎에서 폭력 사태가 일어날 위험이 크다. 그러나 다행히 자원을 확보하고 늘어나는 인구를 부양할, 보다 생산적인 길도 존재한다.

1950년에는 나이지리아인 1명당 일본인이 2명 이상이었는데, 지금은 일본인 1명당 나이지리아인이 약 1.5명에 이른다. 유엔 추계에 따르면 2100년 무렵에는 나이지리아인이 일본인보다 9배나 많아질 전망이다. 이는 권력·경제·문화·종교 측면에서 세계가 크게 바뀔 수밖에 없음을 의미한다. 어떻게 바뀔지는 미지수지만, 아프리카가 세계 문화에 훨씬 더 큰 영향을 미칠 것임은 분명하다. 어쩌면 나이지리아의 놀리우드 영화 산업이 볼리우드를 넘어 할리우드와 경쟁할 수도 있고, 유능한 아프리카 작가들이 노벨문학상을 휩쓸거나 아프리카 대학과 과학자들이 세계 무대에서 주목받을 수도 있다. 과거에는 부차적이었던 아프리카 문제가 이제 세계 중심 과제가 될 가능성이 크다. 그리고 인류 3분의 1이 아프리카인이 되는 날, 아프리카 국

시각이 거의 신뢰를 잃었다. 그럼에도 영토를 차지하려는 욕망―이를테면 식민지에서 영국이 독일과 경쟁하거나, 발칸 지역에서 오스트리아가 러시아 동맹국들과 맞서려 했던 야심―은 영광·과시·권력 확보만이 아니라 과세나 광물 채굴로 얻을 수 있는 자원 확보의 측면도 있었다. 알자스-로렌 지역을 둘러싼 프랑스·독일 사이의 적대감 역시 그곳에 매장된 상당한 철광 자원 때문에 더 심화됐다.

가가 유엔 안전보장이사회 상임이사국이 될 가능성도 높다.

아프리카에서는 이슬람과 기독교 간 충돌이 자주 심각하고 폭력적으로 치닫는데 아프리카 영향력이 커질수록 이런 갈등은 더 중대한 문제가 될 것이다. 충돌이 특정 지역에 국한될 수도 있지만, 아프리카가 대륙 내 문명 갈등에 휘말리면 종교가 핵심 의제로 떠오를 가능성이 크다. 물론 역사적으로 기독교도와 이슬람교도가 평화롭게 공존한 사례도 많다. 요즘 이들 간 긴장이 커진 이유 중 하나는 서로 다른 형태의 현대성을 상징하기 때문이다.

앞으로 수십 년이 평화롭든 폭력적이든, 아프리카 인구가 늘어날 가능성은 굉장히 높다. 설령 내일부터 아프리카 국가들이 출산율을 대체출산율 수준으로 낮추더라도, 인구가 정체되기까지는 수십 년이 걸릴 것이다. 인구가 한창 크게 늘었을 때 젊은 층이 워낙 많아서 각 가정에서 낳는 아이 수가 줄어도 전체 인구는 계속 증가할 것이기 때문이다. 결국 아프리카 출산율에서 중요한 건 인구가 계속 늘어나느냐가 아니라, 얼마나 빠른 속도로 늘어나느냐인 것이다.

지금으로서는 이 질문에 뚜렷한 답이 없다. 아프리카 상황이 워낙 다양해 미래가 불확실하지만, 대륙 대부분에 출산 장려 문화가 깊이 뿌리내린 것은 분명하다. 아마 이 문화적 요인이 더딘 경제발전보다도 더 크게 작용해, 사하라 이남 아프리카 출산율이 다른 개발도상국에 비해 더디게 떨어졌을 것이다. 게다가 앞으로 출산율이 계속 낮아지더라도, 오랫동안 대체출산율을 웃돌 가능성이 크다. 결국 아이를 낳으려는 의지가 강한 사회가 미래를 주도할 것이다. 유럽·동아시아·

[표3] 사하라 이남 아프리카: 전체 인구(백만 명) 및 세계 인구에서 차지하는 비율(%)

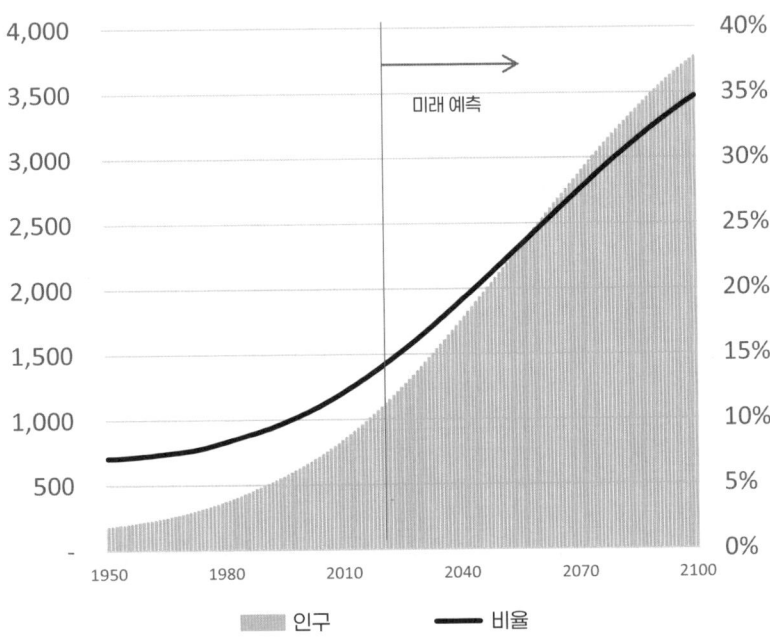

출처: UN Population Division, 중위 추계

사하라 이남 아프리카 대부분 지역은 아직 인구변천 초기 단계에 있어 폭발적인 인구 성장이 계속될 전망이고 이 성장세는 21세기가 끝나야 비로소 둔화될 것으로 보인다. 1950년 무렵 아프리카 인구는 2억 명도 안 됐지만, 지금은 10억 명을 넘어섰다. 유엔 추계에 따르면 2100년에는 40억 명에 이를 것으로 예상되는데, 이는 출산율이 얼마나 빨리 낮아지는가에 달려 있다.

1950년에 아프리카가 세계 인구에서 차지하던 비중은 대략 14분의 1이었으나, 지금은 7분의 1 정도다. 2100년에는 전 세계 인구의 3분의 1 이상이 아프리카 대륙에서 살 가능성이 높다.

[표4] 세계 출산율과 세계 기대수명 (덴마크 대비 백분율로 표시)

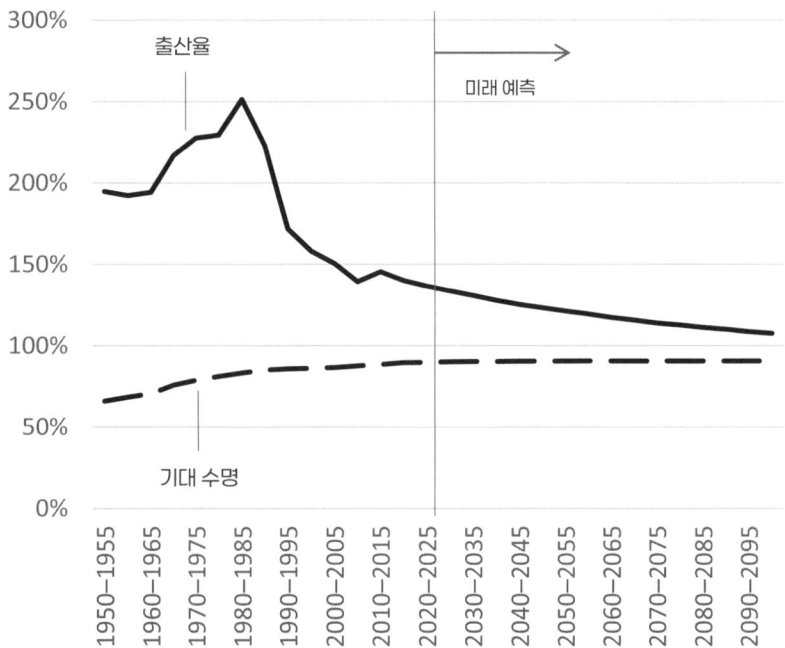

출처: UN Population Division, 중위 추계

출산율과 기대수명 같은 핵심 인구 지표는 대체로 특정 수치로 수렴한다. 대가족이 흔하고 기대수명이 짧았던 나라일수록 출산율이 더 많이 낮아지고 기대수명은 크게 늘어난다. 그 결과 전 세계가 점차 부유하고 발전된 덴마크에 가까워진다.

1950년에 전 세계 평균 출산율은 덴마크의 약 두 배였지만, 현재는 덴마크보다 50% 정도만 높다. 21세기 말에는 덴마크보다 약 10% 높은 수준에 그칠 것으로 전망된다. 기대수명 역시 1950년에는 세계 평균이 덴마크의 3분의 2 수준이었으나, 이제는 덴마크보다 약 10% 낮을 정도로 격차가 크게 줄었다. 앞으로 이 차이는 더 좁혀지겠지만, 속도는 조금 더딜 수 있다.

미주 지역 상당수는 이런 면에서 실패하는 듯 보이는 반면, 과거 '암흑 대륙'으로 불리던 아프리카가 오히려 인류의 큰 희망으로 떠오르고 있다.

아프리카 인구가 급증하면 흔히 도시에 거주하는 인구도 증가한다. 1970년 이후 라고스 같은 도시가 10배 넘게 팽창했는데 대륙 전체가 중국 수준의 도시화 단계에 이르기까지는 아직 갈 길이 멀다. 이제 이 주제를 본격적으로 살펴보자.

121   인구 백만 명이 넘는 중국 도시의 수

제1차 세계대전 직전까지만 해도 전 세계에서 인구가 백만 명이 넘는 도시는 열 곳 정도였다. 19세기 초부터 유럽, 북아메리카, 일본 인구가 빠르게 늘면서 그 안의 도시들도 폭발적으로 성장했는데 1914년 당시 교육을 받은 사람이라면, 세계에서 가장 인구가 많은 도시들의 이름과 위치, 주요 특징을 거의 다 알고 있었을 것이다. 뉴욕, 도쿄, 런던, 파리 같은 도시들은 지금도 매우 유명하다.

그로부터 약 100년이 흐른 지금, 중국에만 인구 100만 명 이상인 도시가 무려 121곳이다. 2020년대에는 또 다른 100곳 정도의 중국 도시가 '100만 클럽'에 포함될 예정이다. 그럼에도 많은 사람들은 이 도시들 대부분을 모른다. 메갈로폴리스(거대 도시권)가 급격히 늘어난 결과, 도시의 개념을 재정립해야 할 수도 있다.

세계 최대 규모 도시 대부분은 작은 도시군에서 출발해 점차 커졌지만, 그중 일부 도시는 사실상 아무것도 없는 상태에서 시작해 거대한 도시로 성장했다. 브라질 수도 브라질리아는 1960년에 세워졌는데 지금은 약 250만 명이 산다. 1980년대까지 인구가 거의 없던 나이지리아 수도 아부자도 이제는 비슷한 규모로 성장했다. 인도에는 인구가 100만 명이 넘는 도시가 약 40곳 있으며, 그중 상당수는 세계적으로 거의 알려지지 않았다. 초거대 도시는 이제 흔한 현상이 된 것이다.

  도시를 정의하고 인구를 측정하는 방식은 명확히 규정되지 않았다. 먼저, 도시 경계를 어디까지 설정할지가 문제다. 런던만 해도 M25 고속도로 안쪽만 볼지, 그레이터런던 전체를 포함할지, 시내나 웨스트엔드로 출퇴근하는 지역까지 묶을지에 따라 인구가 달라진다. 또 마을과 소도시, 소도시와 대도시를 구분하기도 애매하며 지역별 대도시권 통계도 달라서 정확한 수치를 내기 어렵다. 실제 거주 인구는 적더라도 통근 인구가 많은 도시도 있는데 룩셈부르크 시의 경우 약 12만 5천 명이 살지만, 벨기에·프랑스·독일에서 매일 출근하는 사람들과 대공국 내 다른 지역에서 이동하는 이들을 포함하면 실제 도시 활동 인구는 훨씬 더 많다.

  도시 이론가 V. 고든 차일드는 도시가 처음 생겼을 때 나타나는 열 가지 특징을 제시했다. 인구가 많고 밀도가 높으며, 수공업·장인 활동이 전문화되고 자본이 집중되며, 대규모 건물이 들어서고, 육체노동을 면제받는 사회경제적 계층이 있으며, 기록과 지식이 축적·생산되고, 문자를 사용하고, 예술 활동과 무역이 활발하며, 혈연이 아닌 거주지를 중심으로 안전이 보장된다는 것이다. 하지만 현대에는 많은 국가가 이미 이런 특징 대부분을 갖추었다. 결국 도시는 '보면 안다'라는 말로 정의할 수밖에 없는지도 모른다.

중국의 무명 메가시티

중국 남동부 난창은 주링산맥과 중국 최대 담수호 포양호 사이에 위치한다. 1927년 대규모 반란이 일어나 공산주의 부상에 크게 기여했다고 평가받으며, 그 공로로 '영웅의 도시'라 불린다. 그 덕에 이곳은 중국 공산당에게 특별한 의미가 있고 도교의 주요 근거지이기도 하다.

난창은 브라질리아나 아부자처럼 최근에 생긴 도시는 아니며 중국 역사에서 오랫동안 중요한 역할을 해왔다. 그러나 지금처럼 인구가 많은 대도시가 된 건 불과 몇 년 전이다. 현재 이곳 도시권 인구는 약 500만 명이고, 1970년 무렵엔 100만 명도 안 됐다. 간강(贛江) 동쪽 옛 시가지는 강 서쪽 새 도심에 완전히 가려졌는데, 이는 런던이 '더 시티'에서 출발해 웨스트민스터를 흡수하고 템스강 남쪽으로 팽창한 과정과 비슷하다. 난창에서는 이 변화가 수십 년 만에 빠르게 진행됐고, 중국 내외로부터 별 주목을 받지 못했다. 유럽인들에게 거의 알려져 있지 않다는 이유로 난창을 무명 도시라고 보는 건 다소 유럽 중심적인 시각일 수 있다. 하지만 백만 인구가 넘는 중국 도시가 200곳 가까이 늘어나고 있는 현재, 중국 안에 사는 이들에게도 낯선 도시가 많을 수밖에 없다.

난창은 다른 여러 중국 도시처럼 농촌 인구가 대거 유입되면서 현대적으로 탈바꿈했는데, 이런 흐름이 중국에만 나타난 것은 아니다. 1800년에 전 세계 인구 중 도시 거주자는 6%에 불과했는데 2007년에는 절반에 이르렀고, 2050년쯤이면 3분의 2에 이를 것으로 예측된다. 중국 농촌은 20세기 중반에 인구가 급증했고 1970년대부터 출산율이 낮아지기 시작해 1979년 한 자녀 정책이 시행됐음에도 한동안 젊은 인구가 많았다. 농촌 활력이 떨어진 뒤에도 더 나은 기회를 찾아 도시로 떠나는 사람은 꾸준히 늘었다.

난창보다 훨씬 크지만 서구권에 덜 알려진 도시로 충칭이 있다. 인구가 약 1,600만 명으로 그레이터런던이나 뉴욕의 두 배 수준이다. 충칭 역사는 중국 문명 초기로 거슬러 올라가는데 1990년만 해도 인구가 지금의 4분의 1에 불과했다. 다른 중국 도시처럼 농촌 인구가 유입되고 인구가 증가하면서 성장했는데 여기에는 해안 지역에 집중된 경제성장을 내륙으로 분산하려는 국가 정책도 크게 작용했다. 중국 정부는 포드나 마이크로소프트 같은 외국 기업을 유치해 일자리를 늘렸고, 이는 소농·농민들이 충칭으로 이주하도록 이끌었다.

농촌 인구가 경제적 기회를 찾아 도시로 이주하는 현상은 과거부터 지속되어 왔다. 특히 농촌 인구가 급격히 증가하면 이러한 이주 흐름은 더욱 가속화되는데 영아 사망률이 낮아지고 농촌 인구가 빠르게 늘어날 경우, 토지가 여러 소규모 단위로 분할되어 농사가 어려워지기 때문이다.

1970년대 중반까지도 중국 인구의 약 80%가 농촌에 거주했지만, 현재는 60% 이상이 도시에 거주한다. 이러한 변화는 중국에서 특히 빠르고 대규모로 일어났으며, 전 세계적으로도 유사한 추세를 보인다. 또한 도시민들은 농촌 거주민들과 삶의 방식이 근본적으로 다르다.

호모 우르바누스(Homo Urbanus)의 등장

한 사회의 중심이 농촌에서 도시로 옮겨가면 사람들이 사는 곳뿐만 아니라 그들의 생각과 정서도 달라진다.

몇 해 전, 나는 방글라데시 출신이 많은 런던의 한 초등학교에서 운영위원으로 일했다. 그 지역 한 선생님은 농촌 체험 학습 날에 방글라데시 부모들이 아이를 아예 등교시키지 않는다고 불평했다. 여러 부모와 이야기해 보니, 가난하고 비교적 외진 지역에서 온 그들은 농촌을 떠나온 걸 자랑스럽게 여기고 다시 농촌을 찾을 이유가 없다고 생각한다.

세르비아에서 일하던 때도 비슷한 일이 있었다. 영국인 동료가 현지 통신사에서 꽤 좋은 직책을 맡고 중산층 지역에 거주하는 세르비아인 관리자에게 벨그라드를 떠나 고향 농촌으로 돌아갈 생각이 있느냐고 묻자, 그 세르비아인은 한 세대 전까지만 해도 외진 시골에 살았음에도 농촌으로 돌아갈 생각은 전혀 없다고 답했다. 내 친구가 들려준 그의 장인어른 이야기도 비슷하다. 그는 수십 년 전 자메이카에서 영국으로 이주했다가 은퇴 후 고향으로 돌아가겠다고 했는데, 자녀가 소규모 농장을 사서 닭을 키워 보라고 제안하자 그는 당황해하며 "내가 애초에 떠난 곳으로 돌아가고 싶지는 않아"라고 대답했다고 한다.

부모, 조부모 대까지 도시에서 살아온 사람에게 농촌은 '도망쳐 나온 곳'이 아니라 '휴식하러 가는 곳'이다. 오래전부터 도시에서 자란 이들 상당수는 농촌으로 떠나는 일이 선진국에서 누릴 수 있는 사치라는 사실을 잊었다. 농촌을 낭만적인 전원 생활과 연결지어 생각하지, 날씨가 아무리 안 좋아도 땅에서 먹거리를 얻기 위해 고된 노동을 해야하는 곳으로 여기지 않는다. 그런데 요즘은 도시와 농촌의 구분이 사라졌다. 예컨대 영국에서는 농촌에 살아도 도시가 차만 있으면 쉽게 오갈 수 있는 거리에 있으며, 도시와 마찬가지로 교육·전기·의료 서비스도 널리 보급된다.

라디오, 철도, 자동차, 제대로 된 도로가 없던 시절 영국 남동부의 깊은 지역에서는 이러한 현대적 편의를 누리지 못했다. 1940년대 런던 공습을 피해 어머니가 머물렀던 베드퍼드셔는 현재 런던 통근권이지만 당시에는 수도와 전기가 들어오지 않아 마을 사람들은 펌프로 우물을 길어 썼고, 하수 시설이 없어서 할아버지는 마당에 오물을 묻었다. 이후 상황이 급변했지만, 1970년대만 해도 영국 가정 중 전화가 있는 곳은 3분의 1 정도였다.

예전에는 도시에서만 누리던 혜택을 이제 농촌에서도 이용할 수 있게 됐다. 인터넷 덕분에 이런 흐름은 가속화됐는데 온라인 잡지나 팟캐스트도 대역폭만 맞으면 도시 밖 어디서든 즐길 수 있고, 인터넷만 원활하면 농촌에서도 오락과 문화생활을 도시 못지않게 누릴 수 있다. 동네 서점이 없어도 전자책 리더기로 책을 읽을 수 있고, 영화관을 가지 않아도 넷플릭스로 영화를 볼 수 있다.

한편 과거에는 도시와 농촌 간 정치·종교적 태도 차이가 컸는데 농촌이 더 보수적이었다. 독일 속담 "도시의 공기는 자유를 준다(Stadtluft macht frei)"도 이러한 맥락에서 나왔다. 옛 유럽 농촌은 봉

건 제도가 강해 특정 계층에 복종하고 변화를 거부하는 경향이 짙었다. 지금처럼 세상을 수학·물리 법칙으로 해석하는 시각도 근대 도시에서 비롯됐다. 도시 사람들의 문해율도 비교적 높았는데 예를 들어 1860년대 베를린에서 거의 모두가 글을 읽을 수 있었던 반면, 서프로이센에서는 3분의 1 정도가 문맹이었다.

오늘날 선진국에서는 도시와 농촌 생활이 비슷해졌지만, 그렇지 않은 곳도 많다. 과거 유럽과 마찬가지로 아시아·아프리카·중남미 개발도상국의 농촌에선 여전히 더 큰 기회를 찾아 도시로 이주하는 경우가 많다. 도시로 옮기면 정기적인 임금을 받을 가능성이 커서 간신히 먹고사는 농경 생활보다 훨씬 나은 삶을 누릴 수 있고, 아이도 힘보다 머리를 쓰는 직업을 갖도록 제대로 교육받을 기회가 늘어난다. 자카르타에서 만난 한 택시기사는 "우리 아버지와 할아버지는 논에서 허리 굽혀 농사만 지었는데, 택시 운전이 훨씬 낫고 지금 내 아들은 에어컨 바람이 나오는 사무실에서 일한다"라고 말했다. 사무실 책상이나 운전석에 앉아 있는 게 대단하냐고 할 수도 있지만, 타오르는 자바(Java: 인도네시아의 한 지역) 햇빛 아래서 몇 번만 일해 보면 그 차이를 절실히 깨닫게 된다.

1960~70년대 중국에서 마오쩌둥의 문화대혁명에 휘말려 베이징에서 근근이 생활하다 몽골 자치구 쪽으로 강제 이주당한 사람의 이야기에서도 이러한 관점이 드러난다.

"불타는 햇빛 아래 그늘조차 없었다. 새벽 네 시쯤 일어나야 했고 모기 떼가 쉼 없이 달려드는데 피할 곳도 없었다. 우리는 농사를 지어도 식량을 제대로 얻지 못했고 결국 사막 곤충의 먹이가 됐다."

칼 마르크스가 '농촌 생활의 우둔함'을 비꼬듯 말한 대목은 지금 듣기에 불쾌할 수도 있다. 하지만 과거 농민은 도시인보다 문해율과 교육 수준이 낮았고, 혁명을 일으킬 동력도 부족했다. 농민들이 일으킨 반란은 늘 지역 수준에 그치고 정부군에 의해 쉽게 진압되기 일쑤였다. 1381년 잉글랜드의 와트 타일러 농민 반란이나 1781년 러시아의 예멜리안 푸가초프 봉기가 대표적이다. 타일러는 처형당한 후 머리가 런던브릿지에 걸렸고, 푸가초프도 공개 처형장에서 목이 잘리고 시신마저 훼손되었다. 이들의 행동은 정교한 정치적 의도에 의한 것이 아닌 체제에 대한 분노 표출에 불과했으며 기득권에 의해 제압당했다.

마르크스가 무지하고 반동적인 농민 대신 '프롤레타리아'라 불린 새로운 계급에서 혁명적 미래를 찾은 건 어쩌면 당연했다. 공장에서 일하는 도시 노동자는 어느 정도 교육을 받아 계급 이익을 자각하고 행동할 수 있었으며, 대규모 조직을 꾸리고 도시라는 핵심 거점을 장악할 능력도 갖추었다.

산업 노동 계급이 혁명의 주역은 아니었을지라도, 큰 혁명은 파리·상트페테르부르크·테헤란 등의 도시에서 터졌다. 반면 1848년 프랑스의 경우와 같은 반혁명 때는 농민병으로 편성된 군대가 봉건 귀족 지휘 아래 시골에서 도시로 진격하곤 했다.

한편 도시는 흔히 미래와 시골은 과거와 연관 지어 생각되지만, 오히려 도시는 문명의 보고이기 때문에 과거가 보존되는 장소이기도 하다. 기념물이나 도서관, 박물관 같은 형태로 도시에는 과거의 흔적이 고스란히 남아있다.

또한 도시는 정치·경제 변화를 보여 줄 뿐 아니라 문명도 상징한다. '문명(civilization)'이라는 말이 '도시(civitas)'에서 유래했을만큼 도시와 문명은 불가분한 관계다. 많은 사람이 한데 모여 소통하고 의견을 주고받을 때 혁신과 창의가 극대화되는데 시골에선 한정된 자원을 갖고 상당히 먼 곳으로 나가야 교류가 가능한 반면, 도시는 그 자체로 거대한 교류의 장이다. 17세기 후반 런던의 커피하우스나 20세기 초 빈의 카페 같은 곳에서 미래가 만들어진 것도 이런 도시적 특징 덕분이다. 문자·세금 같은 국가 제도나 예술·과학도 도시에서 발전했다. 도시에 살면 외딴 시골보다 자본과 재산을 지키기 쉽고, 수도·하수·의료·교육 같은 공공서비스 혜택도 누릴 수 있다.

도시가 얼마나 번성하는지를 보면 그 문명이 얼마나 발전했는지도 짐작할 수 있는데 도시를 유지하려면 식량·물·건축 자재를 대량으로 공급해야 하기 때문이다. 반대로 문명이 쇠퇴하면 큰 도시를 유지할 여건이나 필요도 사라진다. 대표적인 예는 로마 제국 몰락 시기에 도시들이 함께 무너진 사례다. 서기 1세기에 인구가 100만 명이 넘었던 로마는 인구가 급감해 300년 뒤엔 3만 명 남짓으로 줄었다. 런던도 로마 지배 시절인 서기 150년 전후에 인구가 가장 많았는데, 몇십 년 만에 인구의 3분의 2가 소멸됐다. 1200년쯤 서유럽 중세 기독교 시대의 최대 도시였던 파리의 인구는 10만 명 남짓에 그쳐 절정기 로마의 10분의 1 수준이었다. 당시 서유럽 기술로는 그보다 큰 도시를 유지하기 어려웠던 것이다.

현대인은 도시 문화의 산물이어서 도시가 얼마나 특별한지 쉽게 잊는다. 도시는 수천 년 역사를 지녔지만, 인구 대다수가 도시에 살기 시작한 건 얼마 되지 않았다. 1600년 유럽 인구 중 도시 거주자는 1.6%에 불과했고, 1800년에도 2%를 조금 넘었다. 하지만 1801년에는 영국과 웨일스 인구의 10%가 도시에 살았고, 1900년 전에는 이미 절반 이상이 도시 거주자가 됐다. 인구변천과 마찬가지로 도시화에서도 영국이 선두주자였고 전 세계적으로는 21세기가 시작된 뒤에야 도시 거주 인구가 절반을 넘겼다.[13]

도시화와 환경

앞서 살펴봤듯 도시 사람들은 흔히 시골을 언제나 평온하고 아름답기만 한 곳으로 여기고, 힘든 농사보다는 여가 활동만 떠올린다. 또 이들은 시골이 '자연스럽고 깨끗한 공간'이고, 도시가 환경을 해친다고 믿기도 한다. 그러나 실제 현실은 크게 다르다.

전근대 사회에서 1인당 탄소 배출량이 낮은 건 분명하다. 걸어 다니거나 자전거만 타고, 전기를 써 본 적이 없으며, 세탁기를 봐도 어떻게 쓰는지 모르는 사람들은 지구 자원을 상대적으로 적게 쓴다. 그러나 현대 문명이 확립되면, 도시 생활이 그 혜택을 누리는 데 훨씬

---

13 다시 말하지만, '도시(urban)'의 정의에 따라 통계 수치는 크게 달라진다. 최소 몇 명이 모여 살아야 도시로 볼 것인지, 그리고 도시권 경계를 어디까지로 설정할 것인지에 따라 결과가 달라진다.

효율적이고 지속 가능하다.

　미국 도시에 사는 가정은 시골보다 평균 운전 거리가 짧고 차를 소유할 가능성도 낮다. 시골에서는 빵이나 우유를 사려면 차를 몰아야 하지만, 도시에선 주로 대중교통을 이용하기 때문이다. 도시의 경우, 학교나 직장까지 거리도 가까워서 내연기관에 덜 의존하는데 예컨대 런던 시민의 자동차 출근 비율은 런던을 제외한 영국 전체 평균의 절반보다도 한참 못 미친다. 상하수도, 전기, 우편 같은 서비스도 도시에서 더 효율적으로 공급할 수 있고 배관·케이블을 설치해야 하는 거리도 짧으며 도로 포장도 적게 든다.

　도시 주택은 시골보다 작고 단열이 잘 되어 난방 연료가 덜 들고 탄소 배출도 낮다. 2004년 한 연구에 따르면 런던 거주자의 탄소 배출량은 영국 전체 평균의 절반 정도였고, 뉴욕 거주자는 미국 전체 평균보다 약 30% 적었다. 고도로 도시화된 뉴욕은 미국 50개 주 중 1인당 탄소 배출량이 가장 낮다. 도시 디자이너이자 도시계획 전문가 피터 칼소프는 "도시는 인간 정착 형태 중 환경에 가장 이롭다. 밀도가 낮은 지역보다 도시 거주자가 쓰는 땅·에너지·물이 적고, 이들은 오염도 덜 일으킨다"라고 했다. 이처럼 도시나 도심에 집중해 사는 흐름 덕분에 전 세계 인구 절반이 지구 표면의 3%도 안 되는 면적에서 살아간다.

　물론 현대 도시는 엄청난 양의 에너지를 소비한다. 그렇지만 사람들이 보편적으로 현대적 생활양식을 누린다고 했을 때, 에너지를 가장 효율적으로 쓰는 곳은 도시다. 실제로 기름을 많이 태우는 쪽은

[표5] 세계 인구 중 도시 지역에 거주하는 비율

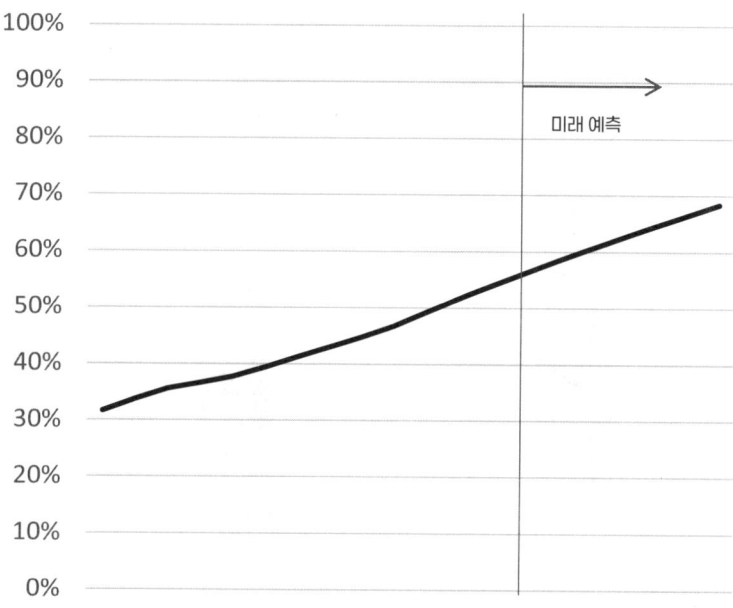

출처: UN Population Division

농업이 발달한 뒤 인류 대다수는 농촌에 거주했고, 도시에 사는 사람은 극소수였다. 그러나 20세기 중반에는 세계 인구의 1/3이 도시에 거주했고, 최근에는 지구상의 인구 절반 이상이 도시에 거주하게 되었다. 이 추세는 계속 이어져 21세기 중반 무렵에는 전 세계 인구의 약 70%가 도시에 살 전망이다.

[표6] 인구가 500만~1,000만 명인 도시와 1,000만 명 이상의 거대도시 수, 2018년과 2030년 비교

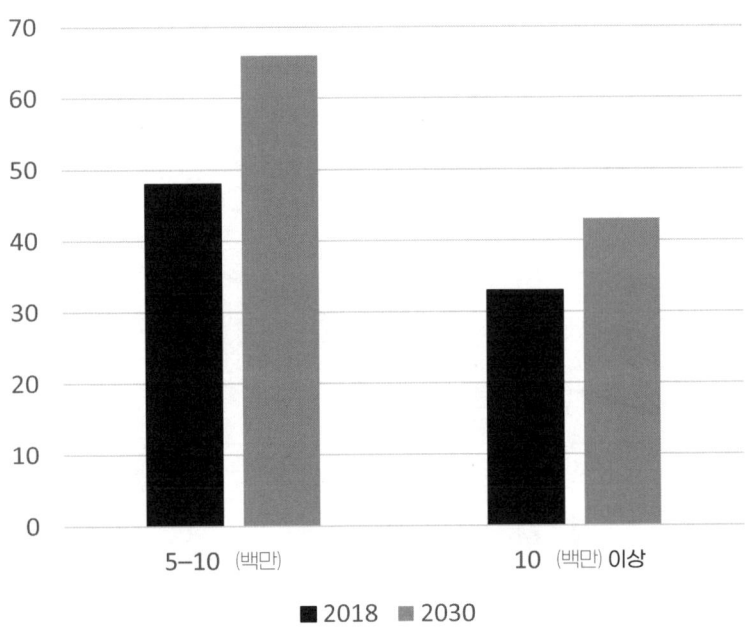

출처: United Nations World Cities

세계 도시의 규모와 수가 계속 커지고 있다. 2018년에는 인구가 500만~1,000만 명인 도시가 48개였지만, 2030년에는 66개로 늘어날 전망이다. 같은 기간 인구 1,000만 명이 넘는 거대 도시는 33개에서 43개로 증가할 것으로 예상된다.

가난한 나라 농촌의 영세 농민이 아니라 선진국 시골의 거주자들이다. 이들은 집이 넓고 단열이 잘 안 되어 난방이나 냉방에 많은 에너지를 쓰고, 먹을거리나 여가를 위해 먼 거리를 차로 이동해야 한다.

게다가 도시화는 자연에 즉각적인 이점을 주기도 하는데, 시골이 비면서 자연이 잠시 휴식 기간을 갖게 되는 것이다. 스페인 국경 근방의 프랑스 남부 피레네-오리앙탈 지역의 야생 언덕은 과거 작은 농경지로 쓰였으나, 이제 무너져 가는 계단식 밭 터 외에 사람 흔적을 거의 찾아볼 수 없다. 이곳 노인들은 한때 사람들이 언덕을 애지중지 가꾸던 시절을 기억하는데, 지금은 많은 주민이 마을을 떠나 더 큰 도시로 이주한 덕에 생태계가 돌아왔고, 수십 년 만에 늑대나 곰이 목격되기도 했다. 곰은 실험 목적으로 피레네 지역에 다시 들여온 것이고, 늑대는 이탈리아 북부에서 자연적으로 넘어온 것으로 보인다. 멧돼지도 많이 늘었는데, 현지에서 사냥 문화가 없었다면 그 증가 폭이 더 컸을 것이다. 사람이 농촌을 떠나 도시로 이동하면 자연은 되살아난다. 과거 소련에서 경작됐던 땅의 3분의 1이 이제 자연으로 돌아갔고, 유럽 이주민이 숲을 파괴했던 미국 뉴잉글랜드 지역에서도 20세기에 전체 숲 대비 나무 면적이 30%에서 80%까지 되살아났다.

뒤집어질 수 있는 추세?

도시화 흐름이 뒤집힐 수도 있다. 그 이유는 크게 두 가지인데, 하나는 팬데믹·금융위기 등 재앙으로 문명이 무너지는 상황이다. 그렇게 되면 복잡한 문명이 붕괴될 가능성이 크고, 식량·물 같은 필수 자원이 끊겨 살아남은 사람들은 농촌의 자연 자원에 의존할 수밖에 없다. 코로나19 사태는 전 세계 인구에 미친 영향이 그리 크지 않았지만, 그럼에도 일부 도시 중심부가 한때 비워지기도 했다.

코로나19가 도시 인구를 장기적으로 감소시킬지는 아직 알 수 없지만, 과거에도 도시가 위기에 처해 쇠퇴한 사례가 있다. 로마 제국 붕괴나 20세기 초 러시아가 혁명과 내전으로 혼란에 빠졌을 때도 도시로 이주했던 농민들이 다시 고향으로 돌아갔으며, 이후 스탈린 시대에 접어들어 산업화가 시작되면서 도시화가 재개됐다.

코로나19보다 훨씬 큰 전염병이 닥치면, 사람들은 도시를 버리고 시골로 피신할 수도 있다. 이는 600여 년 전 흑사병이 창궐했을 때 부유한 런던 주민들이 햄프스테드로 도망간 상황을 연상케 한다. 전염병이 지나간 뒤 대규모 '탈(脫)도시'가 일어나 인구가 줄어든 도시는 폭력적이고 살기 어려워지는 반면, 농촌은 더 살기 좋은 선택지가 될 수 있다. 이런 시나리오가 '생존 판타지'나 공급망·치안 붕괴에 대비하는 '프레퍼 문화'에 자주 등장한다고 해서 실제로 일어나지 않을 것이라 단정할 수 없다.

물론 이러한 세계적 규모의 대재앙이 벌어질 가능성은 낮지만, 도시와 문명이 함께 몰락한 사례는 분명 있다. 한때 번성했으나 결국 버려진 도시들은 캄보디아 씨엠립 사원단지나 멕시코 유카탄반도의 마야 유적처럼 고고학·문화관광의 주 무대가 된다. 이들 도시는 생태적 환경 문제 혹은 정치적 혼란 등으로 파괴됐는데, 예전에는 대륙

간 교류가 거의 없어서 이는 지역 규모의 사건이었다. 그러나 지금처럼 세계가 촘촘히 연결된 상황에서 비슷한 규모의 생태·정치적 파국이 일어나면, 그 충격은 지구 전역으로 번질 것이다. 우리는 국제 금융 거래가 순식간에 이뤄지고 매일 수백만 명이 비행기를 타고 오가는 세계화를 누리지만, 전염병이나 경제 위기가 훨씬 빠르고 넓게 퍼질 위험도 함께 커졌다는 사실을 코로나19로 다시금 깨달았다.

도시화 흐름이 뒤집힐 수 있는 두 번째 원인은 '후퇴'가 아니라 오히려 '진보'의 성격을 가질 수 있다. 기술이 발전하면 멀리서도 쉽게 출퇴근하거나 아예 출근하지 않을 수도 있다. 화상회의 같은 정보통신기술(ICT)이 발달하면 한곳에 모이지 않고도 협업이 가능하고, 홀로그램 등 기술이 더 발전하면 그 가능성은 더욱 커진다. 그러면 사람들은 전원 생활에 대한 선호, 저렴한 주택 비용 혹은 번거롭고 비싼 통근을 피하기 위해 직장으로부터 먼 곳에서 살 수 있다. 코로나19 사태는 이런 변화를 한층 앞당겼다.

물론 출근할 필요가 없어져도 사람들은 여전히 도시 혹은 그 근처에 머물 가능성이 크다. 이미 원격근무 기술이 꽤 발전했음에도, 수많은 직장인은 여전히 교외에서 도심으로 몰려드는데 동료나 고객, 거래처를 직접 만나는 경험을 아직은 기술로 완전히 대체하기 어렵기 때문이다. 화상회의로 할 수 있는 미팅이라도 먼 도시로 비행기를 타고 출장을 가는 경우가 많은 것도 마찬가지이며 비즈니스 세계에선 대면 관계를 형성·유지하는 일이 매우 중요하니, 이 추세가 쉽게 바뀌지 않을 것이다. 그럼에도 코로나19 이전부터 도시 생활과 통근에서 벗어나려는 흐름이 있었고, 실제로 런던 지하철 이용객이 줄어 재정 압박이 커지기도 했다.

더 넓은 공간과 자연 속에서 조용히 살고 싶은 마음은 부유층의 사치로 보일 수도 있지만, 도시에 지친 사람이라면 누구나 공감할 만한 소망이다. 런던을 떠나 웨일스 국경 근처로 간 어느 사람이 이렇게 썼다:

"도시 생활에 지쳐 레전트 파크 근처 작은 집 열쇠를 반납하고, 쿰요이 마을 밖 낡은 곡물창고를 빌렸다. 산 중턱으로 이어지는 가파른 길 꼭대기에 있어서, 마치 초록 파도가 넘실대는 바다 위 뱃머리에 서 있는 기분이다. 보통 아침에 글을 쓰기 전 5마일쯤 걸었는데, 처음엔 이어폰을 끼고 운동 삼아 빨리 끝내자고 생각했다가 어느 순간부터 이 걷기가 내 삶의 전부가 됐다. 결국 이어폰도 벗어 던졌고… 여기서 지낼수록 다른 곳에서는 못 살겠다는 생각이 든다. 어느 날 친구가 전화로 '낙원에 고립된 기분이겠네'라고 했는데, 여러모로 그 말이 맞았다."

과거에도 대도시 인구가 감소한 적이 있었다. 로마 제국 몰락이나 흑사병 때까지 거슬러 올라가지 않아도 사례는 많은데 1939년부터 1991년 사이 런던 인구는 약 850만 명에서 650만 명으로 줄었다가 이후 다시 늘어났다. 1990년대에 해외 이민자를 대거 받아들여 영국 출신 주민 유출로 인한 감소분을 만회했는데, 암스테르담도 마찬가지로 전후 주거 환경이 좋아진 시 외곽으로 사람들이 빠져나가서 1980년대까지 인구가 감소했다가, 북아프리카·터키 출신 이민자들이 들어왔고 1990년대 후반엔 젊고 유망한 전문직 종사자들도 몰려들었다.

오늘날 도시에 사람이 몰려들면서 집값이 오르고, 이는 일부 사람들을 도시 밖으로 떠나게 만든다. 10~15년 전 도시로 온 젊은 전문직들은 가정을 꾸린 뒤 아이 키우기 좋은 더 넓고 저렴한 주거지를 찾아 옮겨가곤 했다. 물론 그 빈자리는 새로운 젊은 층이 채우지만, 최근 선진국에서 전반적으로 출산율이 낮은 탓에 전체 인구가 이전보다 줄었다. 이런 상반된 흐름이 겹치면 네덜란드나 영국 등의 대도시 인구가 감소할 수도 있다. 다만 암스테르담이나 런던을 떠나는 이들은 예전 생활권에서 크게 벗어나지 않은 인접 지역에 정착할 가능성이 크다.

선진국 도시 인구가 오르내리더라도, 개발도상국에서는 꾸준히 도시화가 진행될 것이다. 게다가 이 흐름은 유럽이나 북아메리카 도시에서 사람들이 빠져나가는 속도보다 훨씬 더 빠르게 진행되고 있다. 런던을 떠나 웨일스 변경 지역으로 가려는 사람 한 명당 라고스나 런던으로 가고자 하는 나이지리아인은 수백 명씩 있을 정도다. 결국 전 세계적으로 인류 도시화가 점차 심화되어 21세기 중반쯤에는 전 세계 인구의 4분의 3 정도가 도시에 살 가능성이 크다. 한동안 이 흐름이 크게 뒤집힐 가능성은 낮고, 뒤집히더라도 이는 여유를 찾아 한적한 시골로 이주하는 극소수 특권층에만 해당되는 얘기일 것이다.

예컨대 사하라 이남 아프리카에서는 여전히 60%가 농촌에 거주하는데, 1960년에는 이보다 높은 85%였고 앞으로는 더 줄어들 것이다. 또, 라고스 같은 초거대 도시는 유럽에서도 본 적 없는 인구 규모를 자랑하며 행정 경계를 어디까지 잡느냐에 따라 1,500만 명에서 2,000만 명 정도로 추산된다.

미래의 도시

앞으로 사람들은 도시에 더 많이 살겠지만, 그들이 살 도시는 지금과 다를 것이다. 먼저, 개발도상국 도시들은 유럽·북아메리카·아시아의 부유한 도시들과 비슷해질 것이다. 가난한 지역에 사는 도시민의 소득이 오르면 이전보다 소비가 늘고 공공서비스에 대한 요구도 증가할 것이다. 예전에 유럽과 북아메리카 도시들이 슬럼을 없앤 것처럼, 킨샤사나 자카르타에서도 비슷한 변화가 일어날 수 있다. 물론 도시 빈곤층이 완전히 사라지지는 않겠지만, 상수도·제대로 된 배관·실내 화장실 같은 시설이 예외가 아닌 표준으로 자리 잡을 가능성이 높다. 대중교통이 발달해 교통 체증과 공해가 줄고, 자동차 배기가스 기준이 더 엄격해져 환경 오염도 감소할 것이다. 이렇듯 도시 주민들이 공공서비스 개선을 요구하면 시 정부나 중앙 정부도 이를 점차 충족할 역량을 갖추게 된다.

한편 부유한 나라에서는 의료·교육·교통 같은 분야가 더 발전하면서 농촌이 점점 도시와 비슷해지고, 도시는 다시 자연과 어우러져 시골처럼 변하고 있다. 20세기 초 런던 지하철이 확장되었을 때도 도심에서 살고 일하던 사람들이 교외로 옮겨 각자 정원이 딸린 집을 갖게 되었다. 이는 고대 로마 시대부터 이어진 '도시 속 시골(rus in urbe)' 개념을 실제로 구현한 것이다. 그 덕에 2020년 코로나19로 런던이 대규모 봉쇄됐을 때, 나는 18미터 길이의 정원이 딸린 집(제1차 세계대전 직전에 지어졌다)에 살고 있었고 런던에는 나와 같이 덕을 본 시민이 많았을 것이다.

미국과 유럽에서 자동차가 보급되면서 도심 근로자들은 더 외곽 교외로 이주해 넓은 공간과 개선된 편의시설을 누릴 수 있었다. 이 현상은 '도시 스프로울(urban sprawl)'이라 비판받기도 했지만, 수백만 명에게 더 높은 생활 수준을 누릴 기회를 제공했다. 또한, 도시가 부유해지면 공원이나 생태계, 심지어 농업을 위해 따로 땅을 배정하기도 한다.

미래 도시는 언제나 호기심을 자극한다. 본래 도시가 미래 지향적인 공간이기 때문이다. 도시가 많아지고 더 커질 가능성은 비교적 확실한데 앞으로 몇십 년간 출산율이 어떻게 변하든, 큰 재앙만 없다면 전 세계 인구는 21세기 중반까지 계속 늘어날 것이다. 늘어나는 인구 대부분은 결국 도시로 유입될 것이고, 지금 농촌 인구 중 상당수도 도시로 이동할 것이다. 그 과정에서 일부 도시는 도태되거나 크게 성장할 수 있다. 탈산업 시대에 맨체스터나 툴루즈는 잘 적응해 발전한 반면, 디트로이트나 미들즈브러는 어려움을 겪었듯이 말이다.

도시가 커지면 주변 농경지를 잠식하기 마련이다. 식량이 귀해지면 사람들이 이런 현상에 강하게 반발하겠지만 아직은 상당히 요원한 얘기다. 그 이유 중 하나는 농지를 개발해 도시화하면 땅값이 폭등하기 때문이다. 영국에서는 주택 건설 가능 지역으로 분류되기만 해도 토지 가치가 150배쯤 뛴 사례가 있다.

또한 도시는 예로부터 식량과 에너지를 외부에서 들여오는 순수입자였다. 최근 도시에서 농업을 활성화하는 움직임은 일시적 유행에 그칠 수도 있지만, 장기적 흐름이 될 수도 있다. 인공 태양광 조명을 갖춘 개조 창고 안에서 여러 층으로 작물을 재배하면, 전통적 농사에 쓰는 제초제나 살충제 없이도 물과 영양분을 효율적으로 공급할 수 있고 또, 도시 농업은 유통 거리가 짧아 물류 비용과 환경 부담을 줄일 수 있다. 예전에 뉴캐슬에서 석탄을 배로 실어 런던까지 옮기던 방식이 사라진 것처럼, 도시로 가스를 배관으로 보내거나 전기로 바꿔 전송하는 방식도 언젠가 사라질 수 있다. 이미 도시 건물 지붕에 태양광 패널을 설치하는 건 흔한 일이 됐고, 머지않아 건물 벽에도 패널을 달 수 있게 될 것이다. 개인이 소규모 풍력 발전기를 설치하는 혁신적인 아이디어와 더불어 도시가 상당한 에너지를 자체 생산할 가능성도 생겼다.

전기차가 보편화되면 도시 공해가 훨씬 줄어들 것이다. 이미 선진국에서는 석탄 난방을 더 친환경적인 방식으로 대체해 이런 변화가 오래전부터 이어져 왔으며 '하늘을 나는 자동차' 같은 공상과학 영화 속 기술도 교통 혼잡을 덜어 줄 수 있다. 현재 우리가 접하는 환경만 보더라도 스마트폰·인터넷을 통한 차량공유나 택시 서비스가 도시 교통을 빠르게 바꾸고 있다.

앞으로 자동차 소유가 줄어들 수도 있다. 자율주행차는 주인이 없어도 스스로 이동할 수 있으므로 차 한 대로 여러 사람의 이동을 효율적으로 지원할 수 있다. 따라서 자율주행차가 보급되고 확산되어 차량공유 서비스가 늘면 도로 위 차량 수가 줄어들 것이고 이는 현재 주차 공간으로 쓰이는 도시 공간을 해방할 것이다. 이미 많은 도시가 자전거 도로를 확충하고 자전거 대여 시스템을 도입했으며, 트램 같은 교통수단을 되살리거나 새로 도입하며 자동차를 갖지 않아도 되는 환경을 만들어 가고 있다. 교외 지역에는 차를 많이 대려고 앞뜰을 시멘트로 덮은 집도 보이는데, 30년 뒤에는 그 모습이 어떻게 바뀔지 호기심을 자아낸다. 예전 '앞마당' 모습으로 돌아간다면 도시에 자연이 좀 더 늘어나고 지구 기온을 낮추는 데도 도움이 될 것이다. 지구 온난화가 계속된다면 이는 더욱 긍정적인 변화일 테다.

과거 실수를 되풀이하지 않는 것도 중요하다. 미래 도시는 디킨스 시대 런던이나 현대 자카르타·라고스처럼 무질서하게 확장될 필요도 없고, 전후 슬럼 철거 이후 유럽처럼 영혼 없고 소외감을 주는 공간이 될 이유도 없다. 자발성과 계획이 더 창의적으로 균형을 이루고 그 균형의 핵심에는 인간과 자연의 공생이 있어야 할 것이다.

성공한 도시는 국가 전체를 상징하기도 하지만, 그 내부에서 완전히 녹아들기 어려운 경우도 있다. 런던은 영국에서 지배적인 위치를 차지하면서도 경제·정치적으로 주변 지역과 점차 달라지고 있으며 이는 파리도 마찬가지다. 라고스가 나이지리아, 멕시코시티가 멕시코에서 차지하는 영향력도 매우 크다. 이런 거대 도시권은 인구가 젊고 인종 구성이 다양하며 국내외 우수 인재를 끌어들이지만, 다른 지역 사람들은 이 도시들을 안 좋은 시선으로 보기도 한다.

2016년 영국이 유럽연합(EU)에서 탈퇴하기로 결정한 국민투표는 이를 잘 보여준다. 런던은 '브렉시트'에 강하게 반대했지만, 잉글랜드 다른 지역은 오히려 찬성한 곳이 많았다. 보리스 존슨 영국 총리는 이전에 런던 시장을 지냈고 지금도 그레이터런던 지역을 대표하는 의원임에도, 이 투표가 브뤼셀만이 아니라 런던을 향한 반발 표심이었다고 말했다. 대도시가 나라 전체 인적·물적 자원을 흡수한다는 비판은 도시가 생겨난 이래 줄곧 존재해 왔는데 이에 대해 대도시 측은 자신의 생산성과 경제적 성과가 나라 전체 예산에서 큰 비중을 차지해, 전 국민의 교육·복지·보건 서비스를 뒷받침한다는 점을 내세운다.

도시화와 인구학

도시와 인구는 서로 영향을 미친다. 시골 인구가 늘어나 이들이 도시로 이주해 올 때 도시는 커지지만, 사람들이 도시에 정착하면 그들의 생활방식과 가족 규모가 도시에 맞춰 달라지고, 이는 다시 인구 변화에 영향을 준다.

큰 인구학적 흐름이 도시의 흥망성쇠를 좌우하지만, 그 반대도 성립한다. 인구변천의 첫 단계가 시작되면 시골 인구가 급격히 늘어 도시에 몰린다. 19세기 초 영국이나 현대 나이지리아처럼 출산율은 높고 사망률이 빠르게 떨어지는 시기다. 이때 도시는 시골이 감당하지 못하는 인구를 받아들이면서 도시에 정착한 사람들의 행동양식을 다시 바꾼다.

도시화와 사망률의 관계는 훨씬 복잡하다. 예전에 도시는 공기가 탁하고 하수 시설이 열악해 온갖 질병이 퍼졌으므로, 사망률 또한 높았다. 도시는 다른 자원과 마찬가지로 사람들을 끌어들이고 '소비'했다. 18세기 런던이 도시 규모를 유지하기 위해 시골 인구를 받아들인 경우가 그 예이다. 19세기 중반 맨체스터와 리버풀의 평균 기대수명은 26세, 런던은 36세였지만, 잉글랜드와 웨일스 전체 평균 기대수명은 41세였다. 1654년 모스크바에선 인구 약 80%가 흑사병으로 사망했고, 이듬해 런던에서도 인구의 약 20%가 사망했지만, 잉글랜드 전체로 보면 사망률이 13%에 그쳤다. 20세기 초반까지 도시 사망률은 농촌보다 3분의 1 정도 더 높았다. 당시 도시로 이주한다는 건 열악한 주거환경과 식사, 그리고 더 이른 죽음을 의미했지만, 그럼에도 많은 사람이 몰려들어 도시는 계속 팽창할 수 있었다.

그런데 20세기를 거치며 상황이 완전히 달라졌다. 도시가 위생이 개선되고 의료가 발달하면서, 도시인의 기대수명이 늘어난 것이다. 과거에 전염병의 온상이었던 도시에 이제는 의료와 교육을 쉽게 접할 수 있게 되면서, 도시에 사는 사람들이 더욱 오래 살 수 있게 됐다.

나라가 발전해 농촌의 의료·교육 수준이 높아지면, 도시와 농촌 간 기대수명 격차는 다시 줄어들 수 있다. 공해와 도시 생활의 스트레스 탓에 시골이 더 건강해 보일 수도 있고, 반면 도시 거주자가 부유하면 그만큼 기대수명이 늘어날 가능성도 커진다. 실제로 영국에서는 도시 생활의 부담과 나쁜 공기질에도 불구하고 런던과 남동부 지역

주민들의 기대수명이 다른 어떤 지역보다도 높다.

　도시화와 사망률의 관계는 복잡하지만, 출산율에 미치는 영향은 비교적 명료하다. 농민은 아이가 많을수록 일손이 늘어나 좋지만, 도시 부모는 자녀가 많아질수록 한 아이에게 쓸 자원이 줄어든다. 게다가 대체로 교육 수준이 높은 도시에서는 자녀가 일찍 죽을 가능성도 낮아서 농촌보다 출산율이 더 낮은 편이다. 자녀가 모두 건강하게 자랄 것으로 기대하고, 더 나은 교육 기회를 주려는 사람들은 대체로 가정을 작게 꾸린다. 또한 가족계획 프로그램은 외딴 시골보다 도시에 더 쉽게 보급되는데 시골은 접근성이 떨어지고 사회가 보수적·가부장적일 수 있기 때문이다. 물론 나라 전체가 충분히 발전하면 도시와 농촌의 차이는 다시 줄어든다.

　개발도상국에도 예외적으로 출산율이 매우 낮은 도시들이 있다. 인도의 초거대 도시 콜카타는 여성 1명당 출산율이 평균 1.2명으로, 인도 전국 평균의 절반 수준이다. 이곳 여성들은 둘 이상 아이를 낳는 것에 대해 '불편하다'거나 '부담된다'는 의견을 많이 내놓는데, 이는 예전에는 주로 파리나 뉴욕에서나 들었을 법한 반응이다. 첸나이나 뭄바이 같은 다른 인도 도시도 출산율이 크게 다르지 않다. 수백만 명이 슬럼에 살고 있는 이곳에서 이들 도시는 부유한 국가 일부보다 훨씬 낮은 출산율을 보이는 점이 놀랍다. 다만 이 도시들도 싱가포르처럼 초저출산율을 띠지는 않는다.

1 싱가포르의 합계출산율(TFR)

"아이 없이 사는 게 훨씬 편한데, 굳이 아이를 낳을 이유가 뭔가?" 싱가포르 잡지 편집자는 이렇게 썼다. "아이를 키우면 밤새 잠도 설치고, 아침마다 온 집안이 지저분해지니까… 게다가 경력을 쌓기도 더 어려워진다." 지금 선진국과 일부 개발도상국에서는 사망자가 많아서가 아니라 아이가 적어서 문제이며 인류가 아예 사라질 수 있다고 걱정하는 목소리도 나온다. 몇십 년 동안 사람들은 폭발적인 인구 증가를 우려했는데 이제는 정반대 현상을 걱정하기 시작한 것이다.

한편 가족 규모가 꼭 개인의 뜻대로 되는 것은 아니다. 아이를 원해도 잘 안 생기는 경우도 있고, 실제로 1970년대 중반 이후 선진국 남성의 정자 수가 50~60%나 줄었다는 보고도 있다. 그럼에도 영국 통계에 따르면 피임 없이 규칙적으로 성관계를 하면 1년 안에 임신할 확률이 80%이며 이는 여성의 임신 능력이 가장 높은 시기를 지난 뒤에 출산을 하는 최근의 흐름에도 불구하고 나온 수치다. 결국 아이가 적은 현상의 바탕에는 앞서 언급한 '차라리 아이 없이 사는 게 낫다'는 태도가 깔려 있고 평균적으로 여성 1명당 1명의 아이만 낳는 싱가포르는 이 문제를 극단적으로 보여 준다.

사실 싱가포르의 출산율이 정확히 얼마인지는 분명하지 않다. 싱가포르 정부는 1.1이라고 발표하지만, 다른 곳에서는 0.83 정도라고 주장해서 대략 1.0이 합리적인 추정치다. 여기서 주목해야 할 점은, 인구학에서 말하는 '출산'이 여성에게 아이를 낳을 생물학적 능력이 있는지 여부가 아니라 실제로 태어나는 아이 수에 관한 것이란 사실이다. 싱가포르 여성은 생물학적 문제나 다른 원인으로 실제로 아이를 많이 낳지 않는데, 인구학적으로는 이를 '저출산'이라고 부르고 출산율이 1.0이라는 건 다음 세대 인구가 이전 세대의 절반 수준에 머문다는 뜻이다.

우리는 종종 동아시아 사회가 원래부터 출산율이 낮았다고 생각하지만 저출산은 비교적 최근에 벌어진 일이다. 한때 서구에서는 아시아를 '아이를 많이 낳고 대가족이 즐비한 대륙'으로 바라봤고 유럽인들은 아시아의 인구 규모를 두려워하며 '황화론'을 운운하기도 했다. 20세기 초 중국이 유럽 국가들의 침략에 거의 저항하지 못하고 아시아 전체가 유럽 지배 아래 놓여 있었음에도 아시아가 지닌 엄청난 인구만큼은 위협으로 여긴 것이다. 1904~1905년에 벌어진 러일전쟁에서 일본이 러시아를 격파한 뒤로 이런 인식이 더 강해졌다. 이후 아시아에 대한 인종차별적 시각이 완화된 후에도, 인구가 무섭도록 빠르게 늘어나는 대륙이라는 이미지는 20세기 중반까지 이어졌다.

1960년대 초까지만 해도 싱가포르 여성은 어머니와 할머니 세대처럼 평균 5명 이상의 아이를 낳았다. 그러나 이후 출산율이 급격히 낮아져 1970년대에는 여성 한 명당 아이를 둘도 안 낳게 됐다. 이는 저출산으로 이어지는 전형적인 인구변천 과정이 싱가포르에서 더 빠르게 일어난 것으로, 교육 수준이 높아진 것, 특히 여성 교육이 확대된 배경이 작용했다. 교육받은 여성은 꿈과 진로를 추구하며, 피임을 통해 출산을 조절할 수 있다. 그러다 보니 아이를 많이 낳으려 하지 않으며 만일 아이를 낳으면 자녀에게 더 나은 교육과 지원을 해주고 싶어서 적은 수의 자녀에게 자원을 집중시킨다. 지난 50년 동안 싱가포르는 도시화되고 교육 수준이 향상되며 경제적으로 풍요로워지면서 자연스럽게 소가족을 꾸릴 조건을 모두 갖추게 되었다.

주로 교육 수준이 높은 사람들 사이에서 저출산 바람이 불다 보니, '잘못된 계층'은 아이를 너무 많이 낳고 '올바른 계층'은 너무 적게 낳아 국가의 '질'이 위태로워진다는 우려가 생기곤 한다. 20세기 초 영국과 독일에서 이러한 우려가 제기됐고, 20세기 말 싱가포르에서도 드러났다. 그런데 싱가포르 지도부는 실제로 행동에 나섰다는 점에서 특이했다. 영국과 독일의 평론가들도 비슷한 시기에 인구변천을 겪으면서 인구의 질을 걱정했지만, 정부가 특정 계층의 출산을 우대하는 식으로 정책을 펴진 않았다. 반면 20세기 후반 싱가포르는 훨씬 적극적으로 개입했다.

1990년대 싱가포르에는 초, 중등 과정을 마치지 못한 여성이 대학교를 졸업한 여성보다 아이를 평균 1명 더 낳았다. 10년 뒤 그 차이는 0.5명으로 줄었는데, 교육 수준이 낮은 여성들이 높은 여성들과 격차를 좁혔기 때문이다. 적은 자녀를 두는 가족 형태는 먼저 경제적으로 여유 있는 계층에서 시작해 사회 전반으로 퍼져 나가고 이때부터 사람들은 '다음 세대의 질이 너무 낮아질 것'이 아니라 '다음 세대 자체가 너무 적어질 것'이라고 걱정하기 시작한다.

싱가포르 집권당인 인민행동당은 오래전부터 인구 정책을 중요시했는데, 처음에는 가족 규모를 줄이도록 권장하면서 대가족을 주택·교육 면에서 차별했다. 그러다 1980년대 초 고학력층 출산율이 하락하자, 현대 싱가포르의 건국자인 리콴유 정부는 '똑똑하고 유능한' 사람들의 출산을 장려하기 시작했다. 1983년 리콴유는 다음과 같은 말을 했는데, "우리는 정책을 더 손봐야 하며, 인구 구성을 재설계해 학력이 높은 여성들이 더 많은 아이를 낳도록 해야 한다. 어떻게 해서든 다음 세대에 재능 있는 사람들이 부족해지지 않도록 노력해야 한다. 정부 정책으로 교육이나 양육을 개선할 수 있지만, 타고난 재능 자체를 키울 수는 없다. 그것은 오직 젊은 남녀들의 결정에 달려 있다. 정부가 할 수 있는 건 그들을 도와 여러 방법으로 부담을 덜어주는 것뿐이다." 내 친구 중 한 명은 1980년대 중반 영국 대학을 졸업하고 싱가포르로 돌아가 공무원이 됐는데, 정부가 비슷한 지적 수준을 가진 싱가포르 남성과 만나 좋은 유전자를 가진 아이를 많이 낳도록 장려하려고 '러브 크루즈' 참석을 부지런히 권유하더라고 했다. 또 그 시기에는 교육 수준이 낮은 여성들이 불임수술을 받으면 금전적 지원을 해 주기도 했다.

그 뒤 저출산이 사회 전반에 만연해지자 정부는 우생학적 관점을 버리고 전 계층의 출산율을 높이는 쪽으로 선회했다. 1960년대에 '둘이면 충분하다'라고 하던 홍보 문구가 1987년엔 '가능하면 셋 이상 낳으라'로 바뀌었고, 이후 정부는 2001년에도 둘째·셋째 아이를 낳으면 매년 현금을 지급하는 '베이비 보너스' 등 여러 제도를 도입했다. 그러나 이 정책들의 효과는 일시적이고, 미미했다.

싱가포르 사례가 보여 주듯, 정부가 출산율을 낮추는 데 성공할 수 있어도 다시 높이기는 훨씬 어렵다. 1980년대 싱가포르가 워낙 빠르게 경제·사회 발전을 이루면서, 당시 어떤 정책을 내놔도 여성 한 명당 아이를 다섯 명씩 낳던 20년 전 모습으로 돌아가긴 힘들었다. 1960년대 중반부터 1980년대 초까지 시행한 출산율 억제 정책이 시대 흐름에 부합한 것은 사실이지만, 이후 출산율을 다시 높이려 한 건 마치 물이 언덕을 거슬러 올라가게 하는 것만큼 어려웠다.

2017년 기준, 싱가포르 20대 중후반 여성의 약 70%가 미혼이었는데 10년 전인 2007년에는 60%가량이었다. 같은 나이대 남성은 그 수치가 80% 이상이다. 혼외 출산 비율이 전체 출생의 2~3%에 불과한 싱가포르에서는 이는 큰 문제다. 영국·독일·미국 등은 혼외 출산 비율이 20~30%를 훌쩍 넘지만, 싱가포르 여성은 결혼도 하지 않고 혼외 출산도 거의 하지 않으니 아이가 적을 수밖에 없다.

한편 미국·캐나다나 유럽보다 싱가포르의 출산율이 더 빠르고 크게 떨어졌으나 전체적인 흐름은 비슷하다. 이미 1930년대 유럽 상당수 지역에서 여성 1명당 아이를 둘 정도만 낳았고, 2차 세계대전 뒤 베이비붐 덕분에 잠시 출산율이 올랐지만 1960년대 들어 피임약이 보급되고 사회 분위기가 변하면서 다시 하락했다. 앞서 언급한 싱가포르 잡지 편집자처럼, 서구 여성들도 아이가 많으면 뒤치다꺼리가 너무 힘들고, 교육 수준이 높아지고 삶 전반에 대한 기대치가 올라서 큰 가정을 꾸리길 꺼리게 됐다. 서구에서도 '해마다 기저귀에 묻은 오물을 칼로 긁어 내고, 채소 값이 조금이라도 싼 곳을 찾아 헤맨다'는 식의 불만이, 교육 수준 높고 야심 있는 여성들의 출산 기피를 부추긴 요인 중 하나였다.

불임의 초승달 지대: 아이가 사라지는 땅들을 가로지르며

싱가포르의 낮은 출산율이 그저 예외라면 크게 걱정할 필요는 없을 것이다. 싱가포르는 작은 나라이고, 인근의 덜 발전된 지역에서 이민을 받아 인구 감소를 피할 수 있기 때문이다. 또 대다수가 화교로 이루어진 자국 인종 구성을 지키고자 한다면, 중국계가 많은 말레이시아나 중국 본토, 인도네시아 출신 이민자를 선별적으로 받아들이면 된다. 이 점에서 싱가포르는 꽤 독특한데 영국이나 미국 같은 나라도 이민을 쉽게 받을 수는 있지만, 대규모 이민은 필연적으로 인종 구성의 변화를 동반하기 때문이다.

하지만 싱가포르 사례는 저출산이라는 국제적 추세의 일부에 불과하다. 스페인에서 싱가포르에 이르기까지 '불임의 초승달 지대'가 있을 정도이며 지브롤터 해협에서 유라시아 대륙을 가로질러 조호 해협까지 걸으면, 출산율이 대체출산율(약 2.2명)을 넘는 나라를 거의 밟지 않을 것이다.

이 지대는 출산율이 1.3인 스페인에서 시작된다. 스페인 여성들은 이미 1980년대 초부터 아이를 평균 둘도 낳지 않았고, 1990년대 후반에는 출산율이 1.0 안팎까지 내려갔다. 프랑코 독재 시절, 가톨릭

을 앞세워 출산을 장려했을 때도 출산율이 그리 높지는 않았다. 최근에서야 조금 올라 1.3을 넘었는데, 이는 '템포 효과(tempo effect)'로 설명된다. 이는 여성들이 첫 출산을 하는 평균 연령이 높아지거나 낮아지면 특정 연도의 합계출산율이 실제 출산율 수준을 왜곡하는 현상이다.

피레네산맥을 넘어 프랑스로 가면, 출산율은 1.8로 상대적으로 양호하지만 대체출산율에는 못 미친다. 19세기에 프랑스는 영국·독일·러시아 같은 나라처럼 인구가 급증하지 않았지만, 그 뒤 다른 유럽 국가들이 급격한 저출산을 겪을 때 출산율이 비교적 덜 떨어지면서 상대적인 위치가 나아졌다. 현재 프랑스의 출산율은 남유럽·동유럽 국가들의 초저출산 수준보다는 영국·아일랜드·베네룩스·스칸디나비아 등의 비교적 안정된 수준에 가까우며 이들 나라에서는 여성이 가족과 경력을 함께 추구하기 수월하고, 혼외 출산도 문화적으로 폭넓게 받아들여져 출산율이 조금 더 높다. 또한 출산율이 높은 나라에서 온 이민자들이 전체 출산율을 어느 정도 떠받치기도 하지만, 이민자 출산율 역시 시간이 지나면 현지 수준으로 빠르게 수렴한다.

프랑스에서 독일·오스트리아로 넘어가면, 두 나라 역시 수십 년째 출산율이 1.5 이하로 대규모 이민이 없었다면 인구가 줄었을 것이다. 이어지는 크로아티아·세르비아·루마니아·우크라이나 등은 출산율이 1.75 이하이고 남유럽·동유럽 전역이 크게 다르지 않다. 1960년대 초부터 이미 출산율이 대체출산율 밑으로 하락한 헝가리나, 1980년대 말까지만 해도 여성 1명당 평균 3명 넘게 낳았던 알바니아 등 서로 다른 배경의 국가들도 결국 낮은 출산율로 수렴했다. 낮은 출산율을 보이는 유럽 국가 상당수의 공통점은 여성에게 폭넓은 교육 기회가 제공되면서 동시에 전통적 가치관이 강요된다는 사실이다. 이는 결국 여성이 흥미로운 일을 택하고 출산을 포기하게 만든다.

저출산 국가의 또 다른 특징은 낮은 혼외 출산율이다. 전통적 금기가 약해져 결혼하지 않은 채로 아이를 낳는 일이 늘면 대체로 출산율이 올라간다. 헝가리에서는 최근 출산율이 조금 올랐는데 혼외 출산이 증가분의 절반가량을 차지했다. 헝가리 정부는 셋째 아이 출산을 장려했지만 전통적 가족관이 약해지고 실제로는 한두 명 낳는 사람이 많아지면서 출산율이 약간 오른 것이다.

러시아는 19세기 말부터 20세기 초까지 출산율이 충분히 높아, 혁명·내전·세계대전·대숙청·기근을 겪었음에도 인구가 계속 늘었다. 그러나 20세기 중반쯤 되자 상황이 바뀌어 저출산이 본격화되면서 소련의 군사·경제력이 약해지는 데 큰 영향을 미쳤다. 21세기 들어 러시아의 합계출산율이 약 1.2명에서 1.75명으로 올라갔지만, 오랫동안 낮았던 출산율 탓에 인구 감소를 막기에는 역부족이었다. 1914년에는 러시아 인구가 끝없이 불어날 것으로 보여 독일이 전쟁을 감수할 정도였고 현재 러시아의 출산율은 늘었지만, 전체 인구 대비 출생아 수인 출생률은 여전히 낮다.

이웃인 중국은 세계에서 인구가 가장 많음에도 합계출산율이 1.5명에 그친다. 일부 인구학자는 1.2명으로 보기도 하는데, 2015년에 한 자녀 정책을 두 자녀로 완화하고 2021년에는 세 자녀까지 허용했음에도 큰 변화가 없었다. 중국도 빠르게 도시화되고 생활 수준이 향상되며 여성 교육이 발전한 사실을 고려하면 이는 놀라운 일이 아니다. 중국이 빠르게 산업혁명을 추진하면서 출산이 가능한 연령대의 사람들이 도시로 떠나고 아이들은 시골에 남아 전통적인 가족 생활양식이 깨지는 경우도 많았다.

이미 발전된 사회에서 저출산 흐름을 뒤집기는 쉽지 않다. 중국의 많은 부부에게는 농장에서 일할 일손을 늘리는 것보다 한두 명의 자녀에게 집중 투자해 아이의 미래를 보장하는 일이 더 중요해졌다. 스물여섯 살인 한 회계사는 시부모님이 둘째 아이를 권유해도 "딸의 교육과 성장, 그리고 함께 보내는 시간이 우선이에요. 일도 해야 하고 경제적 부담을 생각하면, 아이 한 명이면 충분합니다"라고 말했다. '타이거 맘'이라 불리는 중국의 엄격한 엄마들도 자녀가 여러 명이면 힘이 분산돼 옛날처럼 효과를 발휘하기 어려우며 이 문제는 전 세계 엄마들도 대체로 공감할 것이다. 중국 여성들은 싱가포르와 비슷한 길을 걷고있는 듯 보이는데 파급 효과는 훨씬 클 것이다.

중국을 비롯해 여러 나라에서 나타나는 이 현상은 자기순환적이다. 외동아들은 부모의 노후를 혼자 책임져야 하니 자기 아이를 돌볼 시간이 부족하고 한 명 혹은 적은 수의 아이만 보고 자란 사람들은 큰 가족을 경험하지 못했기에 결혼 후에도 아이를 많이 낳아야 한다는 생각을 잘 하지 않는다. 마지막으로 사회와 경제가 소가족 중심으로 돌아가면서 아이를 여러 명 낳기가 점점 더 불편해진다.

유라시아 대륙을 가로지르며 살펴본 나라 중 현재 출산율이 가장 높은 곳은 미얀마로 대체출산율 수준이다. 1970년대 후반까지만 해도 미얀마 여성은 아이를 평균 5명 이상 낳았지만, 이후 출산율이 급격히 하락했고 싱가포르로 가는 길목에 마지막으로 거치는 태국(출산율이 1.5를 조금 넘는 수준)과 말레이시아(출산율이 2를 조금 밑도는 수준)도 사정은 비슷하다. 특히 태국은 비교적 가난한 나라임에도 출산율이 빠르게 내려간 대표 사례로, 경제발전보다 저출산이 먼저 찾아왔다.

이 '저출산 월드 투어'에서 눈에 띄는 점은, 적은 자녀가 당연시되는 나라들의 배경과 역사가 놀라울 만큼 다양하다는 사실이다. 독일·세르비아 같은 유럽 국가는 수십 년째 낮은 출산율을 유지해 왔고, 태국의 경우 1970년대 초까지만 해도 여성 1명당 5명 이상 낳았다. 국가도 있다. 어떤 나라는 부유하고, 또 어떤 나라는 가난하며, 기독교·불교·이슬람 혹은 세속적인 분위기를 가지는 등 문화적 배경도 제각각이다. 그럼에도 이들 나라는 모두 가까운 미래에 출산율을 크게 끌어올릴 가능성은 그리 높아 보이지 않는다.

완전히 다른 문화권에서도 저출산 현상은 두드러진다. 레바논 여성은 1960년대만 해도 아이를 평균 다섯 명 넘게 낳았지만 지금은 1.75명도 안 되고, 이란의 경우 출산율이 더 가파르게 떨어졌다. 어떤 이란 여성은 "겨우 생계를 유지하는데 무슨 수로 아이까지 생각하겠느냐"라고 한탄하기도 했다. 라틴아메리카도 대부분 이미 출산율이 낮거나 계속 떨어지는 추세이며 한국은 합계출산율이 0.8까지 떨어졌다는 추정도 있다.

결국 '아이 부족' 문제는 특정 지역이나 문화에만 국한되지 않는다. 한때 이탈리아 하면 '대가족을 이끄는 엄마' 이미지를 떠올렸지만, 이미 여러 세대 전부터 사정이 달라졌고 사하라 이남 아프리카만이 여전히 예외적으로 사망률이 낮아지면서도 출산율이 높아서, 역사상 유례없는 인구 폭발을 경험하고 있다.

종교와 출산력: 탈근대 인구학을 향해

예전에는 한 나라의 발전 정도가 그 나라의 출산율과 평균 기대수명을 가늠하게 해주는 척도였다. 1970년대 초까지만 해도 부유한 북유럽 사람들은 평균 70대까지 살았지만, 가난한 동남아시아 지역 사람들은 50세도 넘기기 어려웠다. 그러나 최근에는 두 지역 간 발전 수준의 차이가 여전히 크긴 해도, 평균 수명 격차는 크게 줄었다. 대서양 건너 다른 나라의 출산율을 비교해도 마찬가지다. 1970년대에 브라질 여성은 미국 여성보다 아이를 평균 두 배 넘게 낳았으나 오늘날 브라질 소득 수준이 미국의 5분의 1 수준임에도 평균 자녀 수는 미국보다 오히려 더 적다. 과거엔 가난한 나라일수록 가족 규모가 크고 기대 수명이 짧았는데, 이제는 상황이 바뀐 것이다.

얼핏 보면 아프리카에서 벌어질 극적인 장 하나만 남겨 두고 전 세계가 '인구역사의 종말'에 다다른 듯하다. 전근대 시대 대부분 나라의 출산율은 높고 평균 기대 수명은 짧았다. 물론 18세기 잉글랜드나 일본처럼 출산을 어느 정도 제한한 예도 있었지만, 그 영향이 크지는 않았고 흑사병이나 전쟁 등 재앙으로 사망률이 치솟거나 풍년으로 잠시 줄어든 경우만이 예외였다. 전 세계는 속도와 시기가 다를

뿐 공통적으로 인구변천을 거쳤으며 이것이 마무리되면 인구학적으로 가장 중요한 변수인 출산율은 경제가 아닌 문화에 의해 좌우되곤 했다.

미국 내 주별 출산율을 비교하면 이런 문화적 요인이 더욱 분명해진다. 사우스다코타 주 여성은 버몬트 주 여성보다 아이를 평균 0.75명 정도 더 낳는데, 미국 중부지역의 출산을 장려하는 가치관과 뉴잉글랜드 지역의 세속적 자유주의가 뚜렷이 대비되는 것을 볼 수 있다. 실제로 종교성이 강한 주일수록 출산율이 높으며, 보수주의 성향은 출산율과 더 밀접한 상관관계를 보인다. 한 연구에 따르면 주의 종교성과 2016년 대선에서 도널드 트럼프를 지지한 정도가, 주의 소득 수준보다 각각 25배·40배나 높게 출산율과 연관돼 있었다.

유타 주는 종교의 영향이 뚜렷하게 드러나는데 아이를 많이 낳기로 유명한 모르몬교 가정의 어느 여성은 다음과 같이 말했다. "사람들은 자주 내게 왜 이렇게 아이가 많은지 묻습니다. (이 여성은 여섯 자녀를 두었다.) 그럼 나는 그들에게 구원의 계획에 관해 몇 마디 해줍니다." 펜실베이니아·오하이오·인디애나 주에 분포한 아미시 공동체 역시 출산율이 5~6명으로, 니제르나 차드 같은 사하라 이남 아프리카 국가와 비슷한 수준이다. 아미시 인구는 1901년 6천 명에서 2010년 30만 명을 넘어섰는데, 이는 개종보다는 높은 출산율 덕분이다.

장기적으로 이는 미국 내 인종 구성에도 예기치 않은 영향을 미칠 수 있다. 대체출산율을 넘는 주는 사우스다코타와 유타 뿐인데, 공교롭게도 이 두 주는 백인 인구 비중이 비교적 높다. 백인 여성의 출산율이 흑인이나 라틴계 여성보다 아직은 조금 낮지만, 그 격차는 점점 줄어들고 있다. 전통적으로 출산율이 높은 지역에서 온 라틴계 이민자들도 저출산 도시 지역에 정착하면서 차츰 '현지 수준'으로 출산율이 떨어지고, 이들이 원래 있었던 국가마저도 출산율이 감소한다. 멕시코의 합계출산율은 1970년대 초 여성 1명당 7명이었지만 이제는 대체출산율 수준으로 낮아졌고 2007년만 해도 미국 라틴계 여성의 출산율은 백인 여성보다 약 60% 높았지만, 현재 그 격차는 4분의 3가량 줄었다. 2016년 기준, 라틴계 여성의 출산율은 백인 중심 농촌 지역보다 더 낮아졌고, 이 흐름은 앞으로도 이어질 전망이다.

한편, 앞서 언급한 아미시와 후터라이트(Hutterites) 같은 백인 농촌 지역은 출산율이 매우 높다. 이들은 1880년부터 2010년 사이 인구가 400명에서 5만 명으로 늘었는데, 연간 약 3.8%씩 증가한 셈이다. 아직 이들 집단은 규모가 크지 않고 눈에 잘 띄지 않지만, 이들의 인구증가 추세가 전체 과정의 3분의 1에 불과하다고 가정하면 2060년쯤에는 이들 인구가 5억 명에 이를 것이다.

백인 공동체에서 저출산이 퍼지고 인구가 줄어들 것이라는 예측은 지난 100년의 경험에 기반한다. 하지만 이러한 예상이 항상 들어맞는 것은 아니며 어쩌면 미국이나 유럽 대도시에서 다시 영향력을 키운 농촌 지역 백인들이 혼혈 인종과 비유럽계 사람들을 밀어낼 수도 있다. 아직 그 징후는 미미하지만, 이는 분명 존재하는 흐름이다.

유대인이라는 예외

미국에서 인구가 빠르게 늘어나는 또 다른 백인 집단은 유대인 초정통파 하레디[14] 공동체이다. 출산율이 높은 다른 미국 소수 집단과 달리, 이들은 대부분 출산율이 낮은 주의 도시에 산다. 뉴욕 브루클린의 윌리엄스버그와 보로 파크 지역에는 수만 명 규모의 하레디 공동체가 있는데 이들의 가족 규모는 세계 최고 수준의 출산율을 보이는 국가들과 비슷하다. 이들은 빠르게 늘어나고 있으며, 인구 성장이 둔화할 기미가 거의 없어서 새로운 거주지를 찾아야 하는 상황이다.

영국의 하레디 공동체도 매년 5%씩 늘고 있어서 약 15년 뒤면 인구가 두 배로 증가할 전망이다. 이곳 역시 주택 수요가 커서 도심 외곽의 주택이 저렴한 지역에 위성 공동체가 만들어지기 시작했고 미국에서도 이미 같은 패턴이 나타났다. 1970년대에 윌리엄스버그를 떠난 일부 하레디는 '키리야스 조엘'이라는 새 마을로 이동하여 정착했는데, 지금은 이곳에 약 3만 명이 거주하며 이곳 주민의 중위 연령은 13세 정도로 미국 평균인 37세보다 훨씬 낮다.

한편 이스라엘에서도 하레디 공동체는 인구 증가에 기여한다. 오랫동안 가족 규모가 큰 집단은 대체로 중위 연령이 낮은데, 실제로 하레디 유대인의 약 60%가 20세 미만인 반면 다른 유대인은 그 수치

---

14 역주: 하레디(Haredim)는 동유럽과 중동 지역의 유대교 전통을 계승하여 종교적 율법을 가장 엄격히 지키고 밀집된 생활권을 형성해온 초정통파 공동체다. 젊은 시기에 결혼해 대가족을 꾸리는 것을 경건한 생활의 핵심으로 여기며 이들의 높은 출산율은 공동체와 종교 기관이 육아와 교육을 적극 지원하는 문화와 직결된다. 이런 가족 중심적이고 신앙에 충실한 생활 방식이 하레디 공동체의 가장 두드러진 특징이다.

가 30% 정도다. 그런데 하레디뿐 아니라 이스라엘 여성 전반이 아이를 많이 낳는다. 이스라엘 여성은 싱가포르 여성과 교육 수준이 비슷함에도 그들보다 출산율이 거의 세 배나 높으며 이스라엘 여성 또한 미국과 마찬가지로, 종교적이지 않아도 정치적으로 보수적일 경우, 대체로 아이를 많이 낳는다.

이렇듯 가치관이 출산율을 좌우하는 현실은 우리가 가진 여러 인구학적 가정을 뒤집는다. 예컨대 종종 유대인이 아랍계나 무슬림보다 자녀를 더 적게 낳을 것이라 짐작하지만 이는 사실과 다르다. 1980년대 초까지만 해도 이스라엘 여성의 출산율은 이란 여성의 절반 이하였지만 지금은 오히려 더 많다.

그러나 전 세계 유대인의 상황이 모두 이렇지는 않다. 이스라엘에서는 종교적 색채가 거의 없는 집단의 출산율도 대체출산율을 웃도는 반면, 미국의 세속 유대인은 어느 집단보다도 출산율이 낮다. 일부 인구학자는 '제2의 인구변천'을 보편적인 저출산으로 여겼고 그 원인으로 개인주의가 가족에 대한 열의를 대체한 흐름을 꼽았다. 그러나 이러한 추세의 보편성에 대해서는 과장된 면이 있다. 출산율은 오히려 가치관, 이념, 종교에 의해 영향을 더 많이 받고 있고 기독교·유대교 사회와 마찬가지로 무슬림 국가에서도 종교적 소속감과 활동이 더 많은 자녀를 갖는 경향으로 이어진다. 한 사회 안에서도 어떤 집단은 자녀를 많이 낳고 다른 집단은 적게 낳아서 국내에서뿐만 아니라 국가 간에도 인구 균형을 바꿀 것이다. 모르몬교는 높은 출산율 덕분에 1947년 이후 인구가 약 15배 늘었는데 만약 이들의 자녀가 전통적 출산관을 이어간다면, 세속 사회가 점차 사라지고 종교 공동체가 세상을 물려받을 수도 있다.

물론 이런 전망이 반드시 실현된다고 단언하기는 어렵다. 종교 집단이 계속 커지려면 출산율 못지않게 신도 이탈을 막는 일도 중요하기 때문이다. 실제로 이스라엘 안팎에서 하레디 생활방식을 포기하는 이들이 조금씩 늘고 있는데, 아직은 이탈자 규모가 새로 태어나는 아이에 비해 훨씬 작다. 한편 미국과 유럽 대부분 지역은 종교에서 대체로 멀어지고 있다. 전근대 시대의 도시들이 인구를 유지하기 위해 시골 인구를 흡수했듯, 오늘날 세속주의 사회도 높은 출산율을 지닌 공동체 인구를 끌어들인다. 그러나 이들이 정작 세속 사회 안에서는 자녀를 적게 낳아 인구를 유지하지 못하는 경우가 흔하다. 결국 다자녀 문화를 지키면서 집단으로부터 이탈을 최소화하는 집단이 미래를 이어받을 것이다.

지역의 여주인공과 환경 전사들

어느 금요일 아침, 인구학 이야기를 나누고자 친구 두 명을 불렀다. 이들은 교육 수준이 높을수록 아이를 적게 낳는다는 통념을 깨뜨리며 많은 자녀를 두었는데 그 이유가 궁금했다. 케임브리지 대학을 졸업한 사라는 여섯 명, 옥스퍼드 출신인 비키는 일곱 명의 아이를 키우고 있었다.

비키와 사라는 모두 정통파 유대교지만 현대적인 관점을 지녔다. 이들은 엄격한 종교적 의무감보다는 아이에 대한 깊은 애정과 출산을 장려하는 문화로 인해 아이를 여러 명 낳은 듯 보였다. 비키는 집에서 공동체 신문을 편집하고, 사라는 아이가 태어나기 전까지는 변호사로 일했지만 지금은 가정에 전념하고 있다. 또, 두 사람 모두 높은 학력과 지적 역량을 갖추었으나 엄마의 역할을 가장 보람 있는 일로 여기며 심지어 비키는 "일곱 명의 아이를 세상에 내어, 성숙하고 책임감 있는 사람으로 키워 내보내는 일이 가장 창의적이고 가치 있는 일이다"라고 말했다.

두 사람 모두 작은 가족 규모의 생활방식을 비난하고 싶어 하지는 않았고 자녀를 원하지만 낳지 못하는 이들에 대해서도 배려심을 보였다. 그러나 사회 전반에 걸쳐 출산율이 하락하는 현상에 대해 이야기할 때는 '이기주의'라는 말을 언급하지 않을 수 없었다. 비키와 사라는 현대 도시 생활 속에서 아이를 많이 낳는 일이 꼭 힘든 것만은 아니라고 했다. 휴가 갈 때 큰 렌터카를 구하기 어렵거나 가족 단위 티켓을 구하기 힘든 정도의 사소한 불편만 있을 뿐이라고 얘기했다.

비키와 사라는 자녀를 적게 낳기를 선택하는 사람들이, 자기 계발이나 휴가, 혹은 아이마다 각자 방을 갖게 해주는 여유 등을 새로운 생명의 탄생보다 우선시하는 것처럼 보였다. 그들은 다른 이들의 선택을 비난하고 싶어 하지는 않았지만 오늘날에는 개인적 목표를 이루고 일정 수준 이상의 삶의 질을 누리는 것이 당연하게 여겨져, 이러한 것들이 어느 정도 규모가 있는 가족을 꾸리는 것과 양립하기 어려운 세상이 되었다고 설명했다. 결국 이런 기대치가 커질수록 가족을 이루는 것 자체가 어려워질 수도 있다.

한편, 사라는 아이를 많이 낳는 자신 역시 이기적인 것은 아닌지 고민해 봤다고 말했다. 특히 서구의 부유한 지역에서는 소비와 오염 배출량이 높은 탓에 아이를 낳는 일을 사치로 여기는 분위기가 강하다. 미국 하원 의원 알렉산드리아 오카시오코르테스도 "다가올 세대의 삶은 매우 힘들어질 것이라고 과학적으로 어느 정도 합의됐는데 그렇다면 지금 아이를 낳아도 괜찮을까?"라는 의문을 제기했다. 이 문제는 이후 다시 살펴볼 주제이다.

성(性)의 미래

얼마 전 인구학 세미나에 토론 패널로 참석했는데, 함께 있었던 은퇴한 유명 교수가 저출산 문제를 말하며 '성관계 횟수의 감소'를 언급했다. 많은 관객은 그의 다소 고전적이고 학술적인 표현에 웃음을 터뜨렸지만, 대부분의 출생이 성관계로 이뤄지는 현실에서 성관계 빈도가 인구에 미치는 영향은 결코 가벼운 주제가 아니다.

이탈리아와 일본 등 다양한 나라에서 젊은 세대가 예전보다 장기 연애, 결혼, 출산에 관심을 덜 보이고 있다. 일본에서는 40세 미만 성인의 4분의 1이 이성 간 성관계를 한 번도 경험하지 않았는데 이 비율은 계속 오르고 있으며 이탈리아에서는 남성의 성욕 감소가 전반적인 성생활 위축으로 이어졌다는 분석도 나온다.

성관계가 줄어드는 흐름은 일본에서 가장 빠르게 진행될 뿐, 결코 일본만의 문제가 아니다. 미국 밀레니얼 세대 중 성관계를 하지 않은 사람의 비율은 이전 세대의 두 배에 달하고 콘돔 판매도 꾸준히 감소하는 추세다. 미투 세대의 복잡하고 부담스러운 연애 및 성관계 규칙에 더해 전통적인 성 역할이 흐릿해진 점도 영향을 미친 듯하다. 남성이 가사 노동을 더 많이 분담하는 것은 바람직한 변화지만, 그럴수록 성생활 빈도가 줄어드는 경향이 있다. 기술 발전도 한몫하는데 한 가정의학과 의사는 "의사 일을 시작했을 때보다 지금 10대 임신율이 훨씬 낮아졌다. 이는 젊은이들이 밖에서 누군가를 만나기보다 방에서 스마트폰이나 컴퓨터에 몰두하며 지내는 시간이 늘었기 때문이다"라고 말했다.

물론 성관계 횟수가 줄었다고 해서 출산율이 곧바로 낮아지는 것은 아니다. 성관계나 결혼을 늦게 한다고 해서 반드시 아이를 적게 낳는 것은 아니기 때문이다. 그러나 여성이 출산을 미룰수록 자연 생식 능력이 떨어질 가능성이 커지고, 한 사회의 평균 출산 시기가 늦어지면 가족 규모가 전반적으로 줄어들게 된다. 한창 가임기에 있는 여성이 출산 후보군에서 빠지면 임신과 출산 건수 자체가 줄어들기 쉽기 때문이다. 또한 대체로 다른 목표나 삶의 질을 출산보다 우선시하는 문화가 자리 잡으면 사회 전반의 출산율도 낮아진다.

사람들은 종종 TV를 저출산의 원인으로 꼽는다. 실제로 텔레비전이 보급되면 성관계 횟수가 약간 줄어드는 경향이 있지만 이게 전부는 아니다. 브라질의 한 연구에 따르면, 출산율 하락의 주된 이유는 한 드라마의 인기 때문인데 화려한 아파트, 멋진 자동차, 세련된 옷차림 등이 대가족 없이 사는 삶을 더 매력적으로 보이도록 하여 아이를 적게 낳도록 유도했다는 것이다. 반면 많은 아이가 태어난 대가족은 개발도상국 사람들이 벗어나고 싶어 하는 낙후된 농촌 생활의 이미지와 연결된다. 이미 언급했듯이, 혼외 출산을 기피하면서도 여성 교육에 진보적인 사회는 출산율이 매우 낮다. 적어도 아이를 좋아하는 사람에게는 혼외 출산이 흔한 영국이나 스칸디나비아가 더 나을 수도 있다.

한편 출산에 대한 태도가 어느 정도 유전의 영향을 받을지도 모른다. 개인의 선택권이 거의 없던 과거에는 아이를 낳고 싶어 하는 유전적 성향이 큰 차이를 만들지 못했을 것이다. 그러나 현대에는 출산을 스스로 통제할 수 있게 되면서, 아이를 선호하는 유전자가 점차 퍼져나갈 가능성도 있다. 그럴 경우 언젠가 출산율이 다시 회복될 수도 있다.

황량한 지구?

토머스 맬서스는 자원 고갈로 인구 증가가 멈출 것이라 했지만 결국 틀렸고 또 일부 인구학자가 전 세계 출산율이 2명으로 수렴해 인구가 안정될 거라고 본 예측도 빗나갔다. 서구 사회에서 베이비붐 이후 출산율은 급격히 떨어졌는데 이 추세가 다른 지역으로 퍼지며 인구가 감소할 가능성마저 제기됐다. 서유럽과 북아메리카에서 시작된 저출산은 남유럽, 옛 공산권, 동아시아까지 번지며 소득 수준과 무관하게 나타났다. 오히려 저출산을 먼저 겪은 나라는 출산율이 대체출산율을 조금 밑도는 수준에 머무는 반면, 뒤늦게 인구변천을 겪은 나라는 출산율이 더 극적으로 떨어지기도 한다.

미래를 예측할 때는 신중해야 하지만, 어느 정도 확신할 수 있는 부분도 있다. 가장 큰 미지수는 앞서 언급했듯 사하라 이남 아프리카다. 이 지역이 계속해서 발전하면 다른 지역처럼 출산율이 낮아질 가능성이 크고, 발전 속도가 느리더라도 중동처럼 출산율이 어느 정도 줄어들 수 있다. 사하라 이남 아프리카를 제외하면, 지금 출산율이 높은 나라는 앞으로 빠르게 내려갈 전망이다. 보통 한 나라 출산율이 4 아래로 내려가면 이후에도 감소 추세가 이어지지만, 어디서 멈출지는 알 수 없다. 스리랑카는 거의 30년 동안 출산율이 2~2.5 사이였는데, 콜롬비아는 이 '골디락스 존'에 불과 10년 남짓 머무른 뒤 대체출산율 밑으로 떨어졌다.

전 세계 출산율이 어떻게 변하든, 당분간 인구는 계속 늘어나되 증가 속도가 점차 느려질 것이다. 그럼에도 스웨덴 통계학자 한스 로슬링이 말한 '아동 정점', 즉 전 세계 어린이 수가 더는 늘지 않는 시점에는 이미 도달했다. 21세기 말에는 전 세계 인구가 현재보다 50%쯤 많아질 것으로 전망되지만, 다섯 살 미만 인구는 오히려 5천만 명 이상 줄어들 가능성이 크다.

인구 구조를 바꾸는 가장 중요한 동력은 출산율이다. 이론적으로 출산율은 계속 낮아질 수 있어서 훗날 지금의 싱가포르조차 출산율이 꽤 높다고 여길 수도 있다. 또 한편으로 우리는 특정 문화나 사회가 영원히 아이를 많이 낳을 거라고 생각하지만 실제로는 그렇지 않은 경우가 많다. 인도는 최근에야 출산율이 대체출산율 밑으로 떨어졌는데, 이미 몇몇 주는 1.7 정도로 훨씬 낮으며 결국 인도 전체도 그

[표7] 일부 국가들의 합계출산율 (TFR), 1950~2100

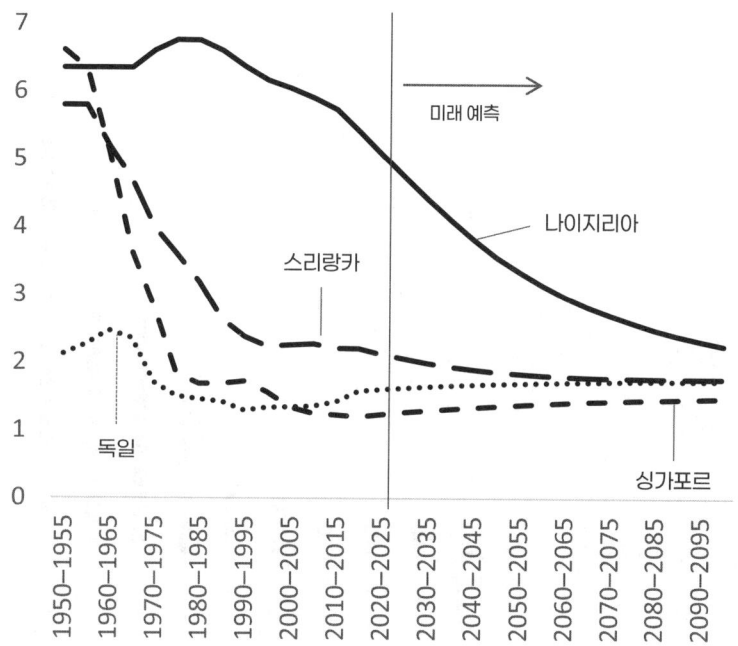

출처: UN Population Division, 중위 추계

1950년대 중반까지만 해도 국가별 출산율 편차는 매우 컸다. 아프리카·아시아 지역 여성은 대체로 6~7명의 아이를 낳았지만, 유럽·북아메리카 여성은 2~3명 수준이었다. 이후 싱가포르처럼 부유해진 나라와 이전부터 부유했던 독일 같은 곳은 출산율이 2 미만으로 급격히 떨어졌고, 비교적 가난한 스리랑카조차 빠르게 2로 수렴했다.

지금도 출산율이 높은 나라 대부분은 사하라 이남 아프리카에 속한다. 이들 나라의 출산율이 얼마나 빠르게 낮아질지는 오늘날 인구학에서 가장 큰 미지수다. 유엔 추계에 따르면 아프리카 최대 인구 대국인 나이지리아의 출산율은 점차 떨어져, 21세기 말이 되어서야 겨우 대체출산율에 근접할 전망이다.

[표8] 아미시 인구, 북아메리카, 1901-2021

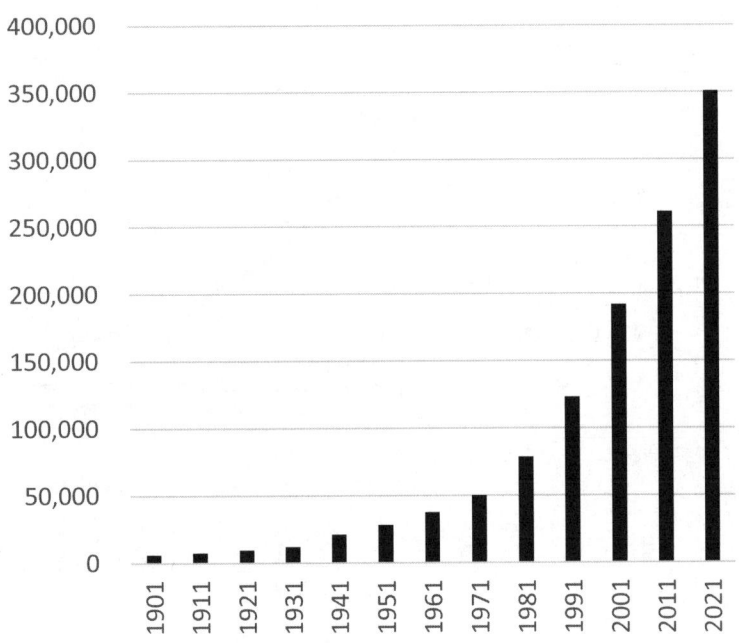

출처: American Experience, Amish Studies (일부 데이터 지점 보정됨)

매년 약 3.5%씩 인구가 늘어나는 작은 공동체는 처음에는 눈에 띄지 않을 수 있지만, 시간이 지나면 사회에 미치는 영향이 무시할 수 없을 정도로 커진다. 북아메리카의 아미시 공동체가 대표적 사례다. 1900년대 초 아미시 인구는 약 6,000명 수준이었지만, 현재는 30만 명 안팎에 이른다. 높은 출산율을 유지하며 공동체를 유지하는 이런 종교 집단은, 이들이 속한 국가에서도 갈수록 중요한 존재로 부각될 가능성이 크다.

흐름을 따를 가능성이 크다. 인도에서도 인구학적 근대화가 경제발전을 앞지른 것이다.

인도의 출산율 하락은 중국보다 늦고 폭도 완만해서 곧 전 세계에서 인구가 가장 많은 나라가 될 전망이다. 21세기 말에는 중국이 현재 인구의 약 4분의 1을 잃을 것으로 예측되어 노동력 부족에 대한 우려가 제기되는 반면, 인도는 경제적으로 더 왕성해질 것으로 기대된다. 인도는 건강한 인구 구조 덕분에 경쟁국에 뒤처져 있던 흐름을 만회할 기회를 잡은 셈이다. 1980년 중국의 경제 규모는 인도의 약 1.5배였고 2016년쯤에는 4~5배까지 벌어졌지만 인도의 노동 인구가 계속 늘어나면서 이 추세가 뒤집힐 가능성이 크다.

'저출산 함정'의 대표 사례인 일본은 이미 저출산과 그로 인한 경제 침체를 오랫동안 겪었다. 여성에게 교육 기회가 확대되면 보통 출산율이 대체출산율 수준으로 낮아지는데, 일과 육아를 병행하기 어려운 환경에서는 그보다 더 급격히 떨어진다. 일본 여성은 대체로 엄마로서도 직장인으로서도 만족하기 힘들어하고 그래서인지 일본은 살기 편안하고 풍족하며 범죄율도 낮지만, 선진국 중에서는 행복도가 상당히 낮은 편이다.

아프리카가 다른 대륙의 전철을 빠르게 밟고, 스리랑카 같은 나라도 출산율이 낮아지는 상황에서 전 세계가 '일본화'될 가능성도 있다. 이는 어느 나라든 사람들의 교육과 부의 수준이 높아지면 이들이 여러 자녀를 키우는 데 필요한 시간과 비용을 부담하려 하지 않아, 전 세계 출산율이 대체출산율을 밑돌 거라는 주장이다.

앞서 살펴봤듯이 탈근대적 출산 패턴은 이미 나타나고 있다. 보수적 가치관과 종교적 신념이 강한 곳은 출산율이 대체출산율을 약간 웃돌거나, 펜실베이니아의 아미시처럼 매우 높다. 결국 출산을 강하게 장려하는 집단만 살아남고, 아이를 적게 낳는 집단은 사라질 수 있으며 그럴 경우 '텅 빈 지구'가 아니라, 구조는 비슷하면서 사상이 다른 여러 덩어리들이 있는 미래가 펼쳐질 수 있다. 특히 현대 기술을 멀리하고 절대주의적 사고방식을 지닌 집단이 세력을 얻으면, 현대 사회 운영에 필요한 정치·기술 과제는 훨씬 복잡해질 것이다. 일본이 인구학적 근대성의 선구자라면, 이스라엘은 '탈근대성'의 선구자가 될 수도 있다.

한편 실제 인구가 감소하기 전이라도 저출산은 고령화를 부른다. 이제부터는 이 고령화 현상을 살펴보려 한다.

43 카탈루냐의 중위연령

카탈루냐의 루시용은 스페인이 아닌 프랑스 영토다. 만년설로 뒤덮인 산과 반짝이는 지중해 해안, 바다까지 이어진 포도밭이 어우러진 이곳은 아침에 스키를 타고 오후에 일광욕을 즐길 수 있는 유럽의 몇 안 되는 곳 중 하나다. 피레네산맥과 바다에 둘러싸여 오랜 세월 프랑스와 스페인을 잇는 중요한 길목이었으며, 나는 운 좋게도 이곳을 자주 방문했다.

수 세기 동안 루시용의 피레네산맥 고개들은 사람과 물자를 밀수하는 통로로 쓰였다. 1939년에는 스페인 사람 수십만 명이 프랑코 정권을 피해 북쪽으로 피난 갔고, 몇 달 뒤에는 프랑스에서 나치 침략군과 비시 정권을 피해 난민들이 남쪽으로 탈출했다.

2년 전쯤, 나는 스페인 국경을 넘어 가장 가까운 해안 마을 포르트보우를 찾았다. 이곳은 독일계 유대인 철학자 발터 벤야민이 1940년 9월에 스스로 생을 마감한 곳이다. 지금은 그저 한산한 해안 마을인데 북쪽의 콜리우르나 남쪽의 카다케스 등의 리조트만큼 유명하지 않고 해안가에 있는 벤야민의 무덤과 기념비 말고는 딱히 볼거리가 없다.

사실 이곳에 온 목적은 인구학 조사보다 이미 세상을 떠난 철학자를 기리는 '성지순례'였다. 그런데 포르트보우에서 인구와 관련된 묘한 실마리를 발견했다. 약 1년 전, 지역 당국이 카탈루냐 독립을 주민투표에 부쳤을 때 사람들은 찬성표를 던졌다. 하지만 마드리드가 결과를 받아들이지 않으면서 카탈루냐를 독립국으로 인정할 생각이 없음을 분명히 했다. 그렇게 바르셀로나 거리에서 소규모 충돌이 벌어져 부상자가 나왔으나 사망자는 발생하지 않았고, 시위대가 지역 경찰서를 무모하게 공격하거나 군대가 이들을 거칠게 진압하는 경우도 없었다. 결국 주민투표는 내전으로 비화되지 않은 채 조용히 사람들의 관심에서 사라졌다.

포르트보우 광장에 앉아 있으면서 왜 그 주민투표가 격렬한 충돌로 이어지지 않고 역사 속 작은 해프닝으로 끝났는지 고민했다. 그리고 주변을 둘러보니, 백발의 동네 어르신들이 10월 햇살을 즐기며 진한 블랙커피를 마시고 있었다. 이들은 정치적 불의를 못 참고 무기를 지닌 채 거리로 나설 나이가 아니었다. 해안 마을 사람들은 카탈루냐 주민보다 나이가 평균 20세쯤 많았는데, 사실 40대라도 정치 문제로 무기를 드는 일은 드물다. 보통 중년층은 나이 들어가는 부모 걱정, 학교에 다니는 자녀들 걱정, 주택대출을 갚고 본인 노후 자금까지 마련해야 하는 문제로 정신이 없기 때문이다.

이렇듯 한 사회의 연령 구조는 사회 전반에 우리가 생각지 못한 방식으로 영향을 미친다. 2019~2020년에 홍콩 정부가 중국 정부의 압박으로 범죄인 인도 조례 개정안을 발의했을 때 홍콩 시민들이 벌인 항의 시위도 마찬가지였다. 많은 홍콩 시민이 시위에 참여했지만, 앞

장선 사람은 주로 젊은 세대였고 인명 피해는 한 자릿수에 그쳤다. 반면, 1989년 천안문 광장 시위 때는 중국군의 강경 진압으로 만 명 가까운 사망자가 나왔다. 1980년대 말 중국 본토의 중위연령이 대략 25세였던 반면 30년 뒤 홍콩의 중위연령은 거의 45세였다. 중국 당국은 그때나 지금이나 똑같이 질서를 유지하려 했지만, 젊은 층의 비중이 크게 줄면서 동원되는 힘과 인명 피해도 훨씬 작아졌다. 우리는 흔히 부유해지기 전에 늙는 나라에 대한 이야기를 듣곤 하는데, 더 큰 문제는 자유를 누리기도 전에 늙어 버리는 경우다. 한 국가에 젊은 층이 부족하면 위험을 감수하며 분노할 사람도 줄어들어, 영영 권위주의 정권에 억눌린 채 지낼 가능성이 크다.

전쟁과 평화, 유년과 노년

오늘날 카탈루냐에서는 40대 인구가 20대보다 훨씬 많고, 중위연령도 40세를 크게 웃돈다. 조지 오웰의 『카탈루냐 찬가』가 쓰였을 당시 이곳은 원래, 루시용에서 본 햇살 가득한 계곡이나 눈 덮인 봉우리의 이미지와는 전혀 달랐다. 1930년대 바르셀로나는 전쟁으로 뒤엉킨 혼란스러운 도시였다. 당시 공산주의자와 무정부주의자 연합 세력이 시를 이끌었고, 그때 스페인의 중위연령은 지금의 절반도 안 되었다.

스페인은 이때부터 전형적인 인구변천을 겪기 시작했다. 여러 해 동안 출산율이 대체출산율을 밑도는 동시에 평균 수명은 세계 최고 수준인 83세 이상으로 고령화가 심화됐다. 보통 경제가 발전하면서 대개 이런 흐름을 밟지만, 예외적으로 종교나 이념이 강한 집단은 이러한 흐름에 저항하기도 한다. 결국 스페인, 독일, 이탈리아 같은 유럽 국가의 고령화 양상에서 인류 대부분이 맞게 될 미래를 엿볼 수 있다.

사회가 고령화되면 초고령층이 크게 늘고, 대규모 이민을 받지 않으면 인구는 줄어들게 된다. 이 주제는 다음 장에서 자세히 다룰 예정이고 여기서는 중위연령이 올라감으로써 사회에 미치는 영향을 살펴보려 한다.[15]

사회 평균 나이가 20대 초반인 젊은 사회와, 중위연령이 40대이고 젊은 사람이 적은 사회는 전혀 다르다. 나이트클럽과 카페 분위기가 다른 것처럼, 젊은 층이 이끌어 가는 사회와 중년층이 중심인 사회는 확연히 다른 모습을 띤다.

두 사회 간 차이가 가장 두드러지는 부분은 갈등 문제인데 우리는 앞서 1930년대 젊은 카탈루냐와 2010년대 나이 든 카탈루냐 간 차이를 살펴봤다. 2010년대에는 독립을 위한 정치 투쟁이 벌어졌음에도 1930년대와 달리 단 한 명의 희생자도 나오지 않았다. 1930년대 카탈루냐는 내전에 휘말렸으나 왜 2010년대에는 그러지 않았는지 설명해 주는 핵심 열쇠는 인구학이다.

피레네산맥 반대편 끝의 바스크에서 벌어진 갈등을 살펴보자.

---

15 유엔 자료에 따르면, 2015년에서 2020년 사이에 중위연령이 낮아진 나라는 독일이 유일하다. 이는 2015년에 집계되지 않은 다수의 젊은 이민자가 독일로 유입된 결과로 보인다. 한편 코로나19가 고령층에 치명적이므로, 비슷하지만 일시적인 영향이 훨씬 광범위한 지역에서 나타날 가능성도 있다.

1960년대 바스크 민족주의자들이 폭력 시위를 벌였을 때 스페인의 중위연령은 지금보다 15세 낮은 30세 정도였는데 시간이 흐르면서 스페인 인구가 고령화되고 갈등 기세도 수그러들며 2010년에는 끝내 휴전이 이뤄졌다. 북아일랜드 분쟁 역시 고령화로 인해 많이 잠잠해졌는데 이는 평화 협정을 성사시킨 정치인들의 외교적 노력을 폄훼하려는 말이 아니라, 인구학적 흐름이 분명 유리하게 작용했다는 뜻이다. 1980년대 중반 아일랜드 평균연령은 20대 중반이었는데 오늘날은 거의 40세까지 올라갔다.

이처럼 인구가 고령화되면서 폭력적 갈등이 누그러지는 사례는 꽤 많다. 1990년대 초 유고슬라비아에서 내전이 일어날 당시 보스니아의 중위연령은 30세가 채 되지 않았지만 지금은 40세가 넘으며 세르비아도 같은 기간 중위연령이 거의 10년이나 올라갔다. 보스니아와 코소보 내 헌법 체계가 애매하고 여러 혼란을 일으키긴 해도 20년 넘게 평화가 이어지고 있는 것은 사실이다.

중동 지역도 이런 흐름을 잘 보여준다. 1970년대 중반 레바논 내전이 시작됐을 무렵, 이 나라의 중위연령은 10대 후반이었다. 그로부터 한 세대가 지난 지금, 레바논에선 대규모 무력 충돌이 벌어지지 않았으며 시위가 폭력적으로 번져도 이 글을 쓰는 시점까지 사망자는 한 손에 꼽을 정도다. 여기에도 레바논의 중위연령이 30세에 가까워지고 계속 오르는 점이 한몫했다. 2020년 8월 베이루트의 대형 폭발사고와 금융 위기로 불안정한 상황이 이어지긴 했지만 2021년 가을까지는 내전을 피했고 이는 상당 부분 레바논의 연령 구조 덕분이다.

반면 여전히 중위연령이 낮은 시리아는 전쟁과 학살의 비극을 겪고 있다.

고령화된 사회가 전쟁에 덜 휘말린다는 주장은 단순한 일화가 아닌 진지한 통계적·학술적 연구로도 뒷받침된다. 1960년대에는 독일 인구 중 젊은 남성이 급증한 시점에 나치가 부상했다는 사실이 관찰되었고 20세기 전반 유럽이 불안정했다가 그 뒤 오랫동안 평화가 이어진 것도 젊은 인구 구조가 고령화되었기 때문으로 보인다. 실제로 오늘날 유럽의 중위연령은 2차 세계대전 종전 무렵보다 10년 더 높아졌다. 수십 년간의 연구에 따르면, 인구 중 30세 이상 비율이 55%를 넘으면 내전이 거의 일어나지 않는다.

현대에는 젊은 인구가 상대적으로 가난하고, 가난한 인구는 폭력적인 양상을 띤다. 그러나 내전 같은 분쟁이 발생하는 양상을 살펴보면, 핵심은 젊은 세대와 나이 든 세대 간 '상대적' 비율이다. 예를 들어, 1994년 중위연령이 18세에 불과했던 르완다에서 일어난 대규모 학살은, 중위연령이 40대인 나라에서 똑같이 벌어질 가능성이 매우 낮다.

인구가 젊은 사회는 전쟁이 잦을 뿐만 아니라 범죄 빈도수도 더 높다. 인구가 사회에 미치는 다른 영향을 살펴보기 전에, 젊은 인구가 상대적으로 많은 사회가 왜 전쟁이나 범죄를 더 자주 일으키는지 그 이유부터 짚어볼 필요가 있다.

연결고리는 무엇인가

젊은 인구가 많다고 해서 반드시 전쟁이 벌어지고 나이 든 인구가 많다고 해서 평화가 찾아오는 것은 아니다. 하지만 사회의 연령 구조는 갈등이 촉발되거나 그러지 못하도록 만드는 배경이 된다. 카탈루냐 독립 주민투표나 홍콩 범죄인 인도법 같은 '불꽃'이 있을 때, 젊은 인구가 충분히 많으면 그것이 큰 '불길'로 번질 가능성이 큰 반면 고령자가 우세한 사회에서는 젊은 층이 불붙기 어려워 갈등이 흐지부지될 수 있다. 1990년대 초 르완다에서 벌어진 대량 학살 같은 사건은 지금의 포르트보우 같은 지역에서는 발생하기 어렵다.

여기서 중요한 건 '젊은 인구의 총수'가 아니라 '젊은 인구와 나이 든 인구의 상대적 크기'다. 예컨대 독일의 젊은이 수는 과테말라보다 많지만, 독일은 전체 인구수도 과테말라보다 훨씬 많으므로 이들을 단순 비교하기 어렵다. 과테말라는 40대 한 사람당 20대가 두 명꼴인 반면, 독일은 20세 미만 인구보다 40~50대 인구가 50%쯤 더 많고 바로 이런 이유로 중위연령이 그 사회의 연령 구조를 파악하는 데 유용한 지표가 된다. 중위연령이 높을수록 사회가 안정적으로 굴러갈 가능성이 큰 것이다. 나이 든 세대는 젊은 층을 억제하는 역할을 하고, 그 억제력이 사라지면 젊은이들의 급한 성격이 오히려 사회 분위기를 좌지우지한다.

인구의 중심축은 문화에도 영향을 끼친다. 영국에서는 코로나19 사태 이전부터 나이트클럽이 하나둘씩 문을 닫았는데 젊은 층이 예전보다 일찍 잠들고, 술도 덜 마시며, 성관계 빈도수도 줄었다. 이는 젊은 층 비중이 작아져서 이들이 더는 문화를 주도하지 못해서일 수 있다. 오늘날 영국은 중·장년층이 상대적으로 많아져 이들이 젊은이를 지배하는 구조이며 베이비붐 세대로 시작된 '청년 문화'도 이들이 늙어 가면서 점점 사라졌다. 그렇다고 해서 '젊음'이 왜 폭력과 전쟁으로 이어지고, '중·장년층'은 왜 사회적 안정으로 이어지는지는 쉽게 설명되지 않는다. 여기에는 세대 간 생물학적·사회적 차이에서 비롯된 두 가지 설득력 있는 이유가 있다.

우선 인간의 뇌는 사춘기부터 중년기까지 생물학적으로 변하는데, 여기에는 진화론적 근거가 있다. 사춘기 자녀를 둔 부모라면 청소년이 어른보다 감정 기복이 심하고 충동적이라는 사실이 그리 놀랍지 않을 것이다. 사춘기에 접어들면 테스토스테론, 에스트로겐, 프로게스테론 같은 호르몬이 폭발적으로 분비되어 감정적이고 예측하기 어려운 반응이 늘어난다. 또한 젊은 층은 부모보다 또래집단의 영향을 훨씬 더 강하게 받는다.

이런 특성 때문에 십대는 폭력적이거나 위험을 감수하려는 경향이 크고 영국에서는 젊은 남성 운전자가 심각한 교통사고에 연루될 가능성이 전체 운전자보다 6배 높다. 이는 운전 경험이 부족해서만이 아니라 뇌의 화학·생물학적 차이가 순간적인 판단에 영향을 미치기 때문이다. 젊은 운전자의 보험료가 높은 것도 실제로 이러한 위험을 반영한 결과다.

또 한 가지 중요한 생물학적 요인은, 나이가 들수록 신체가 약해진다는 점이다. 체력이 절정인 사람과 중년에 가까운 사람이 싸우면 전자가 유리하고, 30대 중반을 넘어서면 힘 대신 다른 방법으로 갈등을 해결하려 드는데 이는 결국 신체적으로 불리하기 때문이다.

20대에는 자제력, 판단력, 계획 능력, 위험 관리를 담당하는 뇌의 전두엽 영역이 꾸준히 발달하여 30세가 되면 20세 때보다 충동적이거나 무모한 결정을 내릴 가능성이 훨씬 낮아진다. 개개인의 결정이 모여 시위가 폭동으로 바뀌고, 폭동이 내전으로 번진다고 생각해 보면, 한 사회의 중위연령이 높을수록 그런 사태가 일어날 확률도 줄어드는 이유를 알 수 있다.

또 한 가지 요인은 나이가 들수록 개인적인 책임이 커진다는 점이다. 거리에서 폭력 시위에 나선 18세 청년은 잃을 게 없다고 생각하기 쉽다. 하지만 10~15년이 지나면 이 당돌했던 청년은 걱정거리가 훨씬 많아진다. '만약 다치거나 사고를 당하면 집 대출금은 누가 갚을까?' '아이들은 누가 돌볼까?' '체포되어 전과가 생기면 직장을 잃는 건 아닐까?' 30대에는 이미 생활 기반을 잡았거나 장기적 인간관계를 맺고 있을 가능성이 크고 40대가 되면 의무가 더 늘어 대개 위험을 피하려 한다. 결국 젊음과 폭력 간 연관성에는 생물학뿐 아니라 이런 사회적 요인도 작용한다.

성인기 초반을 지나면 대개 결혼을 전제로 한 안정적이고 지속 가능한 이성관계를 맺는다. 혼전 성관계를 금기시하는 사회에서는 이 시기에 많은 젊은이가 절망감을 느낀다. 중동의 젊은 세대는 빠른 도시화에 따른 주택 비용과 실업률, 막대한 지참금에 대한 부담 등으로 이전 세대보다 결혼이 늦으며, 남성은 평균 30대 초반에 결혼한다.

이는 전 세계 대부분 지역보다 늦은 편이고, 여기에 더해 혼외 성관계에 대한 금기마저 강하여 이곳 젊은이들은 아무 말도 못 한 채 분노를 삭이곤 한다. 한 평론가는 "화난 데다 할 일 없는 고학력 무직 청년들이 시위든 무장 투쟁이든 나서게 되면서 아랍 정권의 안전을 위협한다"라고 지적했다.

개인도 나이가 들수록 손익을 따지는 방식과 행동이 달라진다. 중년에 가까워질수록 사람들은 사회 체제에 직접적인 이해관계를 갖게 되고, 체제가 무너지면 모아 둔 돈과 자산이 위험해진다. 반면 아직 재산이 없는 젊은 층은 기존 체제의 흔들림을 오히려 기회로 보기도 한다. 결국 고령층이 다수인 사회는 '판을 뒤집으려는' 의지가 상대적으로 약해 더 안정적인 편이다.

아들과 전사들

나이 든 사회가 전쟁을 기피하는 또 다른 원인이 있다. 자녀를 적게 낳아서 가족 규모가 작아지면 대체로 중위연령이 높아진다. 따라서 중위연령이 높은 사회는 부모가 대의를 위해 자녀를 희생시키는 데 훨씬 신중해진다. 물론 아이가 많아도 부모는 당연히 모든 자녀를 소중히 여기지만, 대부분 가족 규모가 작은 사회는 대가족이 일반적인 사회와 심리적으로 많이 다르다. 예컨대 한 여성당 서너 명의 아들을 낳는 사회에서는 비교적 보호 본능이 덜 작동하고 사회 전체가 호전적으로 변하기 쉽다.

어떤 사회가 전쟁을 기피하는 건 단지 고령층의 억제력이 커서만

이 아니며 희생시킬 젊은 인구 자체가 적은 점도 작용한다. 독일 학자 군나르 하인존에 따르면 젊은 남성이 많은 사회에선 이들 모두가 가진 야망과 사회가 마련할 수 있는 자리 간 균형이 맞춰질 때까지 이들은 서로를 없애거나 전쟁에 나가서 죽는 경향이 있다. 여기에 더해 20세기 후반 알제리와 레바논의 내전도 '더 이상 전투에 나설 전사가 태어나지 않으면서' 멈췄다고도 덧붙였다. (물론 종종 젊은이들을 전장으로 내모는 것은 노인들이라는 점도 잊어서는 안 된다.)

사람들이 마치 실험실 쥐처럼 인구학적 자극에 반응한다는 사실이 이상하게 들릴 수도 있지만, 군나르 하인존의 이론은 적어도 레바논에서 설득력이 있어 보인다. 2006년 이스라엘과 헤즈볼라는 복잡하고 지리멸렬한 전쟁에 휘말렸는데 오늘날 헤즈볼라는 시리아 반군과 10년간 싸우며 힘이 약해졌고, 레바논의 시아파 무슬림은 출산율이 낮아지면서 병력 충원마저 어려워졌다. 실제로 1960년 레바논의 출산율은 이스라엘의 두 배에 가까웠지만 지금은 절반에도 못 미치고 1970년대 내전 당시 레바논의 20살 청년은 형제자매가 평균 여섯 명가량이었던 반면, 지금은 둘 정도밖에 되지 않는다.

이런 상황 덕분인지 헤즈볼라는 최근 15년 동안 이스라엘 국경에서 비교적 차분했다. 레바논이 고령화되고 젊은 남성이 부족해지면서 남쪽 국경 지역에 어느 정도 평화를 가져다준 셈이다. 예전엔 아들을 서너 명씩 낳던 어머니들이 이제는 한 명만 낳게 되며 이들에게 심리적인 변화가 생긴 것도 중요한 원인이다. 결국 이러한 상황에서 레바논이 전쟁을 더 벌이기는 쉽지 않고 레바논 내부에 불안한 평화가 이어지고 있듯이 이스라엘-레바논 국경 역시 이 글을 쓰는 시점까지 비교적 평온한 상태다.

한편 세계적으로는 미국이 독일·일본 같은 과거 경쟁국이나 중국·러시아 같은 현재 경쟁국보다 더 천천히 고령화되고 있다는 사실이 미국으로 하여금 패권을 오래 쥐도록 만들 수 있다. 어떤 강대국이 우위를 점하든 지난 수십 년 동안 큰 분쟁이 거의 없었던 것은, 주요 강대국들이 모두 고령화되었기 때문이다. 일부 학자는 이를 '팍스 아메리카나 게리아트리카(Pax Americana Geriatrica)'라고 부른다.

인구 공학: 인종 갈등 속 인구 전략

인구가 젊을수록 전쟁이 일어나기 쉽고, 고령화된 사회일수록 전쟁 가능성이 작다는 점은 분명하다. 그러나 이 흐름은 반대로도 작용한다. 인구 구조가 갈등 양상을 좌우하듯, 갈등 상황이 이른바 '인구 공학(demographic engineering)'을 유발하여 인구 구조를 바꿀 수 있는 것이다.

인구 공학이란 갈등을 겪는 민족 집단이 인구 우위를 확보하기 위해 펼치는 전략으로, 그 자체가 목표일 수도 있고 정치나 군사력 확보를 위한 수단일 수도 있다. 결국 갈등이 벌어지는 동안 한 집단이 상대 집단보다 인구를 더 빨리 늘리려고 온갖 방법을 동원하는 것이다. 과거에는 사람이 많으면 거리나 전장에서 우위를 점할 수 있었고 오늘날에는 선거에서 표를 많이 얻는 쪽이 권력을 거머쥐므로, 많은 인구는 투표소에서 힘을 발휘한다. 특히 전 세계 많은 지역에서 그러하듯 인종 별로 정당이 갈라져 있는 경우 인구 우위를 점할 필요성은 더욱 커졌다.

인구 공학은 '하드(hard)' 방식과 '소프트(soft)' 방식으로 나눌 수 있다. 하드 방식은 인구에 직접 영향을 미쳐 인구 균형을 바꾸는 것이고, 소프트 방식은 국경을 조정하거나 정체성을 재정의하는 등의 간접적인 형식으로 인구 균형에 개입하는 것이다.

이를 이해하기 위해 루마니아의 니콜라에 차우셰스쿠(Nicolae Ceaușescu) 통치 시기(1960년대~1989년)를 살펴보자. 차우셰스쿠는 루마니아 인구가 증가하길 희망하여 1960년대 초에 출산율이 2 정도에 머무른 상황을 달갑지 않게 여겼고, 무솔리니 시절의 이탈리아처럼 인구 목표치를 설정하기도 했다. 동시에 루마니아의 인종 분포가 '더 루마니아답게' 되길 원했다. 제2차 세계대전 말기의 대규모 인구 이동으로 동유럽과 중유럽 여러 나라의 인종 구성이 대체로 균질해졌지만, 트란실바니아 지역에는 여전히 헝가리인이 많이 남아 있었고, 루마니아 전역에 유대인과 로마인, 독일인이 모여 사는 지역도 적지 않았다.

결국 루마니아 정부는 1966년에 피임과 낙태를 금지하며 출산율을 끌어올렸고, 로마인이나 헝가리인이 주로 거주하는 지역에서는 낙태를 해도 사실상 눈감아 주었다. 또한 독일계나 유대인 주민에게는 돈을 받고 독일이나 이스라엘로 이민을 떠날 수 있게 '허용'하며 당시 정권은 외화를 확보하고 인종 구성을 재편하는 두 가지 이익을 모두 얻었다. 즉, 인종 구성을 재편하기 위해 출산율을 집단별로 다르게 유도하고 특정 민족의 이민을 부추기는 방식으로 인구 구조를 '공학적'으로 재단한 것이다. 물론 이는 비난받아 마땅하나, 또 다른 하드 방식인 집단학살에 비하면 덜 극단적이었다.

루마니아 사례는 하드 인구 공학의 전형인데, 북아일랜드에서는 하드와 소프트 전략이 모두 쓰였다. 하드 측면에서 연합주의 정권은 북아일랜드 내 개신교와 가톨릭 인구 비율을 2 대 1로 유지하려고 주택 공급과 취업 정책을 편파적으로 운용하여, 출산율이 더 높았던 가톨릭 신자들이 북아일랜드를 떠나도록 유도했다. 가톨릭 신자의 출산율이 종교적 이유로 높다고 볼 수도 있지만, 국경 남쪽 아일랜드 공화국 지역의 가톨릭 신자는 피임이 더 어려움에도 출산율이 상대적으로 낮았다.

북아일랜드 가톨릭 인구의 출산율이 남쪽 아일랜드 공화국 내 가톨릭 인구의 출산율보다 높았다는 사실은 갈등 상황이 출산율에 직접 영향을 끼쳤음을 보여준다. 1960년대 이전까지만 해도 북아일랜드 가톨릭 인구는 높은 출산율과 이민이 서로 상쇄되어 인구 변동이 크지 않았지만, 가톨릭 신자의 대규모 이민이 줄어들면서 가톨릭 인구 비중이 커지기 시작했다.

출생, 사망, 이민 등에 직접 영향을 끼치며 인구를 조정하지 않고도 인구 구성을 바꾸는 소프트 방식은 북아일랜드라는 정치적 공간이 형성되는 과정에서 쓰였다. 아일랜드가 독립을 요구했을 때, 영국 정부와 얼스터 연합주의자(Ulster Unionist Party)는 북아일랜드 범위를 '전통적인 얼스터 지역 전체'가 아니라 개신교 비중이 확실히 높은 지역으로만 제한했다. 결국 도네골, 모나한, 캐번(전통적인 얼스터에 속하는 지역)을 '포기'하면서 북아일랜드 안에서 개신교 인구가 우세한 스토몬트(Stormont) 의회를 안정적으로 유지하도록 했다.

이처럼 한 국가나 지역에서 인구 전략이 갈등 구도에 미치는 영향은 대단히 크다. 중동에서 남아시아, 그리고 때로는 미국 같은 의외의 지역까지도, 인구학적 시각으로 접근하면 기존과 다른 해석 그리고 통찰을 얻을 수 있다.

혁명의 동력

사회의 인구 구조가 젊을수록 전쟁에 휘말릴 가능성이 높을 뿐 아니라 혁명을 일으킬 가능성도 크다. 인구변천이 시작되면, 과거에 돌을 넘기지 못했을 아기들이 살아남으면서 오히려 전체 인구가 더 젊어진다. 이 글을 쓰는 시점 말라위의 영아 사망률은 1980년대 후반에 비해 3분의 1에서 4분의 1 수준으로 줄었고 이 때문에 중위연령이 일시적으로 1년가량 낮아졌다가, 평균 기대수명이 늘면서 다시 오르기 시작했다. 1장에서 언급한 프랑스령 마요트(Mayotte)의 경우에도 영아 사망률이 급감하자 중위연령이 15년이나 낮아졌고, 과거 유럽에서도 비슷한 일이 벌어졌다. 19세기 말과 20세기 초 유럽에서 인구변천이 시작될 당시, 예전 같았으면 세상을 떠났을 아기들이 살아남아 청년이 된 후 거리로 쏟아져 나오면서 사회 전체가 한층 젊어졌다.

1917년 혁명 직전의 러시아 또한 젊은이들의 나라였다. 혁명 지도자 레닌은 50세가 안 되었고, 스탈린과 트로츠키 모두 40세도 채 되지 않았으며, 혁명 세력의 요직 상당 부분을 20대가 차지했다. 이들은 70년 뒤 고령화 사회의 노인 혁명가들과는 전혀 달랐다. 1979년 이란에서 대중이 거리로 쏟아져 나왔을 때도 중위연령은 20세를 밑돌았는데 현재 이란 중위연령은 30세를 넘어 고령화가 빠르게 진행되었고 이를 기점으로 혁명적 열기도 사그라들었다.

사회가 고령화되면 정치적 혁명을 억제한 생물학적·사회적 요인이 문화적 혁명의 빈도도 줄인다. 그러니 서구 사회에서 1960년대 후반, 1차 베이비붐 세대가 청년기로 접어들었을 때 전후 불안이 가장 심했던 것도 그리 놀라운 일이 아니다. 시민권 운동, 베트남 전쟁 반대 시위, 대학가의 격렬한 소요가 한창이던 당시 미국인의 중위연령은 30세가 채 되지 않았다. 반면 오늘날은 중위연령이 40세에 가까워졌고 여전히 대학 캠퍼스가 반대 의견의 중심지이긴 하지만 예전처럼 폭력 시위가 잦은 곳은 아니다. 실제로 베이비붐 세대가 은퇴하면서 문화적으로도 많은 변화가 있었다. 2018년에는 영국의 「뉴 뮤지컬 익스프레스」가 66년 만에 종이 잡지를 폐간한 반면, 크루즈 여행이나 노후 자금 관리 같은 주제를 다루는 신문 부록은 계속 늘었다. 정치뿐 아니라 문화의 중심축도 확실히 옮겨 간 것이다.

중국도 마찬가지였다. 문화대혁명은 파리와 버클리의 청년 혁명과 거의 같은 시기에 벌어졌고, 당시 중국의 인구 구조는 상당히 젊었다. 마오는 젊은 층을 공략해 당내 기성 세력을 약화시키고 권력을 유지하려 했다. 1960년대 들어 영아 사망률이 급격히 떨어지면서 중국의 중위연령이 20대 초반에서 10대 후반으로 내려갔고, 선생과 교수는 폭행을 당하거나 목숨을 잃었으며, 관료와 공무원도 '혁명'이란 명분 아래 잔혹하게 공격받았다. 이는 중·장년층을 상징하는 '낡은 방식'을 파괴하려는 움직임이었다. 하지만 현재 중국의 중위연령은 미국과 비슷한 30대 후반이고 꾸준히 고령화가 진행 중이다. 앞으로 중국에서 무슨 일이 벌어질지 모르지만, 또 한 번의 문화대혁명은 일어나지 않을 것이라고 확신할 수 있다.

범죄와 처벌

나이와 범죄 간 연관성은 너무 당연하게 여겨져 보통 잘 들여다보지 않기 마련이며 '화이트칼라 범죄'가 아닌 이상 노인이 저지르는 범죄는 여전히 우리를 놀라게 한다. 그래서인지 2015년, 평균 나이 63세인 남성들이 런던 핫튼 가든의 보석상가를 치밀하게 털었을 때 이를 다룬 영화가 두 편이나 만들어졌다. 반면 시내 한복판에서 흉기 난동이 일어났다고 하면, 사람들은 가해자가 10대나 20대 초반의 남성일 것이라고 짐작하고 대체로 그 예상은 적중한다. 실제로 런던에서 발생하는 흉기 범죄의 절반은 19세 이하가 저질렀다.

전쟁이나 혁명과 마찬가지로 범죄를 전부 '나이 탓'으로 돌릴 수는 없다. 만약 범죄가 '젊음' 때문이라면 대부분 사회에서 다수의 젊은이가 이미 법을 어겼어야 한다. 그러나 앞서 말한 생물학적 충동성과 잃을 게 적고 얻을 게 많다는 심리가 맞물리면, 젊은 층의 범죄 가담률이 크게 높아지는 것은 자연스러운 사실이다.

물론 모든 '젊은 사회'가 폭력적이지는 않지만, 폭력적인 사회는

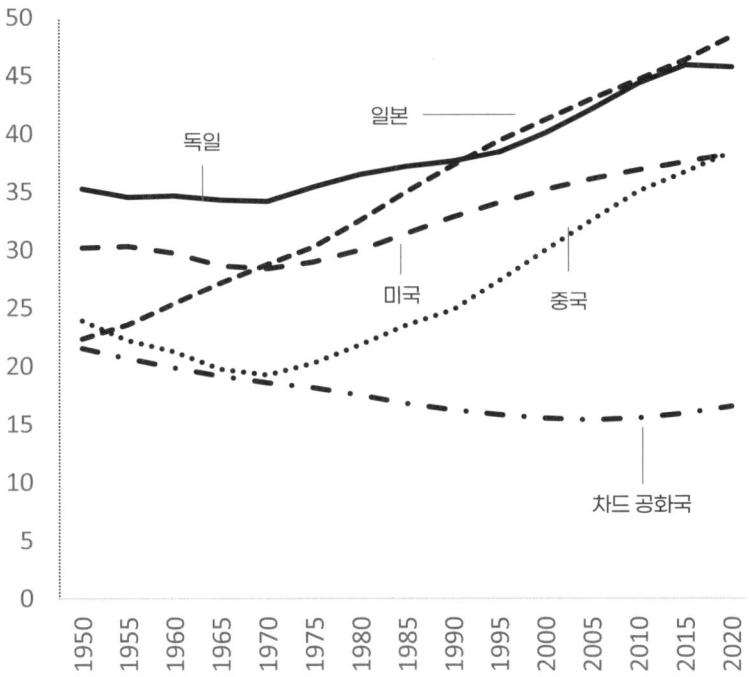

[표9] 일부 국가들의 중위연령(Median Age), 1950-2020

출처: UN Population Division, 중위 추계

출산율이 급감하고 기대수명이 늘어나면 사회 전체 인구 구성은 고령화된다. 이를 가장 쉽게 보여 주는 지표가 바로 중위연령이다. 독일 같은 유럽 국가나 일본 같은 아시아 국가의 중위연령은 이미 마흔을 넘었고, 1970년대 초까지만 해도 중위연령이 20세도 채 되지 않던 중국도 빠르게 그 수준에 다다르고 있다.

반면 차드처럼 덜 발전된 나라에서는 영아 사망률이 빠르게 떨어지고 출산율이 여전히 높으며 어린아이가 많으므로, 중위연령이 낮아지고 있다. 그렇지만 이들 국가도 서서히 기대수명이 오르고, 출산율이 하락하면서 인구 구조가 점진적으로 변하고 있다.

거의 예외 없이 젊다. 방글라데시와 엘살바도르는 모두 인구가 젊지만, 엘살바도르의 살인율이 방글라데시보다 약 30배나 높다. 결국 젊은 사회가 반드시 폭력적이지는 않으나, 중위연령이 높은 나라에서 살인율까지 높은 양상을 보이는 경우는 없다. 대개 고령화된 나라는 부유한데, 말라위나 베트남처럼 비교적 가난해도 폭력 문제가 심하지 않은 곳도 있다. 오히려 빈곤보다 젊은 인구 비중이 폭력성을 예측하는 데 훨씬 중요한 요인이다.

라틴아메리카 지역은 여전히 젊은 인구가 많고 폭력적이지만, 점차 고령화되고 있다. 멕시코의 중위연령은 지난 40년 동안 17세에서 28세로 크게 올랐음에도 여전히 폭력이 심하다. 이런 인구 구조의 변화가 폭력 문제를 해결하는 데 도움은 되겠지만, 부패와 무능 탓에 상황이 쉽지는 않다. 런던의 33개 자치구 가운데 살인율이 가장 높은 지역은 중위연령이 두 번째로 낮고, 반대로 살인율이 가장 낮은 두 지역은 고령층 비중이 크다. 국가나 개인 차원에서 벌어지는 현상이 시(市)나 지역 단위에서도 똑같이 나타나는 셈이다.

최근 들어 영국 주요 대도시 흉기 범죄가 주목을 받는 것은 사실이지만, 선진국 대부분에서는 1990년대 이후 폭력 범죄가 줄었다. 1980년대 후반 뉴욕에서 범죄율이 내려간 이유로 거론되는 것이 낙태법 완화인데(도노휴-레빗 가설) 이 논란의 가설에 따르면 낙태가 늘면서 장차 범죄자가 될 가능성이 높았던 인구가 줄어서 범죄율도 내려간 것이다. 일부는 범죄율의 감소를 사회에서 젊은 층 비중이 줄었기 때문이라고 보고, 또 다른 이들은 젊은이들이 폭력에 덜 끌리는 분위기가 되었기 때문이라고 주장한다. 후자가 맞더라도 고령층 비중이 올라가 억제력이 생긴 것 역시 하나의 설명이 될 수 있으며 나이가 많은 사회는 단지 더 평화롭고 범죄가 적을 뿐 아니라, 민주주의가 자리 잡기에도 더 유리하다.

  나는 10월의 포르트보우에서 은퇴자들과 함께 커피를 마시며, 첫 번째 인티파다가 일어나기 직전 이스라엘에서 느꼈던 긴장감을 떠올렸다. 그 당시 이스라엘과 달리 이곳은 폭력 사태로 번질 기미가 전혀 없었다. 세계가 점점 나이 들면서 폭력 수준도 전반적으로 낮아지고 더 평화로운 방향으로 갈 가능성이 크다. 하지만 중위연령이 오르는 가장 큰 이유는 사람들이 더 오래 살기 때문이고 노인 인구가 계속 늘어나는 현상은 사회를 잠잠하게 만드는 것 이상의 거대한 변화를 몰고 올 것이다.

79,000 일본에서 100세 이상인 사람

일본 인구가 1억 2천만 명이 넘은 것을 생각하면 100세 이상 인구가 그리 많아 보이지 않을 수 있다. 7만 9천 명이면 전체 인구의 0.05%(약 2천 명 중 한 명꼴)에 불과하지만, 역사상 어느 사회와 비교해도 이보다 100세 이상 인구 비중이 높은 사례는 없다.[16] 이는 일본뿐 아니라 인류 전체의 미래를 암시하는데, 곧 한 사회의 중위연령이 오르는 데서 그치지 않고 고령층이 본격적으로 증가하는 현상이다.

일본의 100세 이상 인구 중 약 90%는 여성이다. 2018년 7월 세상을 떠난 지요 미야코(宮子 千代)는 당시 117세로 세계 최고령이었고, 3개월 먼저 세상을 떠난 다지마 나비(田島 なび)에게서 '세계 최고령자' 타이틀을 물려받았다. 미야코가 세상을 뜬 후에는 115세 가네 다나카(田中 カネ)가 그 칭호를 넘겨받았고. 이 글을 읽을 즈음에는 그 타이틀이 다른 일본인 여성에게 넘어갔을 가능성이 크다.

물론 일본인은 남녀를 불문하고 대체로 수명이 길다. 마사조 노나카(野中 正三)는 1905년 7월에 태어나 2018년 말 세계 최고령 남성으

---

16 100세 이상 고령 인구는 미국이 일본보다 많지만, 미국 인구가 일본의 약 2.5배에 달한다는 점을 고려해야 한다. 중국도 일본과 비슷한 수의 100세 이상 고령층을 지니고 있으나, 전체 인구 규모는 일본보다 10배 이상 크다.

로 공인됐고 2019년 초에 세상을 떠났다. 그는 일본이 진주만을 습격해 미국과 전쟁을 치르던 시기에 이미 중년이었으며, 러일전쟁 시기에 태어나서 나루히토 천황이 즉위하기 몇 달 전에 사망했다. 노나카는 장수 비결로 온천욕과 단것을 즐겨 먹는 습관을 꼽았다.

세계에서 가장 나이가 많은 사람이 대체로 일본인이라는 사실은 이제 놀라운 뉴스가 아니다. 하지만 점점 더 많은 나라에서 초고령자가 늘어나고 있으며, 그중 남성도 증가하는 추세다. 이 장을 쓰던 중 아내가 동네 주보(週報)의 부고 기사를 보여 주었는데, 105세에 세상을 떠난 한 은퇴 의사의 이야기였다. 그분은 고(高)손자뿐 아니라 두 누이에게도 애도받았고, 이 누이들의 나이가 구체적으로 적혀 있지는 않았지만 아마 100세 안팎이었을 것이다. 또 이 글을 쓰는 시점의 영국 최고령 남성과 여성은 우연히도 둘 다 1908년 3월 29일생이다.

한편 세계 최장수 기록은 일본인이 아니라 프랑스 여성 잔 칼망(Jeanne Calment)이 가지고 있다. 그녀는 1997년에 122세로 세상을 떠났다고 전해지는데 러시아 수학자 니콜라이 자크(Nikolay Zak)는 잔의 딸 이본(Yvonne)이 어머니와 신분을 바꾸었고 사실 칼망은 63년 먼저 세상을 떠났다고 주장했다. 이 말이 사실이라면 세계 최장수 기록은 다시 일본인에게 돌아갈 가능성이 크다. 어쨌든 중요한 것은 잔 칼망이 남프랑스 프로방스 지역의 아를(Arles) 출신이라는 점이다. 지중해 연안 지역은 올리브유 중심 식단과 적은 육류 지방 섭취로 유명하여 많은 이들이 오래 사는 비결을 여기서 찾기도 한다(마사조 노나카의 음식 취향보다는 설득력이 있어 보인다). 실제로 '블루존(Blue Zones)'이라 불리는 장수 지역 가운데 두 곳은 지중해 연안에 위치한 이탈리아 사르데냐 섬과 그리스 이카리아 섬이며, 나머지 세 곳은 코스타리카 니코야 반도, 미국 캘리포니아 로마 린다, 그리고 일본 오키나와 섬이다.

기대수명과 100세 이상 인구의 증가

중위연령이 한 사회를 이해하는 데 많은 정보를 주듯이, 기대수명도 그 사회의 고령층에 대해 많은 것을 알려준다. 특히 영아 사망률과 젊은 성인의 사망 비율이 통계적으로 무의미할 정도로 작아지면 기대수명은 노인 인구를 파악하는 핵심 지표가 된다.

기대수명을 계산하는 방식은 17세기에 막 자리 잡은 생명보험 업계가 처음 고안했다. 기대수명이란 기본적으로 '사망 확률'의 반대, 즉 죽지 않을 확률을 통계적으로 계산한 값이다. 서문에서도 언급했듯이, 어떤 나이에서든 기대수명을 계산할 수 있지만 보통 출생 시점을 기준으로 삼는다. 영아 사망률이 높은 사회에선, 생후 1년을 넘긴 아기가 갓 태어난 신생아보다 더 오래 살 것으로 기대되는데 이는 생존 확률이 처음 1년 동안 가장 낮기 때문이다. 대개 사람은 나이가 들수록 '남은 기대 수명'이 줄어들며, 남성과 여성 간에도 차이가 커서 통계를 낼 때 주로 성별을 구분한다. 그리고 대체로 여성이 더 오래 사는 편이다.

1950년 이후 전 세계 평균 기대수명은 40대 중반에서 70대 초반으로 크게 늘었다. 이는 사회를 크게 바꾼 놀라운 성과지만, 모든 지역이 똑같이 발전하지는 않았다. 20세기 중반에 기대수명이 가장 짧았던 나라들이 대체로 가장 빠르게 발전했고, 애초에 잘 살던 나라들은 기대수명이 40대 중반에서 80대 중반으로 높아졌다. 몰디브, 오만, 한국 등은 1950년 이후 기대수명이 40년 이상 늘었으며, 그중 몰디브와 오만은 두 배 이상 늘어났다. 영아 사망률이나 1인당 소득과 마찬가지로 기대수명도 국가 간 격차가 많이 줄었는데 기대수명이 이미 높은 수준이던 나라의 상승 폭은 둔화된 반면 예전에 뒤처졌던 나라들이 빠르게 따라잡았기 때문이다.

앞서 살펴봤듯, 이는 세계 여러 지역의 인구 구조가 '덴마크화'되는 것으로 출산율과 영아 사망률이 낮아지고 기대수명이 길어지는 흐름의 일부이다. 캐나다와 콜롬비아를 비교해 보면 1950년에 이미 비교적 양호한 지표를 보이던 캐나다는 기대수명이 60대 후반에서 80대 초반으로 늘었고 훨씬 가난하고 출발점이 낮았던 콜롬비아는 같은 기간 캐나다보다 두 배 가까이 큰 폭의 발전을 이뤄내며 기대수명이 50대 초반에서 70대 중반으로 늘었다. 그 결과 두 나라의 기대수명 차이는 약 18년에서 5년으로 좁혀졌는데 가난한 나라들도 사람들의 수명 연장을 우선순위에 두고 자원과 시설을 확충한 것이 한몫했다. 개발도상국은 근대화를 빠르게 거치고, 선진국은 현 단계에서 잠시 멈춰서며 '탈근대(post-modern)' 시대로 넘어갈 문턱에 서 있다고 할 수 있다.

일본은 제2차 세계대전의 패전과 히로시마·나가사키 원자폭탄 피해에서 빠르게 회복하여 전후에도 평균 기대수명이 꽤 높았다. 20세기 중반 일본의 기대수명은 60대 초반으로 캐나다나 서유럽 대부분 나라보다 조금 낮았으나, 이후 꾸준히 높아져 세계 최상위권에 이르렀고 지금은 홍콩과 함께 최장수 국가로 꼽힌다. 일본에서는 일찍이 어린 나이에 사망하는 사례가 통계적으로 무의미할 정도로 드물었고, 최근 수십 년 동안 기대수명이 길어진 이유는 전적으로 노인 인구의 수명이 늘었기 때문이다.

이처럼 고령층이 크게 늘어나면 사회 전반에 상당한 변화가 생긴다. 일본에는 '로우가이'라는 표현이 있는데, 이는 지하철 문이 닫히는 걸 방해하거나, 젊은 엄마들에게 원치 않는 조언을 하는 등 어르신들이 젊은 세대를 짜증나게 할 때 쓰인다. 한 외국인은 '로우가이'라는 말에 일하는 젊은 층보다 은퇴자가 훨씬 많아지는 상황에서 사회가 느끼는 좌절감이 담겨 있다고 지적한다. 이는 한때 일본 문화의 특징이던 노인 공경이 예전만 못하다는 사실을 보여준다.

일본에서는 기대수명이 늘면서 '초고령자(super-old)' 인구도 놀라울 만큼 빠르게 늘었다. 유엔 추산에 따르면 1990년만 해도 일본의 100세 이상 인구는 2천 명 정도였지만, 현재는 7만 9천 명에 이른다. 앞으로 50년 후에는 이 수치가 10배로 증가할 전망인데 오히려 일본 전체 인구는 오늘날 1억 2천5백만 명에서 1960년대 중반 수준인 1억 명 이하로 줄어들 것으로 예상된다. 물론 100세 이상 인구가 사회 전반을 완전히 장악하지는 않겠지만, 그 규모가 빠르게 늘어나고 있는 것은 분명하다.

스페인과 마찬가지로 일본의 인구 구조도 '탈근대'적이며 출산율이 대체출산율을 훨씬 밑돈다. 그런데 일본은 이 흐름에서 스페인보다 앞서 있다. 1970년대만 해도 스페인 여성 한 명이 낳는 아이 수가 일본 여성보다 한 명 많았기 때문이다. 저출산은 고도로 발전한 경제에서 흔히 벌어지는 현상으로, '해가 뜨는 나라' 일본을 보면 전 세계 여러 지역이 맞이하게 될 미래 모습을 미리 알 수 있다.

초고령자가 늘어나는 현상은 다른 변화와 무관한 일이 아니며, 앞서 본 여러 데이터와도 일맥상통한다. 보통 인구변천의 첫 단계로 영아 사망률이 급격히 낮아져 페루나 아프리카 일부 지역처럼 인구가 급증한다. 그다음에는 중국처럼 늘어난 인구가 농촌에서 생활 수단을 찾지 못해 도시로 몰리고 싱가포르처럼 출산율이 낮아진다. 영아 사망률도 낮고 아이 자체도 적어서 이제는 카탈루냐처럼 사회가 고령화되고, 마지막으로 일본처럼 노인 인구가 급증한다. 싱가포르의 출산율이나 카탈루냐의 중위연령과 마찬가지로, 일본의 100세 이상 인구도 중요한 의미가 있다. 일본은 건축, 인테리어, 음식 등 여러 분야에서 세계적인 영향력을 가진 주요 경제 강국이자, 전 세계가 겪는 고령화 흐름이 가장 극단적으로 나타나는 나라다. 일본이 '초고령 사회'로 앞서 가고 있지만 다른 나라들도 그 뒤를 빠르게 따라가고 있다는 얘기다.

영국은 1990년에서 2015년 사이에 100세 이상 인구가 4천 명에서 1만 5천 명으로 늘었고, 21세기 말에는 20만 명에 이를 전망이다. 1950년 중국의 80세 이상 인구는 약 150만 명이었으나 1990년에는 750만 명, 21세기 중반쯤에는 1억 1천5백만 명을 넘을 예정이다. 이는 중국 전체 인구의 8%를 웃도는 수치이며 불과 한 세기 만에 80세 이상 인구가 75배로 늘어나는 셈이다. 그때의 중국은 지금과 전혀 다른 모습일 것이다. 몇십 년 뒤에는 일본의 '로우가이'라는 말이 세계 곳곳에서 흔히 쓰일지도 모른다.

회색 경제

일본은 고령화가 진행되면 어떤 일이 벌어지는지 미리 볼 수 있는 미래의 실험실이다. 현재 일본인 중 28%가 65세 이상으로 이는 세계에서 가장 높은 비율이다. 유엔 추산에 따르면 이탈리아는 2030년, 독일은 2035년 전후, 중국은 21세기 중반, 미국은 2100년쯤 이 수준에 도달할 전망한다. 인류 역사상 이런 적은 처음이니 앞으로 사회가 어떻게 변할지 궁금하다면 일본을 참조하면 된다.

이를 들여다 보는데 좋은 출발점은 경제다. 일본은 한때 경제적으로 빛났으나 1990년 무렵 생산가능인구가 정점을 찍은 그 시점부터 성장이 멈췄다. 예상치 못한 급격한 추락은 노동 인구 감소 탓일 수도 있지만, 이후 회복하지 못한 데에는 인구학적 요인이 분명히 작용했다. 일본은 장기간 인구가 줄어들어 큰 부담을 안고 있다.

일본 주식시장은 1980년대 후반에 기록한 최고점을 30년이 지난 지금까지도 회복하지 못했다. 지난 30년 동안 일본의 연간 GDP 성장률이 2%를 넘은 해는 다섯 번뿐이었는데 그 이전 30년 동안에는 반대로 2%를 밑돈 해가 두 번뿐이었다. 선진국 경제성장률이 장기적으로 둔화되는 현상을 두고 경제학자들이 '장기 침체(secular stagnation)'라고 부를 때, 일본은 이미 오래전부터 이 흐름의 선두주자였고, 인구 구조 변화에도 앞서 있는 것은 결코 우연이 아니다. 저조한 경제성장률은 낮은 물가 상승률을 동반했는데 실제로 지난 30년 동안 일본에서 연간 물가상승률이 2%를 넘긴 것은 한 번뿐이었다.

우리가 익히 아는 경제학, 즉 물가상승률과 실업 사이의 균형을 맞추려 애쓰는 이론은 '젊고 인구가 늘어나는 사회'를 전제로 한 듯하다. 이 전제가 무너지자 그 결과는 아무리 좋게 봐도 낮은 성장일 뿐이며, 금리를 낮추고 정부가 돈을 풀어도 물가상승률은 좀처럼 오르지 않는다. 이런 부양책마저 없었다면 경기 침체와 디플레이션이 닥쳤을 가능성이 크다.

영국 또한 고령화가 진행되어 1970년대와 1980년대 초에 비해 산업 분쟁이 크게 줄었다. 사실상 완전고용[17] 상태에 가까우면 예전에는 노동자들이 더 강경한 태도를 보였지만, 이제는 세계 경제도, 세계 인구 구조도 활력을 잃고 노쇠해졌다고 볼 수 있다.

고령화된 사회에서 경제성장이 어려운 가장 큰 이유는 노동가능인구(working-age population)가 줄어드는 데 있다. 일본은 이 현상이 가장 먼저 드러난 대표 사례이지만, 한때 젊고 활력 있는 인구만큼이나 경제도 활력을 띠던 미국도 비슷한 길을 걷고 있다.

경제 생산은 결국 개인의 생산량을 합친 것으로, 인구가 많을수록 더 많은 재화와 서비스를 만들어 낼 수 있다. 또한 각 개인이 갖춘 기술·지식·교육 수준이 높을수록 1인당 생산량이 커진다. 따라서 경제

---

17   역주: 일자리를 원하는 모든 사람들이 쉽게 일자리를 구할 수 있는 상태로 실업률이 매우 낮아 노동시장이 거의 포화 상태에 이른 상황을 의미한다.

성장은 인구 증가와 기술·교육·경험을 통해 향상되는 생산성, 두 가지에서 비롯되는데, 이를 합쳐서 '인적 자본(human capital)'이라고 부른다.

미국을 대상으로 한 분석에 따르면 21세기에 들어서면서 노동인구 증가율 둔화가 교육·경험 증가에 따른 생산성 향상 효과보다 더 크게 작용하여, 인적 자본이 성장률을 마이너스 방향으로 끌고 가고 있다. 반면 1970~80년대에는 인적 자본 증가만으로도 매년 1.5% 이상의 GDP 성장을 달성할 수 있었다.

물론 노동인구가 고령화될 때 생기는 이점도 있다. 경력 후반기에 접어든 노동자는 경험이 풍부해 기업에 이익을 주고, 이들의 활력이 다소 떨어지더라도 갈등을 크게 일으키지 않아 임금이나 물가가 급등할 압박이 적다. 또한 노동인구가 더 늘지 않으면 일자리를 찾거나 유지하기도 상대적으로 수월해진다. 이론상 완전고용 상태에서는 노동자가 임금 인상을 더 강하게 요구하지만, 실제로 나이 든 노동자가 위험을 감수하며 갈등을 빚는 경우는 드물다. 프랑스의 노란 조끼 시위대가 전통적인 '거리 투쟁' 문화를 잇고 있다고는 해도, '탈근대적 프롤레타리아' 세력이 국가 체제를 뒤흔들 정도로 강력하진 않다. 게다가 인구가 고령화되면 소비자의 취향과 요구가 바뀌어 기업에도 새로운 기회가 생긴다. 특정 상품의 글씨 크기를 키우는 것처럼 사소해 보이는 전략으로 중요한 경쟁우위를 얻을 수 있다.

이런 고령화의 경제적 영향은 일본에서 가장 먼저 시작되어 전 세계로 퍼지고 있는데 실제 서구에서 오래 유지된 초저금리 기조도 인구 구조 변화와 관련이 깊다. 젊은 층 유입이 줄어 2050년에는 이탈리아의 25세 미만 인구가 1980년 대비 절반에 불과할 전망이고, 한국 역시 20대 초반 인구가 이미 10년 전쯤에 정점을 찍으며 2050년에는 절반 가까이 줄어들 것이다. 한편, 현재 국가 경제 시스템은 사실상 거의 무이자로 돈을 조달할 수 있는 '생명 유지 장치'에 의존하고 있다. 노인들이 은퇴 자금을 마련하려고 채권을 대거 팔면 금리가 오를 법도 하지만, 시장 금리를 낮추는 다른 요인이 훨씬 강하게 작용하고 있다.

최근에는 '탈근대적 화폐 이론(post-modern monetary theory)'이라는 말까지 등장했다. 이 이론에 따르면, 정부는 민간 부문에 불확실성이 있을 때만 투자하는 것이 아니라, 상시로 수요를 떠받쳐 완전고용 수준을 유지해야 한다. 인구학적 이유로 민간 부문이 경직되어 스스로 경제를 이끌기 어려워졌으니, 정부가 계속 시장을 보강해야 한다는 논리다. 젊은 노동자 유입이 줄고 퇴직자 수가 급증해 전체 인구가 고령화되면, 투자자와 노동자 모두 시장이 주는 기회보다 국가가 보장하는 안전에 기대게 된다.

금리가 장기간 0%거나 그 밑으로 떨어지면 주택, 채권, 주식 등 자산 가격이 오르면서 이미 자산을 많이 보유한 고령층이 부유해진다. 대체로 나이가 많을수록 투자할 때 짧고 안전한 이익을 선호하여, 새로운 사업이나 벤처 자금·주식보다는 기업 채권이나 국채 등 위험이 낮은 상품을 택한다. 이처럼 채권 수요가 몰리면 채권 가격이 올라가고 채권 금리는 내려간다.

자금을 조달하기 쉬워지면 정부도 적자를 감수하며 지출하기가 한결 수월해진다. 게다가 고령화로 소비와 민간 투자가 활발하지 않으면, 정부가 나서서 경기를 떠받쳐 주지 않고서는 완전고용 상태를 유지하기 어려운데 코로나19 사태로 이 압박은 더욱 심해졌다.

고령층이 안전한 투자처에 자본을 넣을수록 그 나라 경제는 점점 둔화된다. 이를 전형적으로 보여주는 일본과 독일은 한때 기업가 정신의 중심지로 명성이 높았지만, 최근 경제성장이 부진해졌다.

그런데 경제학자 찰스 굿하트(Charles Goodhart)와 마노즈 프라단(Manoj Pradhan)은 다른 견해를 내놓았다. 생산가능인구가 줄면 노동자들이 더 높은 임금을 요구할 수 있고, 그 과정에서 새로운 인플레이션 압력이 생긴다는 것이다. 이들 주장에 따르면 일본이 이 상황을 피할 수 있었던 것은 1990년대부터 세계 노동시장에 대거 합류한 중국과 동유럽으로부터 막대한 노동력을 얻었기 때문이다. 또한 현재 인도와 아프리카의 비교적 젊은 인구 구조에도 이들이 중국처럼 세계 '공장' 구실을 하기는 쉽지 않을 것이라고 주장했다. 대신, 전 세계는 노동력 부족 현상을 겪고 노동자들이 임금 인상을 요구하며 물가 상승 압력을 더할 것이다. 결국 인구 감소가 경제 둔화를 가져올 가능성은 분명해 보이지만, 굿하트와 프라단은 이것이 디플레이션이 아니라 인플레이션을 동반할 수 있다고 보았다. 실제로 이 글을 쓰는 시점에 전 세계적으로 인플레이션 조짐이 보이는데, 이것이 코로나19 이후 경기 회복에 따른 일시적 현상인지 더 깊은 구조적 변화인지는 아직 확언하기 어렵다.

공공 폰지 사기?

일본에서 다른 나라로 퍼지고 있는 또 다른 경제 현상은 정부 부채 급증이다. 일본의 정부 부채는 이제 GDP 대비 250%를 넘어섰고, 그다음으로 부채 비율이 높은 그리스와 이탈리아는 일본과 마찬가지로 오랫동안 출산율이 낮고 장수 인구가 많은 '블루존(Blue Zone)'이다. 이는 고령화로 인해 국가 재정이 큰 압박을 받는다는 신호이며 코로나19 이후 정부 부채가 더 빨리 늘어났지만 이 흐름은 바이러스가 창궐하기 전부터 있었다.

일본·그리스·이탈리아만큼 극단적이진 않더라도 세계 곳곳에서 비슷한 상황을 볼 수 있다. 2019년 영국 총선 때 모든 정당이 지난 10년간의 긴축재정으로 더는 국민들이 버티기 어렵다는 공감대가 있었지만, 실제로 영국 정부는 2008년 금융위기 이후 세수 범위 안에서 지출을 한 적이 없었다. 정부 지출 삭감은 연간 대출 규모를 조금 줄이는 데 그쳤고, 실제로 정부 부채 총액은 계속 늘었으며 그 배경에는 역시 인구 고령화가 있었다.

노동인구가 줄어들면 경제성장이 둔화되고 세수도 부족해진다. 1960년대 초반 영국에선 신생아가 거의 500만 명이었고, 이들은 20년 뒤 노동시장에 진입했다. 반면 21세기 들어 첫 5년 동안 태어난 아기는 350만 명도 안 되었고 이들은 2020년 즈음부터 일을 하기 시작할 것이다.

이는 전 세계에 공통적으로 나타나는 흐름으로 젊은 노동자가 줄어들면 정부가 세금으로 재정을 확충하기 어려워진다. 그 사이 인구는 고령화되어 정부 지출은 계속 늘고, 이미 높은 생활수준과 공공서비스 개선에 익숙해진 선진국 거주민들은 2008년 경제위기 이후의 긴축 재정을 이례적으로 여긴다. 그러나 실제 재정 상태를 보면 현실은 이들이 기대하는 바와 다르다.

인구 구조 변화는 정부의 수입과 지출 균형을 뒤흔들었다. 대부분 선진국은 어떤 형태로든 국가가 의료비를 부담하는데 고령층이 늘면서 의료 지출도 크게 증가했다. 영국은 1990년대 초부터 25년간 1인당 정부 의료 지출이 실질적으로 세 배 이상 증가했고 고가의 연명 치료나 삶의 질을 개선하는 치료법이 새로 도입된 영향도 있지만, 고령층 인구 증가가 결정적인 이유였다. 전 세계 어디서나 의료 지출은 경제성장보다 빠르게 늘고 있으며, 그 차이가 가장 큰 곳은 고령자가 많은 나라들이다.

또 다른 문제는 연금이다. 영국은 오랫동안 국가 연금 지급액 인상을 물가상승률 수준에 묶어 연금 지출을 비교적 안정적으로 관리해왔다. 사실 영국 연금 수령자 대다수가 부유했던 건 사실인데 이는 부동산 등 자산 가치가 올라서 그렇지 정부가 후하게 연금을 지급한 덕은 아니다. 그러나 앞으로 유럽 각국은 줄어드는 신세대 노동자와 늘어나는 은퇴자 수로 인해 매우 큰 재정적 압박에 직면할 것이다. 1889년 오토 폰 비스마르크 정부가 70세 이상 독일 노동자에게 소정의 연금을 지급했을 당시, 평균 기대수명은 35세 안팎이었다. 따라서 연금에 기여하는 사람은 많았지만 혜택받을 정도로 오래 사는 사람은 적었고 제도를 운영하기가 훨씬 수월했다.

국가 연금 제도는 기본적으로 '폰지(Ponzi) 사기' 구조를 띤다. 새로운 가입자가 꾸준히 늘어나면 문제가 없지만, 그 수가 줄어들면 연금을 내는 사람보다 받는 사람이 많아져 제도 운영이 흔들린다. 이를 대응하는 한 가지 방법은 정년을 점진적으로 늦추는 것이다.[18] 시간이 흐르면 영국의 연금 수령 연령은 68세까지 올라갈 예정이지만, 프랑스에서는 정년을 62세에서 64세로 높이려던 계획이 학생들까지 참여한 격렬한 시위로 무산되었다. 러시아의 블라디미르 푸틴 대통령조차도 정년 관련 정책만큼은 물러설 수밖에 없었다.

기업 연금이나 사적 연금이 어느 정도 문제를 완화할 수 있으며, 실제로 많은 나라에서 사람들이 여기에 가입하도록 세금 혜택도 준다. 그러나 오늘날 국가 연금만으로는 은퇴 후 '황금기'를 누리기는커녕 안정된 노후 생활조차 보장받기 어려운 실정이다. 게다가 실질 금리가 하락하고 기대수명이 늘면서, 넉넉한 노후 자금을 마련하려면 점점 더 큰 목돈이 필요해졌다. 결국 많은 사람에게 '오래 일하기'가 현실적인 대안이 됐다. 은퇴 후 긴 시간을 여유롭게 보내려는 개념은 비교적 최근에 생겼는데 벌써 그 붐이 사그라드는 추세다. EU에서는 2004년~2019년 사이 55세 이상 노동자 비중이 전체 노동력에서 12%에서 20%로 상승했고, 영국에서는 70세 이상 노동인구가

---

18 적립 방식이 아니라 현재 세대가 내는 기여금으로 수급자를 부양하는 '부과 방식(pay-as-you-go)' 복지 제도가 폰지 사기인지 여부는 표면적으로 그렇다고 볼 여지도 있다. 한편, 현대화폐론(Modern Monetary Theory, MMT)을 지지하는 이들은 국가가 인플레이션이나 감당할 수 없는 무역적자를 유발하지 않는 선에서 필요한 자원과 서비스를 생산할 수 있다면 폰지 사기로 간주하기 어렵다고 주장한다. 이 문제는 경제학자들 사이에서도 의견이 갈리므로, 여기서는 더 깊이 다루지 않겠다.

불과 10년 사이에 135% 증가했다.

노년에도 일하는 사람들을 직접 만나보면서 이를 더 실감했다. 2014년에 만난 브라이언 매기(Bryan Magee)는 방송인이자 철학자, 국회의원을 지냈는데 당시 80대 중반이었던 그는 2018년에 마지막 책을 내고 이듬해 89세로 세상을 떠났다. 몇 년 뒤 공항에서 우연히 화가 데이비드 호크니(David Hockney)와 잠깐 이야기를 나눴는데, 82세였던 그는 여전히 런던 로열 아카데미 전시를 준비 중이었다. 미켈란젤로는 89세 생일을 3주 앞둔 순간까지 작업을 멈추지 않았고, 피카소도 91세로 생을 마칠 때까지 붓을 놓지 않았다. 2019년 여름, 내가 런던 로열 앨버트 홀에서 열린 음악회를 보러 갔을 때 70세 에마누엘 악스(Emanuel Ax)가 피아노 독주를 맡았고, 90세를 넘긴 베르나르트 하이팅크(Bernard Haitink)가 그의 마지막 영국 공연이 된 로열 콘세르트헤바우 오케스트라를 지휘했다.

정치계도 비슷하다. 2020년 미국 대선에는 73세 도널드 트럼프가, 70대 후보인 조 바이든·버니 샌더스·마이클 블룸버그 중 한 명과 맞붙는 구도가 되었다. 결국 74세 현직 대통령과 78세 도전자의 대결이 성사됐고 더 나이 많은 쪽이 승리했다.

예술이나 정치 분야에서 고령층이 계속 일하는 것은 여러 모로 긍정적이다. 오늘날 65세 전후 사람들은 예전의 같은 나이대보다 더 건강하고 활력이 넘치며 또 일하던 사람이 갑자기 그만두는 것보다, 계속 일하다가 서서히 시간을 줄이는 게 건강에도 좋다. 미국 위스콘신주에 사는 79세 로이스 켓너(Lois Kettner)는 슈퍼마켓 계산대에서 일하며 이게 같은 세대 사이에서는 흔한 일이라고 했다. "이게 우리 황금기라고 하지만, 요즘은 황금빛이 바랜 느낌이라 아쉽다"라고 덧붙였다. 실제로 오래 일하는 상황이 몸에는 이로울 수 있어도, 일찍 은퇴하기를 꿈꾼 이들에게는 불만족스러울 수 있고 이런 불만은 세대 간 정치적 대립을 부추기는 요인 중 하나이다.

세대 간 정치의 부상

예전에는 정치의 핵심이 계급이었지만 요즘은 나이가 점점 더 중요해지고 있다. 2017년 영국 총선은 고령화가 정치에 어떻게 직접적으로 영향을 미치는지 잘 보여 주었다. 당시 핵심 쟁점은 고령층 돌봄 서비스 등 복지에 필요한 재원을 어떻게 마련하느냐였다. 보수당은 기존 지지층에 반하는 과감한 제안을 내놓았는데, 일정 수준까지는 국가가 아닌 개인 재산을 사후(死後)에 거둬 돌봄 비용으로 충당하자는 정책이었다. 이 정책은 '치매 세금(dementia tax)'이라고 불릴 정도로 거센 반발을 불러일으켰고, 결국 테리사 메이 총리는 굴욕적으로 한발 물러섰다.

이전에는 이런 주제가 영국 총선에서 주요 쟁점으로 떠오르지 않았는데 유권자 중 고령층 비중이 점점 늘면서 이들이 선거 의제를 주도할 뿐 아니라 결과까지 뒤흔들게 되었다. 노인들은 손자 세대보다 숫자도 많고 투표에도 더 적극적으로 참여하여 막강한 정치적 힘을 발휘하기 때문이다. 실제로 영국에서는 주택을 보유한 노인들이 정부 긴축 정책(austerity)에서 상당 부분 보호받고, 젊은 노동자층이 그 부담을 불균형적으로 짙어지고 있다.

코로나19 팬데믹 기간 세대 간 갈등은 더욱 첨예해졌다. 영국 잉글랜드에서 75세 이상이 코로나 19로 사망할 위험은 15~44세보다 수백 배 높았고 전국 봉쇄 등 방역 조치는 이들 중·장년층과 노년층을 우선시한 조치였다.

한편 선진국에서 빠르게 강화되는 '노인 지배 체제(gerontocracy)'는 국가 재정과 노동력에 큰 부담을 준다. 노인 돌봄과 간호 수요가 폭발적으로 늘면서 상대적으로 젊고 경제력이 낮은 나라 출신 이민자들에게 의존하는 경향이 짙어지며 결국 부유한 국가들은 이들 빈곤 국가의 인적 자원을 계속해서 끌어들이고 있다.

퇴직 시기가 늦어질 거라는 전망은 중년층에게 거부감을 주지만 노인 의료와 연금에 드는 비용이 계속 늘어나면서 젊은 세대가 느끼는 불만도 한층 커지고 있다. 한편 소득계층은 오래전부터 선거의 향방을 결정짓는 중요한 요인이었다. 1974년 영국 총선에서 보수당은 중상류층 유권자에게 37%, 노동당은 노동계층 유권자에게 35%의 우위를 보였다. 그러나 2017년 총선에서는 두 정당이 비슷한 득표율을 기록했는데 계층 차이가 거의 사라진 대신 연령대별 차이가 뚜렷하게 나타났다. 20대 초반 유권자 중 20% 정도가 보수당을 투표한 반면 노동당은 이들 연령대에서 70% 안팎의 표를 얻었다. 70대 유권자 가운데서는 보수당 지지자가 60% 내외였고 노동당이 30% 미만이었다. 이후 2016년 브렉시트(Brexit) 국민투표와 2019년 총선에서도 이런 나이 요인이 더욱 두드러졌고 연령대가 투표 결과를 예측하는 강력한 지표였다. 2010년 이후 보수당이 총선에서 연달아 승리하고 영국이 EU를 탈퇴한 것도 보수당 지지 성향이 강한 고령층이 젊은 층에 비해 수적으로 많고 투표율이 훨씬 높았기 때문이다.

2016년 미국 대선에서도 비슷한 현상이 나타났다. 과거 '부유층 정당'으로 불리던 공화당은 '노인 정당'이 되었고, 과거 도시 노동자 계층 정당이었던 민주당은 '젊은이 정당'이 되었다. 맨해튼에 사는 대학 갓 졸업한 사람은 중서부 지역의 노동자 계층 퇴직 남성보다 민주당을 지지할 가능성이 훨씬 높다. 2016년 대선에서 힐러리 클린턴은 29세 이하 유권자로부터 도널드 트럼프의 두 배 가까운 표를 얻었지만, 인구 규모가 훨씬 많은 65세 이상 유권자 사이에서는 트럼프가 약 10% 우위를 보였다. 2020년 대선에서는 트럼프가 젊은 층의 지지를 이보다 더 잃었다.

하지만 이런 현상만 보고 젊은 층이 늘 '진보적인 성향'을 갖고 있다고 단정하긴 어렵다. 2017년 프랑스 대선 결선에서 18~24세 유권자 중 절반 가까이가 극우 후보 마린 르 펜(Marine Le Pen)을 지지했으나, 65세 이상에서는 그의 지지율이 20%에도 못 미쳤다.

영국과 미국의 선거에서는 연령뿐 아니라 성별·인종도 중요한 변수로 작용하는데 대체로 백인 남성은 보수당이나 공화당을, 여성과 소수인종은 노동당이나 민주당을 지지한다. 이는 30~40년 전까지 계층이 정치 성향을 가장 잘 가르는 기준이었던 것과 크게 달라진 모습이다. 다시 말해 나이와 인종, 민족 등 인구학적 요인이 점점 중요해지고, 경제력은 상대적으로 덜 중요해진 셈이다.

그럴 만한 이유가 있다. 첫째, 과거 대규모 사업장에서는 노동조합을 만들고 조직을 정비하기 쉬웠지만, 이제는 큰 공장 근로자 수가 줄고 자영업자가 늘어나면서 계급 기반의 전통적 정치 구도가 약해졌다. 둘째, 과거 단일한 인종으로 구성된 사회의 인구 구성이 다양해졌고 일부 토착 노동자층이 극우 정당을 지지하는 식으로 반발하기도 했는데 이에 대해서는 뒤에서 다시 다룰 것이다.

한편, 나라에 대한 기대는 점점 높아지고 이를 충족할 역량은 줄어드는 상황에서 노인이 늘어나는 현상은 사회에 큰 부담이 된다. 이런 이유로 정치에서 나이가 중요한 요인이 되었으며, 앞으로 노인 인구가 계속 늘고 젊은 층이 줄어드는 흐름은 세대 간 정치를 더 중요하게 만들 것이다.

부유해지기 전에 먼저 늙어버리는 사회

국민 연금과 의료비가 오르고 경제성장은 둔화되며, 세대 간 약속도 지켜지지 않는 등 복잡한 문제들이 산적해 있다. 그러나 이는 선진국만의 고민에 가깝다. 선진국은 국내외 금융시장을 활용해 적자를 낮은 비용으로 메울 수 있고 자국민이 꺼리거나 부족한 일에 대해서도 가난한 지역에서 노동자를 받을 수 있기 때문이다.

이렇듯 부유한 국가들은 고령화와 관련된 문제를 해결하기 위해 필요한 만큼의 노동력을 유치할 수 있고 실제로 많은 노동자는 선진국이 제공하는 높은 임금과 생활 수준에 매력을 느낀다. 그 결과 대개 가난하고 젊은 사람이 부유하고 나이 든 나라로 이주한다. 그런데 최근에는 부유한 유럽인이나 북미 사람들이 의료 서비스를 받거나 평화로운 은퇴 생활을 즐기기 위해 역으로 가난한 지역으로 떠나기도 한다. 예컨대 코스타리카에는 약 7만 명의 미국인과 캐나다인이 거주하는데, 이들 중 상당수가 은퇴자이며 겨울을 나기 위해 그곳을 방문하는 사람도 많다.

한 가지 떠오르는 문제는 가난에서 벗어나기도 전에 고령화되는 나라다. 이미 부유한 사회가 고령화되면 이들을 받쳐주는 젊은 사회들이 있으니 당분간 큰 문제가 없을지 모르지만 그렇게 받쳐주던 젊은 사회들이 나이가 들면 그 사회 구성원들을 돌봐줄 사람이 없는 난관에 부딪힌다. 내가 알고 지낸 107세까지 사신 런던의 한 할머니를 필리핀 출신 간병인들이 교대로 돌봤는데 그 필리핀 간병인들이 나이가 들면 누가 그들을 돌봐줄 것인가?

그나마 필리핀은 당분간 문제가 없어 보인다. 출산에 우호적인 가톨릭 문화의 영향으로 출산율이 대체출산율을 웃돌고 오랫동안 젊은 사회를 유지할 전망이기 때문이다. 하지만 필리핀의 이웃 나라들은 그렇지 않다. 태국은 이미 출산율이 대체출산율을 밑도는 데다가 평균 기대 수명은 빠르게 늘어 사회가 매우 빠르게 고령화되고 있다. 이미 중위연령이 40세 이상으로 노르웨이나 아일랜드처럼 부유한 나라들보다 높다. 21세기 중반쯤이면 65세 이상 인구가 전체 인구의 3분의 1에 달할 것으로 보이는데, 현재는 약 13%, 1990년대 중반에는 5% 수준이었다. 태국의 고령화 속도는 프랑스보다 네 배나 빠르다.

결국 태국은 경제발전보다 인구변천 속도가 훨씬 빨라서, 인구 구조와 경제 상황이 어긋나고 있다. 이전부터 이어져온 근대화 패턴은 경제발전과 인구 변화가 함께 가는 거였지만 태국은 출산율이 프랑스보다 낮고 중위연령은 룩셈부르크보다 높으며, 평균 수명도 미국보다 몇 세 낮을 뿐이다.

중국은 태국보다 훨씬 큰 규모의 문제를 안고 있다. 중국인의 평균 소득은 태국보다 다소 높지만, 고령화 속도는 태국과 비슷하다. 비록 개발도상국들이 젊은 인구를 중국으로 보낸다 해도 전 세계 모든 젊은이를 불러와야 겨우 고령화된 중국을 부양할 수 있을 정도다. 결국 고령화가 진행되면서 태국과 중국 모두 경제성장이 둔화될 수밖에 없다. 이미 배당된 인구를 다 소진한 상태여서 이제는 노동력이 늘어나는 대신 줄어드는 상황에 직면했는데 그나마 중국은 한 자녀 정책을 시행할 때부터 이 상황을 예견하고 어느 정도 대비해 왔다.

중국이나 태국 같은 나라는 오래전부터 노인을 공경하는 문화가 있었는데 그동안 노인의 비중은 작았다. 이제는 고령자가 폭발적으로 늘어나면서 상황이 바뀌었고 이를 실감하게 만드는 통계도 있다. 2000년 태국에서는 한 명의 은퇴자를 7명의 노동자가 부양했지만 2050년에는 한 명의 은퇴자를 1.7명이 뒷받침할 전망이다. 은퇴 후 자녀에게만 의존하는 것은 애초에 자녀가 없는 상황에서는 불가능하다. 실제로 어떤 은퇴자는 "솔직히 모든 걸 스스로 해결해야 한다. 운이 좋으면 가족 중 누군가 병원까지 태워 줄 수 있다"라고 말했다.

태국에서는 서구 사회처럼 국가가 제공하는 서비스에 대한 기대가 높지 않고 65세가 된 이들도 예전보다 건강하기에 어느 정도 버틸 수 있는 것도 사실이다. 하지만 이것만으로 태국이 맞닥뜨릴 문제를 다 막아 내기는 쉽지 않다. 결국 태국을 비롯한 여러 나라에서 노인이 외부 도움 없이 외롭게 생을 마치는 일을 막으려면 기술이 획기적으로 발전해야 한다. 인적 자본이 부족한 상황에서 고령층이 기술에 더욱 의지할 가능성이 크기 때문이다.

고령화와 장수 시대의 기술

세계에서 고령화가 가장 빠르게 진행되고 기술력도 앞선 일본은 사회 돌봄 분야에서 혁신적인 시도가 활발하게 이루어지고 있다. 10억 파운드(약 1조 6천억 원) 이상의 가치를 지닌 일본 스타트업 가운데 4분의 1 이상이 노인 돌봄 관련 기업이다. 요양 시설에는 대소변 처리가 필요할 때 알림을 주는 기기가 도입되어 긴급 상황을 미리 파악할 수 있고, 심장 박동이나 호흡 이상 등 징후를 추적하는 장치도 개발되었다. 휠체어로 형태가 바뀌는 로봇형 침대도 있다. 일본은 빠른 고령화에도 이민을 선호하지 않아서 이런 기술이 특히 중요한데 실제로 외국인 간호사 비자 제도가 있긴 하지만 시행 첫해 자격을 얻은 사람은 20명도 안 됐다.

또한 일본은 육체적 보조를 넘어 가족이나 자녀 방문이 뜸한 노인의 정신 건강을 챙기는 기술도 도입했다. 로봇이나 인공지능을 이용해 독거 노인에게 '함께 있는 느낌'을 주고 뇌를 자극해 활력을 유지하도록 돕는 기술이 확산 중이며, 이렇게 개발된 로봇 기반 육체·정신

[표10] 일본의 인구 구조: 1950년

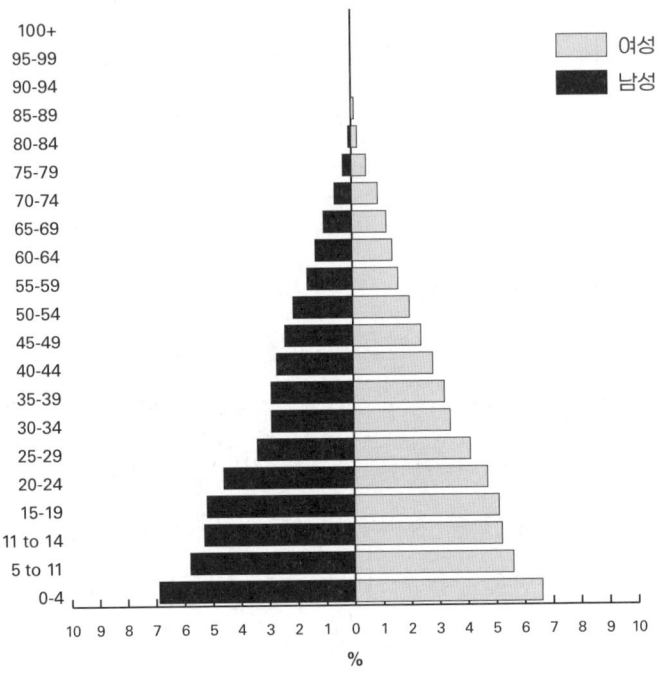

출처: https://www.populationpyramid.net/japan/2019/

    1950년 무렵 일본을 보면, 모든 연령대의 인구 규모가 이전 세대보다 컸다. 이는 인구가 증가하는 장기적인 흐름을 시사한다. 예컨대 65세 후반 인구에 비해 5세 미만 인구가 약 7배나 많았다. 그런데 오늘날에는 낮은 출산율과 증가한 기대수명 탓에 60대 후반 인구가 오히려 5세 미만 인구보다 많아졌다. 그리고 가장 규모가 큰 연령층은 40대 후반이다.
    원래 '인구 피라미드'라는 용어는 아래쪽 젊은 층이 두텁고 위쪽 고령층이 좁은, 전형적인 피라미드 형태를 가정한 것이다. 그러나 2050년경 일본에서 가장 인구가 많은 연령대는 70대 후반이 될 것으로 예상되며, 이들은 5세 미만 인구보다 2배가량 더 많을 것으로 추계된다. 이렇게 변한 일본의 연령 구조는 고령화가 얼마나 빠르게 진행될 수 있는지 보여 주는 대표적인 사례다.

[표11] 일본의 인구 구조: 2019년

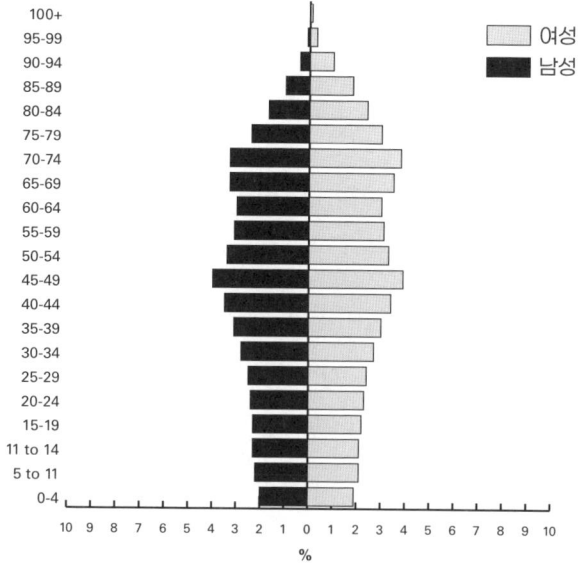

[표12] 일본의 인구 구조: 2050년

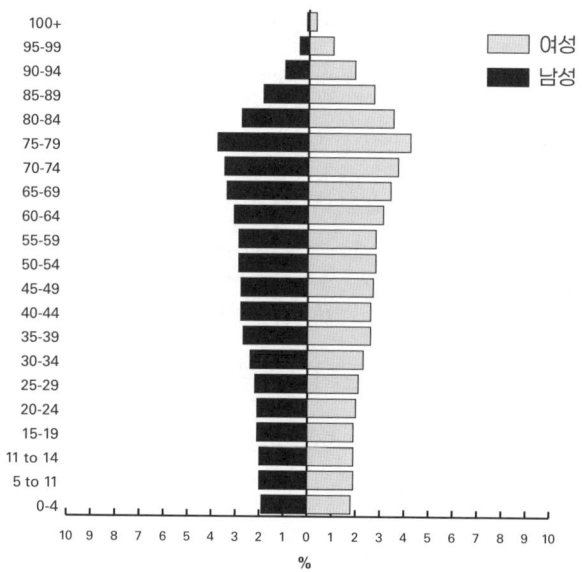

보조 기술은 해외로도 활발히 수출되고 있다. 실제로 일본에서 만든 로봇 반려동물은 이미 덴마크의 요양 시설 수백 곳에서 쓰이고 있다.

몇 해 전, 나는 노인들에게 개인 알람 서비스를 제공하는 회사에서 일했다. 착용자가 넘어지면 버튼을 눌러 도움을 요청하거나 가족에게 연락이 가도록 하는 기술이었다. 이미 오래된 기술이었지만 당시에는 아침 특정 시각까지 커튼이 쳐지지 않으면 자동으로 알림이 가도록 하는 새 버전을 구상 중이었고, 지금은 기술이 훨씬 더 발전했다. 이제는 카메라가 움직임을 감지해 자동 알림을 보내고 치매를 앓는 어머니가 한밤중에 집을 나가려 하면 바로 확인할 수 있다. 앞으로 이 분야는 더욱 크게 발전할 것이다.

불평등하고 되돌릴 수 있는 것: 수명 연장의 한계

역사를 돌이켜보면 누가 오래 살고 누가 일찍 세상을 떠나는지는 항상 개인의 운명에 달려 있었다. 하지만 거시적 수준에서 보면 분명한 특징이 나타난다. 대표적인 예가 '언제 어디에서 태어났느냐'다. '오늘날 선진국'에서 태어난 사람은 '1800년대 어딘가'에서 태어난 사람이나 '현재의 세계 최빈국'에서 태어난 사람보다 장수할 가능성이 높다. 성별도 중요한 변수인데 전 세계적으로 여성이 남성보다 평균 약 5년 더 오래 산다. 물론 나라마다 그 폭은 다른데 러시아는 남성의 알코올 의존과 자살률이 높아 남녀간 차이가 10년 넘게 차이 나지만, 북유럽처럼 음주 습관이나 생활양식이 남녀간 별로 다르지 않은 곳은 그 차이가 3년에 불과하다. 가치관이 그리 진보적이지 않은 나라에서는 남아선호사상으로 자원이 남성에게 먼저 돌아가서 역시 남녀 기대수명 격차가 작다.

최근 들어서는 성별이나 국가보다 소득 계층이 기대수명 차이를 결정짓는 핵심 요인으로 주목받고 있다. 영국의 경우 1980~2012년 동안 남녀 간 기대수명 차이가 거의 절반으로 줄었는데 이는 주로 남성 흡연 감소와 심혈관 질환 치료 기술 향상으로 남성 사망률이 낮아진 덕분이다. 예전에는 남성이 위험한 중공업 분야에 많이 종사해 일찍 사망할 확률이 높기도 했다. 하지만 지금은 소득 최상위 10%에 속하는 남녀가 모두 85세 전후까지 살 것으로 예상되는 반면, 가장 열악한 계층의 여성은 80세에 미치지 못하고 남성은 75세에도 닿지 못한다. 영국 평균 기대수명 증가 속도가 느려지고 특히 취약 계층에 큰 영향을 미치면서 계층 간 기대수명 격차가 한층 벌어진 것이다. 2011~2014년 수집된 자료에 따르면, 영국 내 아프리카계·카리브계·아시아계 집단은 백인보다 대체로 더 오래 살고, 혼혈 집단의 경우 여성은 백인과 기대수명이 같으나 남성은 백인보다 약간 더 짧았다.

한편 영국에서는 최근 몇 년간 고령층 기대수명이 조금 떨어졌는데 이는 사람들의 기대수명에 따라 부채 규모가 달라지는 생명보험사와 연금펀드에 상당한 영향을 준다. 2018년 보험계리사협회(Institute of Actuaries)가 이를 '일시적 변동이 아닌 장기적 흐름'이라고 확인하자 여러 회사는 재무제표를 크게 개선할 수 있었다. 사람들이 예상보다 일찍 사망할 가능성이 높아져서 연금 지급 적립금 규모를 줄일 수 있게 된 거다.

비슷한 추세는 미국에서도 나타났다. 다만 영국과 달리 미국은 고령층뿐 아니라 출생 시점의 기대수명도 낮아지고 있고 이것이 일시적 현상인지, 아니면 지속적인 흐름인지 많은 논의가 이루어졌다. 이 현상의 원인으로는 특히 마약 남용을 비롯한 '절망 질환(diseases of despair)'이 꼽히고 비만 인구 증가도 한몫한다. 심장질환이나 뇌졸중 예방을 통해 기대수명을 비교적 쉽게 늘리는 효과는 이미 상당 부분 달성했다는 분석도 있다.

영국에서는 많은 사람이 NHS 예산이 부족하거나 긴축 정책으로 공공 지출이 줄었다는 점을 문제 삼는다. 정부가 더 많은 일을 할 수 있는 것은 사실이지만 이런 추세가 이어지는 데에는 개인의 선택이 큰 영향을 미친다. 건강한 식단과 적절한 운동으로 얼마든지 큰 변화를 일으킬 수 있음에도 오늘날 사람들은 대체로 모든 결과에 대해 국가에 책임을 요구하기 마련이다.

이처럼 기대수명이 바뀌는 와중에도 사회는 계속 고령화될 것이다. 이런 흐름이 뒤집힐 조짐이 있더라도 너무 작고 특정 지역에 국한되어 나타나서 대세를 바꾸긴 어려우며 게다가 과거에는 사람들이 실제로 얼마나 오래 살지를 과소평가하는 보수적 전망이 우세했다. 또한, 선진국에서 출산율이 대체출산율보다 낮고 베이비붐 세대가 고령층이 되는 것은 이미 기정사실이다. 즉, 아무리 늦춰도 죽음을 피할 수 없으므로 사회 전체가 고령화된 뒤에는 경제가 침체되거나 해외에서 노동력을 끌어올 수밖에 없다. 다음으로 살펴볼 주제가 바로 이 지점이다.

 한 세기 동안 불가리아 인구가 줄어든 비율

1989년 유럽은 2차 세계대전 이후 가장 큰 정치적 변화를 맞기 일보 직전이었다. 공산주의 체제가 붕괴 직전에 이른 시기였다. 그 무렵 유럽 남동부 불가리아에서는 30만 명 이상의 터키계 불가리아인이 추방되어 강제로 불가리아를 떠나야 했다. 이들 가운데는 당시 22세 물리학도였던 파트마 소메르산(Fatma Somersan)도 있었는데 그녀가 불가리아 공산 정권의 눈에 범죄자로 낙인찍힌 이유는 강제 동화 정책에 반대하는 시위에 참여했기 때문이었다.

몇 년 앞서 불가리아 당국은 무슬림 50만 명 이상에게 터키나 이슬람식 이름을 버리고 슬라브식 이름을 갖도록 강요했다. 파트마는 이 강제 개명 정책에 항의하는 시위에 참여했고 시청 사무실로 불려가 "시위에 참여했으니 이제 정말 터키가 어떤 곳인지 직접 가서 확인해 보라"는 말을 들은 뒤 추방당했다.

파트마는 가족과 작별 인사를 하라는 통보를 받았고 짐은 한 시간 동안 단 한 개의 가방만이 허락되었다. 불가리아 당국은 불가리아 무슬림이 자발적으로 떠나는 것처럼 꾸미며 이를 '위대한 소풍'이라고 불렀지만 실제로는 강제 추방이었다. 추방된 이들은 돌아올 수도 없었고 보상도 전혀 받지 못했다. 더 안타까운 건, 이처럼 우호적인 포장을 내세우며 민족 청소를 했음에도 국제사회가 방관했다는 사실이다. 이는 유고슬라비아가 해체되면서 비슷한 비극이 벌어졌을 때도 국제사회가 냉담했던 일의 예고편과 같았다.

이른바 '위대한 소풍'은 발칸과 코카서스 지역에서 100년 넘게 이어진 기독교·이슬람 교도 간 강제 이주 사건 중에서 가장 최근 사례다. 수백만 명이 러시아, 그리스, 남동유럽 기독교 국가와 오스만 제국 및 그 후계국 터키로부터 쫓겨나며 그 사이를 오갔다. 19세기 자유주의 정치인 윌리엄 글래드스톤(William Gladstone)은 1870년대 불가리아가 저지른 만행에 경악했는데 이는 오스만 투르크가 신흥 민족주의·기독교 세력에 맞서 지배력을 유지하려 하던 과정에서 벌어진 참상이었다. 같은 시기 러시아도 체첸 등지에서 무슬림 공동체 대부분을 제거하거나 내쫓으며 영향력을 넓혔고 서부 발칸 지역에서도 수 세기에 걸쳐—불과 몇십 년 전까지도—무슬림과 기독교 세력이 종교적 이유로 서로를 박해했다. 또한 1920년대에는 150만 명이 넘는 그리스인과 터키인이 '맞교환' 당했다.

현대 터키와 불가리아는 모두 국가와 종교의 균질화를 이루려는 노력 속에 탄생했다. 예전에 여러 민족과 종교가 섞여 있던 지역에서 정부는 같은 언어와 종교 그리고 같은 조상을 공유하는 민족 집단을 만들려고 했다. 1940년대 후반부터 1990년대 초반까지 공산주의 불가리아 시절 대부분 동안 터키계 주민의 '자발적' 이민이 허용되었고 어떤 때는 권장되기도 했으며 앞서 본 사례처럼 강제된 적도 있었다. 민족주의적 중심부를 사회주의·국제주의라는 겉치장으로 덮은 불가리아는 당시 니콜라에 차우셰스쿠가 통치한 이웃 루마니아와 비슷했다. 루마니아에서도 유대인과 독일계 주민의 이민이 허가되었고 로마(롬)족이나 헝가리계 주민은 피임 도구를 손에 넣기가 더 쉬웠다. 불가리아와 마찬가지로 다수 민족을 강화하고 소수 민족을 줄이거나 아예 없애려는 시도였다.

공산 정권 말기에 불가리아 정부가 민족 청소를 자행했을 때 세상은 거의 주목하지 않았다. 서방 수도에서 시위가 일어나지도 않았고 유엔은 결의안을 통과시키지도 않았다. 그 무렵 세계는 공산주의 몰락에만 집중하느라 발칸 반도 소수 민족의 운명에는 관심이 거의 없었다. 추방당한 불가리아 출신 터키인들은 앞선 세대의 무슬림 난민들 혹은 반대로 도망친 수십만의 기독교인과 마찬가지로 터키 사회에 흡수되었다.

불가리아가 수십만 명의 터키계 주민을 내쫓던 시기에 이 나라 인구 구조에도 큰 변화가 일어났는데 불가리아 인구는 20세기 중반 700만 명을 조금 넘었던 것이 1980년대 후반 약 900만 명으로 정점을 찍었다가 이후 감소세로 돌아섰다. 이는 파트마 소메르산처럼 강제로 추방당한 사람들 때문만이 아니었다.

현재 불가리아 인구는 대략 700만 명 정도이고 2089년쯤에는 여기서 300만 명 정도 더 줄어들 전망이다. 즉 '위대한 소풍' 100주년이 되는 시점에는 인구가 절반 이하로 떨어질 가능성이 크다. 이미 오래전 잊힌 터키계 추방 사건은 이 흐름의 극히 일부분에 불과하다. 출산율은 일본 수준으로 낮고 해외로 떠나는 이민까지 많아 불가리아 인구는 계속 감소하고 있다. 정부가 소수 민족을 쫓아내 큰 상처를 자초한 것은 사실이지만 저출산과 더 좋은 기회를 찾아 해외로 떠나는 사람들까지 겹치면서 상황이 한층 악화된 셈이다.

인구 감소: '먼 미래'가 '바로 지금'이 되다

언덕 위를 달리는 자동차를 떠올려 보자. 운전자가 가속 페달을 서서히 덜 밟으면 차는 점점 속도가 떨어진다. 시간이 흐르면 자동차는 거의 굼벵이처럼 느려져 앞으로 나아갈 힘을 잃고 결국 중력에 끌려 뒤로 미끄러지기 시작한다. 인구 감소 과정을 비유하면 대략 이와 같다. 이미 세계 곳곳에서 '가속 페달에서 발을 뗀' 상태가 오래 이어져 차가 뒤로 미끄러지기 시작했다.

이민을 잠시 제쳐두면 한 나라 인구 규모를 결정짓는 기본 요소는 출생과 사망 두 가지다. 인구의 전진 동력인 기대수명 연장(매년 사망하는 사람 수 감소)과 높은 출산율(더 많은 사람이 태어남)은 초고령층이 늘어나는데도 불구하고 서서히 사라지고 있다. 전 세계 많은 지역에서 이미 오랫동안 출산율이 대체출산율을 밑돌며 인구 모멘텀이 상당 부분 소진됐고 기대수명 향상도 기대하기 어려운 상황이다. 오르막길에서 자동차 엔진의 추진력이 약해지면서 차가 뒷걸음질치지 않으려 애쓰고 있는 셈이다.

대체로 선진국, 특히 유럽은 오랜 기간 작용한 인구 감소 압력이 이제 정점에 이르렀다. 기대수명 증가라는 동력은 거의 소진되어 인구 증가에 크게 기여하지 못하고 장기간 지속된 저출산으로 가임기

여성 수 자체가 줄어든 탓에 인구는 점차 감소하고 있다. 이것이 국가가 사라지는 과정이다.

불가리아의 경우 기대수명은 1960년대 후반 이미 70세를 넘었지만 지금도 75세 이하로 증가폭이 그리 크지 않은 편이다. 게다가 출산율이 1980년대 들어 꾸준히 낮아 대체출산율보다 1명이나 적은 수준을 유지해 왔고 이로 인해 인구가 제자리 수준조차 유지하기 어려운 상태에 놓였다.

지난 세대에 출산율이 낮았고 이때 태어난 자녀들이 가임기에 접어들면서 자신들 역시 아이를 적게 낳고 있다. 어떤 여성이 딸을 여섯이나 낳아 대가족이 된 듯 보여도 이 딸들 각자가 아이를 적게 낳으면 다음 세대의 인구 증가 폭은 크게 줄어든다. 할머니가 돌아가셔도 새로 태어나는 아이가 많으면 가족 규모가 유지되거나 커지지만, 딸 세대가 세상을 떠날 즈음 손녀 세대가 아이를 낳지 않거나 한 명만 낳는다면 사망자 수가 출생아 수를 웃돌아 결국 가족 규모는 줄어들 수밖에 없다.

불가리아의 합계출산율은 현재 약 1.5명으로 20년 전 1.25명보다는 높다. 그러나 이는 '템포 효과'에 따른 것으로, 4장에서 본 스페인 사례와 같다. 전반적으로 평균 출산 연령이 높아지면 출산 시기가 늦어져 출산율이 일시적으로 떨어졌다가 이내 다시 반등하는 현상이다.[19] 이런 소폭 반등을 제외하면 불가리아는 유럽에서 오랫동안 지

---

19 불가리아 여성은 실제로 비교적 이른 나이에 아이를 낳는다. 첫 아이 출산 평균 연령은 스물여섯 살가량이다.

속된 저출산 현상이 거의 그대로 나타난다. 실제로 1980년과 비교하면, 불가리아에서 20대 초반 여성 인구는 절반 이하로 줄었다. 따라서 예전과 출산율이 똑같더라도 20~25세 여성들이 낳는 연간 출생아 수는 절반 이상 줄어들 수밖에 없다.

이런 인구 감소 추세는 단순히 연구 주제로만 그치지 않고 일상생활에도 직접 영향을 미친다. 그리스 국경과 인접한 지역에서는 학생 수가 부족하여 2014년까지 5년 동안 학교 1,700곳 이상이 문을 닫았다. 인접한 북마케도니아도 이미 인구가 4분의 1 가까이 줄었는데 대통령이 이 나라의 인구 문제를 '가장 심각한 위협'이라고 표현할 정도였고 앞으로 EU 가입 등으로 해외 이주 기회가 늘면 상황은 더 나빠질 수 밖에 없다.

독일 역시 유럽 국가 가운데 인구 구조가 좋지 않은 편이어서 인구와 노동 연령층 비율을 유지하려면 대규모 이민을 받아들여야 한다. 현재 사망하는 독일인 중 상당수는 자녀가 없거나 아주 적어서 애도해 줄 이조차 없는 경우가 많다. 함부르크에서는 정부가 비용을 부담하는 국공립 장례가 2007년에서 2017년 사이 두 배 늘었는데, 이런 추세는 독일 전역에서도 비슷하게 이어질 전망이다.

세 번째 요인: 이민

불가리아나 그리스처럼 오랫동안 출산율이 낮은 나라들은 기대수명이 증가해서 인구가 늘어나는 속도보다 저출산으로 인구가 줄어드는 속도가 훨씬 빠르다. 이제 살펴볼 인구 변화의 세 번째 요인은 바로 이민이다. 자동차가 언덕 아래로 미끄러지지 않도록 견인해 주는 '동네 정비공' 같은 존재다.

독일은 한 해 사망자 수가 출생아 수보다 많고 이민을 받아들이지 않았다면 일찌감치 인구가 줄어들었을 것이다. 유럽 중심부의 부유한 독일은 국경을 열어 그간 많은 사람에게 일자리와 더 나은 생활환경을 제공했다. 다음 장에서 자세히 살펴보겠지만 2015년 시리아 내전 당시 독일이 국경을 개방했을 때 독일로 유입된 난민은 1백만 명을 넘었다.

독일은 오래 전부터 이민자를 받아들였는데 2차 세계대전 직후 몇십 년 동안 남유럽·터키·발칸 지역 출신 수십만 명이 독일로 왔고 일부는 옛 소련 지역에서 유입되어 인구 감소를 어느 정도 막았다. 이들은 '손님 노동자'로 불렸는데 그중 상당수는 아예 정착했다. 독일 도심을 걷다 보면 적어도 옛 동독 지역 외곽에는 케밥 가게나 터키 이발소, 모스크 등을 흔히 볼 수 있다. 여러 장단점이 있지만 이민은 인구 감소를 늦추는 역할을 한다. 강대국인 독일은 아이를 덜 낳는 대신 경제 사정이 어려운 나라에서 태어난 이들이 성장했을 때 이민 와서 일터를 채울 수 있게 했다. 언덕 위에서 자동차가 뒤로 굴러갈 위기에 처했을 때 이민이 견인줄 역할을 해준 셈이다. 실제로 차드·아프가니스탄·시리아 등지에서 벗어나 독일로 향하려는 사람들은 목숨을 걸고 국경을 넘는다.

반면 불가리아 같은 나라는 이민이 인구 감소를 메워 주기보다 오히려 그 흐름을 가속하여, 자동차가 언덕 아래로 더 빨리 미끄러지게 만들었다. 실제로 불가리아 인구 감소의 3분의 2 정도가 이민 때문으로, 저출산보다도 더 큰 문제이다. 이제 불가리아를 떠나는 이들은 과거처럼 정권에 탄압당한 터키계 주민이 아니라, 민주주의가 자리 잡은 뒤 자발적으로 나라를 떠나는 젊고 교육받은 불가리아인이다. 이들은 서유럽 국가에서 주는 더 높은 임금과 생활 수준을 찾아 자유롭게 떠나고 있다.

물론 이민을 통해 유입되는 흐름도 있다. 시리아 난민 사태 당시 불가리아는 터키를 거쳐 들어오는 이민자의 관문 역할을 했다. 2014년과 2015년에만 매년 약 5천 명 정도가 난민 지위를 얻었다. 이들 대부분은 독일로 가고 싶어 했지만 더 서쪽으로 이동할 수 없게 되면서 불가리아에 남았다. 전쟁으로 황폐해진 고향으로 돌아가는 것보다는 그 편이 나았기 때문이다. 이후 국경 통제가 더 엄격해지자 들어오는 사람 수는 나가는 사람보다 훨씬 적어졌고 실제로 2017년 기준, 불가리아 내 외국인보다 해외에 거주하는 불가리아인의 수가 거의 9배에 달했다.

불가리아 정부는 자국민의 해외 유출을 막고 이미 떠난 이들을 다시 불러들이려 애쓰고 있지만, 지금까지 성과는 미미하다. 2019년에 귀국한 한 사람은 "해외에 '불가리아의 수도'가 통째로 있다고 해도 과언이 아닐 정도다"라며 한탄했다. 일반적으로 일할 나이에 있는 사람들은 고소득 국가에서 저소득 국가로 이주하지 않고, 이미 부유한 환경을 경험한 이들은 더더욱 저소득 국가로 돌아가려 하지 않는다. 그리고 대다수 불가리아 출신 해외 거주자는 이미 부유한 나라에 살고 있다. 2020년 3월 코로나19가 본격화하자 약 20만 명의 불가리아인이 고국으로 돌아왔지만, 상황이 정상화된 뒤에도 이들을 붙잡아 둘 수 있을지는 아직 알 수 없다.

비어 가는 시골

19세기 영국이나 오늘날 나이지리아처럼 농촌 인구가 많은 나라에서 인구가 급증하면 농촌을 떠나 도시로 몰려드는 사람이 폭발적으로 늘어난다. 그렇다고 처음부터 농촌 인구가 완전히 사라지는 것은 아니고 농촌에 더는 흡수될 수 없는 잉여 인구가 도시로 빠져나간다. 인구 폭발기가 끝난 뒤에도 도시는 화려한 분위기와 높은 임금, 흥미로운 인생의 기회를 내세우며 농촌 사람들을 유혹한다. 시골에 남아 있는 사람은 더는 자녀를 많이 낳지 않으니 마을 인구는 줄어들 수밖에 없고 결국 집 몇 채만 남는 작은 촌락(hamlet)으로 전락한다. 무너져 가는 건물과 홀로 남은 농가만 겨우 남고 그마저도 언젠가는 버려지는 것이다.

한편 유럽에서는 과거에도 이렇게 인구가 감소한 적이 있었다. 14세기에 흑사병이 유럽 전체를 휩쓸었을 때는 인구가 거의 3분의 1이 줄었으며 200년 뒤 30년 전쟁이 터졌을 때도 유럽 일부 지역 인구가 비슷하게 줄었다. 또, 중국도 홍수나 전염병 등으로 긴 역사 속에서 여러 차례 인구가 크게 감소했고 유럽인이 아메리카 대륙에 도착했을 때는 그곳 원주민 인구가 급감했다. 그러나 지금 전 세계 시골 지역에서 벌어지는 인구 감소는 전쟁이나 질병 같은 끔찍한 외부 요인 때문이 아니라 개개인이 아이를 얼마나 낳을지, 어디서 살지 '스스로 결정한 결과'라는 점에서 이례적이다.

역사적으로 대부분 지역사회는 인구가 조금씩 늘다가도 어느 순간 줄어드는 과정을 반복했다. 이는 1913년에 출간된 레너드 울프(Leonard Woolf)의 소설 『정글 속의 마을』에 잘 드러난다. 지금의 스리랑카인 세일론에서 식민지 행정관으로 일했던 작가는, 마을 사람들이 생존을 위해 끊임없이 분투하지만 결국 정글이 다시 침투해 마을이 서서히 사라지는 이야기를 그렸다. 자연은 언제나 인간이 물러나는 곳으로 잠식해서 승리를 거둔다는 것이 이 이야기의 교훈인 듯했다. 전염병이나 흉년이 들면 겨우 늘어난 인구가 한꺼번에 줄어들어 마을 자체가 소멸해 버리는 일도 흔했다. 큰 마을에서 흘러나온 인구로 생겨난 작은 마을도 몇 세대 지나지 않아 흔적도 없이 사라지곤 했다.

오늘날 시골 인구 감소는 전쟁이나 질병 같은 외부 요인이 아니라 불가리아의 경우처럼 사람들이 자발적으로 아이를 적게 낳으면서 벌어진다. 조사에 따르면 20세기 중반부터 2012년까지 불가리아 시골 인구는 약 60% 줄었고, 그 뒤 10년 정도가 지난 지금도 그 흐름이 이어지고 있다. 2차 세계대전 직후부터 2007년 사이 마을로 분류될 만한 곳이 약 6천 곳에서 5천 곳으로 줄었고 이후 상황은 더 안 좋아졌다. 특히 '위대한 소풍' 당시 터키계 주민들이 쫓겨난 마을들의 감소 폭이 가장 크다.

이렇듯 불가리아 시골 마을은 빠르게 텅 비고 남아 있는 사람 대부분은 고령층이다. 옛날엔 아이들 뛰노는 소리로 가득했던 골짜기가 이제는 적막만 가득하고 마지막 남았던 젊은이가 떠난 마을에서는 죽기 전 성직자를 구하지 못할까봐 걱정한다. 수도 소피아에서 멀지 않은 어떤 시골 마을에 남은 30대 주민 한 사람은 BBC 기자에게 "어릴 때 함께 자란 친구들은 다 떠났다"라고 전했다. 그 마을에 하나뿐인 가게는 손님이 없어 언제 문을 닫을지 모르는 상황이고 골짜기를 더 오르면 이미 모든 가게가 문을 닫았다.

불가리아 북서쪽 비딘(Vidin)은 루마니아와 세르비아 사이에 자리 잡은 외진 지역으로 사정이 더 심각하다. 이 지역 노동 인구는 1980년대에 비해 절반으로 줄어들어 지역 전체가 쇠락의 늪에 빠졌다. 과거에는 수도에서 30분짜리 국내선을 이용해 올 수 있었지만 이제 비딘에 가려면 자동차로 다섯 시간 정도 이동해야 한다. 이곳의 한 주민은 일자리가 끊길 때마다 다른 곳으로 갔다가도 결국 돌아오곤 했다며 "마치 무덤으로 돌아오는 기분이었어요. 여긴 죽어 가는 도시예요"라고 말했다.

시골 인구 감소는 연쇄적이고 가속되는 경향이 있다. 마을 인구가 어느 수준 이하로 떨어지면 학교를 운영하지 않게 되어 어린 자녀가 있는 가정이 이주해 올 이유가 사라진다. 이미 살던 가족들 역시 언제 떠날지 고민하고, 인구가 더 떨어져서 임계치 이하가 되면 버스 노선·식당·식료품점 등 기본 서비스도 유지하기 힘들다. 공공서비스를 제공하는 비용을 정당화하기 어렵고, 지역 사업체 역시 수익을 내기 힘들어지기 때문이다. 주변 마을과 소도시가 쇠퇴하면 그들을 둘러싼 중심 도시도 투자 유인을 잃고 교통 인프라가 축소되면서 그곳 사람들이 점차 고립된다. 끝내 이러한 곳은 아예 살기에 부적합한 지역이 되어 버린다.

중유럽·동유럽과 마찬가지로 러시아 역시 인구가 급격히 줄고 있다. 불가리아처럼 오랫동안 도시화가 이뤄졌고 1970년대부터 저출산까지 겹치면서 러시아에서는 사망자 수가 출생자 수를 앞지르기 시작했다. 다만 불가리아와 달리 러시아는 옛 소련에 속한 국가들로부터 들어오는 이민자가 꽤 있고, EU가 아니다 보니 해외로 빠져나가는 인구는 상대적으로 적은 편이다. 하지만 이민자 대부분도 다른 나라와 마찬가지로 활기찬 대도시로 몰리는 탓에 시골 지역은 비어 가는 추세이며 실제로 러시아에는 완전히 버려진 마을이 2만 곳, 인구가 10명 미만인 마을도 3만 6천 곳이 넘는다.

러시아 시골이 쇠퇴하는 데는 혹독한 기후와 광활하고 외딴 지리적 환경도 크게 작용한다. 이 때문에 난방이 잘되는 대도시로 몰리는 현상이 심화되고, 사람들은 다양하고 저렴한 식료품을 구하기 훨씬 쉬운 곳을 선호하게 된다. 한때 활발하던 시골 마을에 이제 노인들만 남아 황폐해진 상황은 불가리아나 세계 여러 지역과 크게 다르지 않다. 카자흐스탄 국경과 가까운 셸레포보(Shelepovo)의 사회복지사 베라 셀리바노바(Vera Selivanova)는 어느 취재진에게 "학교에 아이가 거의 없어요. 노인들이 얼마나 더 버틸지 모르겠습니다. 마을이 죽어 가는데도 아무도 신경 쓰지 않아요"라고 말했다.

텅 빈 땅의 지정학: 시베리아, 러시아 극동 지방, 그리고 중국

불가리아 시골 지역의 인구 감소는 국제 질서에 큰 영향을 미치지 않지만, 러시아의 경우는 다르다. 러시아 정부는 수 세기 전부터 국토 대부분에 사람이 너무 적게 산다는 점을 걱정했고 이를 뒤집기 위해 여러 방법을 시도해 왔다.

알래스카는 1867년 미국에 팔리기 전까지 러시아령이었고 19세기 초 러시아 정착민들은 태평양 연안을 따라 북부 캘리포니아까지 내려갔다. 이후 시베리아까지 철도를 확장하면서 1890년대부터 그 지역에 대한 장악력을 키웠다. 1930년대 스탈린은 우랄산맥 주변을 산업화하면서 노동 인력과 개발 장비를 국경 지대로 옮겼는데, 이는 이 지역까지 인구를 확장시키는 데 큰 기여를 했다. 이렇게 산업 거점을 분산시킨 것은 러시아가 나치 독일과의 전쟁에서 승리하는 데 큰 기여를 했다. 1950년대 흐루쇼프도 '처녀지 개척(Virgin Lands)' 정책을 펼쳐서 젊은 개척자들을 러시아의 변방으로 이주하도록 장려했으며 이는 러시아의 국경을 넓히려는 마지막 시도로 기록된다.

그러나 그 이후로 러시아는 50년 넘게 뒤처졌다. 소련이 해체되고 러시아 외 여러 공화국이 독립하면서 정치적으로 후퇴한 것도 사실이지만, 결정적으로 인구가 감소했다. 넓고 외딴 지역에 자리 잡은 러시아인 공동체는 출산율이 낮고 태어난 아이들은 황량한 변방에서 계속 살고 싶어 하지 않으니 인구가 더 줄어들고 있다. 푸틴 대통령은 인구가 지금도 늘고 있는 중국과 맞닿아 있으면서 러시아인의 수가 줄어드는 극동 지역 문제를 '적신호(red zone)'라 부르며 우려를 표

했다. 따라서 동쪽 지역으로 사람을 유인하기 위해 농지를 제공하는 정책을 추진하고 있지만, 토양 사정이 좋지 않고 관료주의적 장애가 심해 사업이 더디게 진행된다.

인프라를 유지·관리할 인구가 부족해지면서 러시아 극동 지역은 점차 살기 어려운 곳이 되었다. 기업들은 숙련된 전문 인력을 그 지역으로 보내려 애쓰지만 쉽지 않고, 석유 탐사처럼 경제적으로 중요한 분야의 자격증을 갖춘 현지인조차 일자리가 많은 러시아 서쪽 대도시로 떠나는 실정이다.

러시아인들은 인접한 중국 국경 너머를 보며, 사람이 빠져나가는 러시아 국경 지역과 달리 중국 쪽은 인구가 많아진다고 우려한다. 하지만 중국 역시 많은 시골 마을이 비어 가고 있다. 앞서 본 대규모 도시화가 주원인이지만, 만약 중국이 여전히 한 가정에 네다섯 명, 혹은 두세 명씩이라도 아이를 낳았다면 시골이 텅 비지는 않았을 것이다. 실제로 나이지리아는 도시가 빠르게 팽창하는 와중에도 시골 인구를 어느 정도 유지하고 있다.

중국 농촌 인구 감소를 단적으로 보여 주는 간쑤(甘肅)성 북서부 루만차(魯曼査) 마을에는 마흔 살 이하 주민이 거의 없다. 그곳 초등학교 교장은 방문객에게 이렇게 말했다. "예전에는 겨울이 지나 따뜻해지면 아이들이 우르르 뛰어놀며 여기저기서 소리를 지르곤 했죠. 그런데 요즘은 방학이 되어도 아이들이 거의 보이지 않아요. 여름방학 때도, 겨울방학 때도 마찬가지예요. 도시로 공부하러 간 아이들은 돌아오지 않거든요." 불과 10년 전만 해도 이 학교에는 학생이 백 명이나 다녔지만 지금은 세 명뿐이다. 간쑤성 안에만 하더라도 이렇게 학생이 10명도 안 되는 학교가 거의 2천 곳에 달한다.

중국의 문제는 특정 지역에만 국한되지 않는다. 지난 40년간 이어진 저출산은 '한 자녀 정책'으로 더욱 심해졌고, 이 정책이 완화된 뒤에도 흐름을 되돌리기 어려워 중국 인구가 줄어들 날이 머지않았다는 분석이 나온다. 지난 10년 동안 중국의 연간 인구 증가율은 약 0.5%였는데 그 뒤로 더 낮아져 일부는 중국 인구가 이미 감소하기 시작했다고 본다. 그게 사실이 아니더라도 현재 중국은 인구 감소 직전에 놓인 상태다. 몇 년 안에 인도 인구가 중국을 추월할 것이 거의 확실시되는데, 그렇게 되면 중국이라는 국가가 성립된 뒤로—즉, 2천 년 넘는 세월 동안—'세계에서 가장 인구가 많은 나라'라는 지위를 처음으로 다른 나라에 내주게 되는 것이다.

도시로 번진 인구 감소

앞서 봤듯 일본도 출산율이 꾸준히 낮으며 고령화와 인구 감소가 동시에 진행된다. 불가리아나 러시아처럼 일본 농촌 지역도 버려지고 있고, 농부가 떠난 들판에는 야생동물이 번성해 남은 주택가까지 침투한다. 일본 북부 지역에서 곰 목격 사례가 1년 만에 두 배로 늘었는데 이제는 도시 외곽 지역마저 비어 간다.

서구에서는 중년층이 나이 든 친척의 집을 물려받아 목돈을 마련하기도 하지만, 일본에서는 세금 부담을 줄이기 위해 상속받은 주택 소유권을 포기하고 폐가로 등록하는 경우가 많다. 실제로 일본 주택

약 7채 중 1채는 소유주가 없으며, 앞으로 이는 더 심각해질 문제다.

관광객들은 화려한 도쿄 중심부를 보기위해 점점 더 많이 몰려들지만, 기차로 조금만 나가면 교외 지역은 고령화와 인구 감소를 동시에 겪고 있다. 지방 도시들에서는 이 문제가 더욱 심각하다. 일부 부동산 전문가는 50년 뒤 도쿄 교외가 텅 빈 집이 즐비한 '미니 디트로이트'가 될 수도 있다고 예상했다.

북미의 상당수 도시에서도 유사한 현상이 벌어지고 있다. 그나마 이민을 받아 인구 증가세가 미약하게 남아 있기에 인구가 유지되거나 소폭 증가하는 경우도 있지만, 농촌에서 시작된 인구 유출이 일부 도시에까지 번지면서 일자리가 감소하고 기반 시설이 낙후되는 등 침체의 악순환이 종종 벌어진다. 디트로이트처럼 쇠퇴한 산업에 크게 의존하던 도시들은 고용 전망이 어둡고 상권이 붕괴해 도로나 건물 등 기본 시설이 방치 및 노후화되는 '러스트 벨트' 현상을 겪는다.

이는 선진국 전역에서 나타나는 병의 징후다. 영국 스토크온트렌트(Stoke-on-Trent) 출신인 나의 지인은 얼마 전 고향을 방문하면서 예전과 완전히 달라진 모습에 충격을 받았다고 했다. 그는 1930~40년대만 해도 지역 주민 대다수가 가난했어도 거리와 가게에는 생기가 넘쳤다고 회상했다. 그러나 지금은 훨씬 잘 먹고 좋은 집에 살며 교육 수준도 높고, 코로나19 이전까지는 실업률도 낮은데다가 스마트폰을 쓰고 해외여행을 값싸게 할 수 있는데도 도시 전체 분위기는 쇠락했다고 전했다.

고령층은 과거를 미화하는 경향이 종종 있어서 이러한 시각을 받

[표13] 선택된 국가들의 인구 추이 (2020년 대비 백분율), 1950~2100

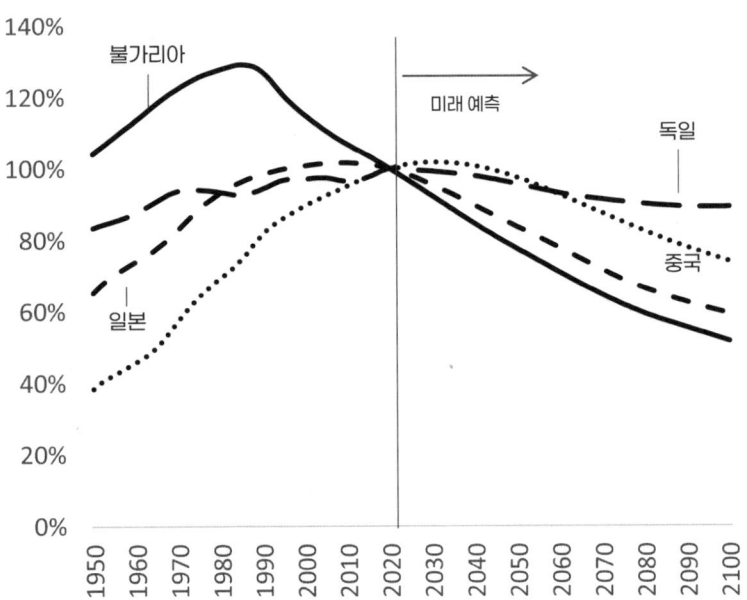

출처: UN Population Division, 중위 추계

    역사적으로 인구는 기근·전염병·전쟁 등 대형 재난으로 인해 감소했다. 하지만 저출산이 수십 년간 이어지면서 여러 나라가 자연적으로 인구 감소를 겪고 있다. 불가리아는 이민으로 인한 유출까지 겹쳐 일찍부터 인구가 줄었고, 일본도 비슷한 길을 걷고 있다. 반면 독일은 이민으로 인구가 유입돼 이러한 흐름을 막고 있다.
    중국은 이미 생산가능인구(15~64세)가 정점을 지났고, 머지않아 전체 인구까지 줄어들 전망이다.

[표14] 0~4세 이탈리아 인구 (천 명 단위)

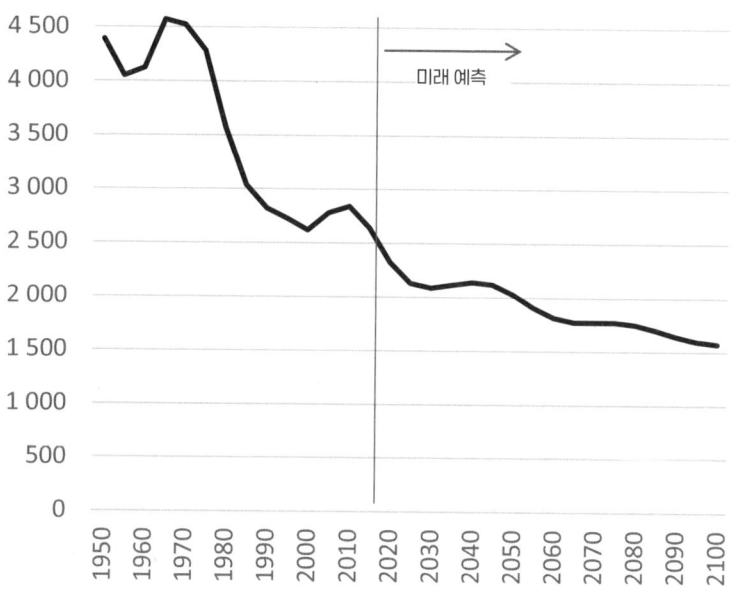

출처: UN Population Division, 중위 추계

인구 감소는 특히 유년 층에서 두드러지는데, 21세기 말에는 이탈리아의 5세 미만 아동 수가 60년 전 전성기에 비해 3분의 1 수준으로 떨어질 것으로 예측된다.

아들이는 데는 다소 경계심을 가질 필요가 있고 도시 쇠퇴의 원인으로 인구학이 전부는 아니다. 인구 구조 변화는 원인이자 결과이기 때문이다. 그럼에도 스토크온트렌트의 인구 통계는 이러한 쇠락한 분위기를 뒷받침한다. 19세기 초부터 1920년대까지 스토크온트렌트 인구는 15배나 늘었고 20세기 중반에 정점을 찍었는데 그 이후로는 불규칙하게 조금씩 줄었다. 더욱 눈에 띄는 것은 연령구조 변화다. 1차 세계대전 전에는 65세 이상 노인 1명당 5세 미만 아동이 4명 이상이었는데, 이제는 65세 이상 노인이 5세 미만 아이보다 약 2배 더 많다. 게다가 지난 20년 동안 스토크온트렌트의 바와 펍(pub)중 약 40%가 폐업했다. 70년 전 젊은 인구로 활기가 넘치던 도시가 지금 고령화되고 한산해진 느낌을 준다 해도 전혀 놀랍지 않은 이유다.

도시가 쇠퇴하는 핵심 요인은 인구 부족, 그중에서도 젊은 층 부족이다. 영국의 출산율이 받쳐주고 19세기부터 20세기 초반까지 영국이 겪은 인구 성장률을 유지했다면 스토크온트렌트 같은 도시가 지금처럼 쇠락한 인상을 주지는 않았을 것이다. 젊은 인구가 충분히 유입되면, 최근 몇 년 동안 인구 감소를 되돌린 맨체스터나 리버풀처럼 활기를 되찾을 기회가 생기기 마련이다. 다만 이 과정에서 주변 소도시가 인구를 빼앗겨 비어 가는 부작용도 생긴다.

도시 인구가 늘거나 줄고 있는지는 거리 풍경만 봐도 어느 정도 알 수 있다. 영국의 대학 도시 케임브리지를 방문해보면 방학 중에도 거리와 상권이 활발하고 식당과 술집이 붐비며 텅 빈 가게가 거의 없는데 이는 1920년대부터 2011년까지 인구가 대략 두 배로 늘었기 때문이다. 같은 기간 스토크온트렌트는 인구가 약 6% 줄어, 거리 풍경에 차이가 생길 수밖에 없다.

잉글랜드 북부의 셰필드(Sheffield)는 1970년대 초반 이후 제조업 일자리가 12만 5천 개에서 2만 5천 개로 급감했으나, 학생 수를 6만 명 이상으로 늘리며 전체 인구 규모를 어느 정도 유지하는 데 성공했다. 학생이 많은 도시일수록 활력이 커지지만, 노동자는 스스로 생활비를 감당하는 반면 학생들은 점점 불어나는 부채에 지원받는다.

내 친구가 말한 스토크온트렌트의 분위기는 선진국 전역에서도 흔히 느낄 수 있다. 미국의 거대한 '러스트 벨트' 지역에는 제조업이 빠져나간 뒤 인구가 줄어 한때 활기차던 거리와 상가가 텅 비고 판자와 합판으로 막은 가게만 남았다. 이런 문제는 독일이나 프랑스의 여러 지역에서도 나타난다. 물론 프랑스, 영국, 미국 등은 아직 전체 인구가 절대적으로 줄고 있지는 않지만, 이들 국가의 도시 지리와 경제 구조가 끝없는 성장을 전제로 짜였다는 점이 문제다. 이 전제가 무너지면 도시는 금세 생동감과 활력을 잃는다.

이제는 소도시나 '러스트 벨트'만이 아니라, 대도시 중심부에서도 인구가 줄어드는 추세다. 파리 도심은 10년 넘게 인구가 꾸준히 감소했고, 2018년까지 3년 동안 15개 학교가 폐교되거나 합쳐졌다. 런던은 해마다 떠나는 영국인이 들어오는 영국인보다 10만 명이나 많지만, 대규모 이민을 받아들여 이를 상쇄했고 뉴욕 역시 코로나19 사태 이전부터 인구가 줄기 시작했다.

과거에는 시골 인구가 폭발적으로 늘면서 사람들이 도시로 몰려갔고, 오늘날 아프리카가 비슷한 양상을 띠고 있다. 마찬가지로 인구 감소도 가장 외딴 시골 마을에서 시작해 점차 도시로 파고드는 형태를 보이는데 결국 일본 교외의 텅 빈 아파트나 파리 시내에서 문을 닫은 빵집처럼 대도시에서도 사람이 사라지는 광경이 펼쳐질 수 있으며, 이것이 장기적 인구 감소가 몰고 올 미래 모습이라 할 수 있다.

미래 인류: 과연 사람이 남아 있을까?

앞선 설명에 따르면 인구 감소가 마치 피할 수 없는 운명처럼 보인다. 현재 상황은 인적 드문 시골에서 시작한 감염병이 서서히 번져 사회 중심부까지 잠식해 들어가는 질병을 연상케 한다. 한때 인파로 가득 차고 대가족이 흔하던 곳에서도 폐허가 된 마을과 문을 닫은 학교, 텅 빈 교외 아파트 풍경이 점점 늘고 있다. '인간이 지구를 잡아먹을 것' 같았던 공포가 이제는 '마지막 남은 사람이 불 끄고 가야 하는 건 아닐까?' 하는 상상으로 바뀌는 듯하다.

2019년에 나온 다럴 브리커(Darrell Bricker)와 존 아이비트슨(John Ibbitson)의 책 『텅 빈 지구』도 이런 전망을 보여 준다. 전 세계가 도시화되고 여성의 권리가 신장되면서 사회 관념이 전반적으로 더 자유롭고 진보적으로 변하고, 그 결과 출산율이 한층 더 낮아져 인구 감소로 이어질 것이란 내용이다. 실제 통계도 이를 어느 정도 뒷받침하는데 브리커와 아이비트슨은 오히려 그 추세가 과소평가됐다고 주장했다. 그들은 "인도에서 인구학자와 정부 관계자들이 '우리 출산율이 이미 2.1 밑으로 내려간 것 같다'고 귓속말하듯 말했다"라고 전했는데, 최근 자료를 보면 그것이 사실이었음이 드러났다. 이들은 아프리카 자료 역시 실제보다 낙관적으로 쓰였다고 주장하며, 전 세계 인구가 정점에 이른 뒤 감소하기 시작하는 시점이 21세기 말이 아니라 불과 몇십 년 뒤라고 보았다.

한편 인구에 관한 예측과 공포는 시대에 따라 끊임없이 오락가락했다. 19세기 초 영국에서 인구가 본격적으로 폭발하기 시작하자 토머스 맬서스(Thomas Malthus)는 "인구가 너무 많아 지구가 감당할 수 없다"라고 했다. 그로부터 약 100년 뒤, 영국에서 가족 규모가 줄어드는 움직임이 감지되자 〈데일리 메일〉은 영국의 쇠퇴를 우려했고, 당시 미국 대통령이던 테오도어 루스벨트는 '인종 자살'을 걱정했다. 이후 1960년대, 지구 인구가 최고조에 달했을 무렵 생물학자 겸 인구학자 폴 에를리히(Paul Ehrlich)는 『인구 폭탄』에서 델리 시내 택시에서 본 끝없는 다음과 같이 묘사했다. "먹는 사람들, 바라보는 사람들, 자는 사람들. 찾아오는 사람들, 말다툼하는 사람들, 소리 지르는 사람들 [...] 배변하고 소변 사람들. 버스에 매달린 사람들. 가축을 모는 사람들. 사람, 사람, 사람." 하지만 이제는 "사람들이 다 어디로 사라졌지?"라는 의문을 품을 때가 가까워진 듯하다.

양쪽 입장 모두 지금 벌어지는 추세가 영원히 이어질 것이라는 전제가 깔려있다. 보다 균형 잡힌 시각을 얻으려면, 결정적 요인인 출산율로 돌아가야 한다. 인구 감소의 뿌리는 저출산에 있으며, '텅 빈 지구'를 피하려면 출산율이 이전 수준으로 돌아가거나 적어도 저출산 흐름이 전 세계적으로 퍼지지 않아야 하기 때문이다. 도시 인구라

해서 반드시 출산율이 낮은 것도 아니다. 실제로 콜카타(Kolkata)의 출산율은 1명 수준으로 매우 낮지만, 세계에서 가장 크고 빠르게 성장하는 도시 중 하나인 나이지리아의 라고스 주(Lagos State)는 여전히 출산율이 대체출산율의 두 배 정도이다. 물론 이 수치가 곤두박질칠 수도 있지만, 그렇지 않을 수도 있다. 이는 추상적인 사회적 힘이 아니라, 수많은 남녀 개인이 내리는 삶의 선택에 달려 있다.

두 도시가 비슷한 발전 단계를 지나고 있어도 출산율이 크게 다를 수 있듯, 국가 간에도 마찬가지다. 태국은 1970년대부터 출산율이 5명에서 1.5명으로 급격히 떨어졌지만, 스리랑카는 지난 30년 동안 2명에서 2.5명 사이를 유지했다.

선진국 사이에도 차이가 존재한다. 일본이나 남유럽·동유럽 국가는 아이를 적게 낳지만, 북유럽 국가는 출산율이 대체출산율에 꽤 근접하여 자연 인구 감소가 매우 더디다. 덴마크와 스웨덴의 출산율은 50년 동안 거의 변함이 없고, 스웨덴의 출산율은 오히려 1937년에 비해 오늘날 올랐다. 다시 말해, 여러 세대에 걸쳐 출산율을 대체출산율 근처로 유지하는 것은 충분히 가능하며, 저출산 흐름이 불가피한 것은 아니라는 것이다.

대륙 단위로 출산율을 논하곤 하지만, 사실 대륙 내부에서도 나라별 차이가 크다. 서아프리카는 동·남아프리카보다 출산율이 높고, 북아프리카는 훨씬 낮다. 남유럽·동유럽은 출산율이 매우 낮지만, 북유럽·서유럽은 그렇지 않다.

동아시아가 남아시아보다 대체로 아이를 훨씬 적게 낳는 건 대체로 경제가 빨리 발전했기 때문이다. 중국과 일본 경제는 인도나 파키스탄보다 훨씬 높은 수준이다. 그러나 유럽에서는 이러한 발전 수준과 출산율 간의 뚜렷한 상관관계가 성립하지 않는다. 부유한 스칸디나비아, 프랑스, 영국은 이탈리아, 스페인, 그리스, 불가리아보다 출산율이 높기 때문이다. 나이지리아 출산율이 케냐보다 오래 유지되는 것도 경제발전 속도만으로 설명하기 어렵다. 이런 점을 보면 단순히 근대화 외에도 문화·전통·종교적 믿음 등 다양한 요인을 고려해야 한다. 결국 탈근대적 인구학이 서서히 모습을 드러내고 있다.

물론 대륙 안팎으로 출산율 간 차이가 나도, 전 세계 인구가 곧바로 줄어들지는 않을 것이다. 유엔 통계를 보면 세계 평균 출산율은 여전히 2를 훨씬 넘고 설령 출산율이 대체출산율 아래로 떨어지더라도 인구 모멘텀 덕에 한동안은 인구가 계속 늘어날 것이기 때문이다. 또, 전 세계적으로 기대수명도 크게 늘어날 전망이어서 지금 언덕을 오르는 자동차는 아직 나아갈 힘이 꽤 남아 있는 셈이다. 이와 비슷한 이유로 전쟁과 스페인 독감으로 어려웠던 20세기 초반 유럽도 1910년대 말까지 인구가 계속 증가했다.

한편 코로나19 사태를 계기로 전염병이 세계 인구에 미칠 위험을 다시금 실감하게 되었다. 중세 유럽 흑사병만 해도 몇 세기에 걸쳐 인구 성장에 큰 타격을 입혔다. 어떤 이는 다른 행성에 사는 지적 생명체를 아직 발견하지 못한 이유로 '그들이 자멸했거나 출산율이 지나치게 낮았거나, 혹은 바이러스나 병원균에 의해 멸종했기 때문'이라고도 말한다. 하지만 적어도 당분간 인류가 바로 사라질 걱정은 없어 보인다. 인구가 최고조에 달하는 시점은 몇십 년 뒤이며, 인간이 아예 없는 시대는 그 후의 이야기일 것이기 때문이다.

실제로 선진국 중 상당수는 이민을 받지 않았다면 이미 인구가 감소했을 것이다. 독일에서는 매년 사망자 수가 출생아보다 20만 명가량 많은데 베를린과 드레스덴 사이 어느 마을의 성직자인 만프레트 그로서(Manfred Grosser)는 장례식 다섯 건당 세례식은 평균 한 번밖에 안 치르는 상황을 두고 인구학적으로 '어두운 구름'이 몰려오고 있다고 표현했다. 독일이 대규모 이민을 받지 않으면 인구는 빠르게 줄 것이고, 21세기 중반쯤에는 매년 50만 명씩 감소해 21세기 말이 되면 현재 인구보다 약 40%나 줄어들 것이다. 오늘날 출산율이 상대적으로 높은 이민자 집단마저 없었다면 이 수치는 훨씬 더 가파르게 내려갔을 것이다.

결국 서유럽·북미 등 부유한 국가는 라틴아메리카·아프리카·중동·아시아 등지에서 온 이민자를 통해 인구 감소를 늦추거나 막을 수 있다. 이는 미국과 캐나다 사회를 급속도로 변화시키고 있고, 로마 제국 붕괴 이후 유럽에서 가장 빠른 속도의 인종 구성을 바꾸는 원인이기도 하다. 이제는 이처럼 급변하는 인종 구성을 화두로 논의를 이어가 보려고 한다.

 캘리포니아에 있는 학교 학생 중 백인 비율

"미국은… 위대한 국민이 살도록 신이 계획한 땅이다. 우리는 영어를 쓰고, 위대한 이상과 기독교 신앙을 공유하는 하나의 백인 인종, 그리고 하나의 운명을 가진 단일한 국가여야 한다. 이 땅은 영국·노르웨이·색슨족 같은 북유럽 사람들이 개척한 곳이다. 아프리카인, 동양인, 몽골인, 그리고 유럽·아시아·아프리카 출신 유색 인종들이 이 땅에 자리 잡도록 허용한 것은 커다란 실수였다."

1924년, 미국 하원의 이라 허시(Ira Hershey) 의원이 이민 규제 법안 도입을 두고 토론하며 한 말이다. 제1차 세계대전 전까지 미국은 남유럽·동유럽에서 대규모 이민을 받아들였으나, 전쟁 뒤 고립주의 정서가 커지면서 유럽발 이민을 본격적으로 제한하기 시작했다. 이러한 정책은 미국 인종 구성을 유지하기 위해 마련된 것으로, 미국은 앵글로색슨이나 북유럽 출신 백인에게만 우호적이었고 러시아·폴란드·이탈리아 등 다른 유럽인들은 차별받았다. 이른바 '쿼타(quota) 제도'는 1890년 미국 인구 내 각 인종 비율을 기준으로 삼았고, 1920년대에는 '문제가 있는' 유럽 이민자에 대해 여러 제한이 가해졌으며 아시아계 이민자는 아예 법으로 받지 못하도록 하였다. 법안 발의자 중 한 명이었던 앨버트 존슨(Albert Johnson) 의원은 이렇게 주장했다.

"우리가 바라는 건 동질적인 나라다… 종족보존을 위해 그게 꼭 필요하다."

앨버트 존슨의 직설적인 태도도 그를 지지한 이라 허시에 비하면 온건한 편이었다. 허시의 편협한 인종차별적 발언은 테네시 윌리엄스의 희곡 「청춘의 달콤한 새」 속 보스 핀리를 떠올리게 한다. 그는 인종차별적이고 종교색의 짙은 발언을 서슴지 않았는데 그의 지역구가 남부 성서 지대가 아니라 백인 비중이 압도적으로 높은 북쪽 메인주였다는 점을 생각하면 전간기 미국 전역에 인종차별이 얼마나 널리 퍼져 있었는지 알 수 있다. 허시는 북유럽인들이 신의 선택을 받은 인종이라 믿었는데 이는 유럽이 전 세계를 제패하던 시절 패권을 영원히 유지할 것이라 믿은 시대적 오만이었다.

미국의 이민과 인종

미국은 오랫동안 이민과 인종 문제로 씨름해 왔다. 더 많은 인구와 경제발전을 바라면서도 누가 '진짜 미국인' 자격이 있는지 고민했고, 출신에 상관없이 사람을 받아들이려는 이들과 인종·민족 중심주의자들이 계속 충돌했다.

19세기 무렵 미국 사회에는 영토를 확장하고 빈 땅을 메우려는 열망이 컸다. 개척된 땅을 사람·도시·철도·공장·농장 등으로 가득 채우려는 이 움직임을 '명백한 운명(Manifest Destiny)'이라 불렀는데, 미국인이 동해안부터 서해안까지 거대한 나라를 세우도록 운명 지어졌다는 믿음에서 비롯됐다. 이 사명감은 메시아적인 성격도 있으면서 실용적 욕망도 섞인 것이었다. 많은 미국인은 신이 자신들에게 광활한 황무지를 개척하도록 불렀다고 믿으면서 동시에 이들은 경제적인 번영을 갈망했다. 광대한 대륙을 빠르게 개발하려면 인구가 많이 필요했다. 미국인들은 대가족을 이루며 출산율과 생존율이 비교적 높았지만, 그것만으로는 '명백한 운명'이 요구하는 빠른 속도를 맞추기 어려웠다. 그래서 유럽 가장 먼 지역에서 온 가난하고 소외된 이민자도 기꺼이 받아들였다. 자유의 여신상은 이런 포용적 태도를 세상에 보여 주기 위해 세운 상징물이었다.

이전에 미국에 정착한 영국·스코틀랜드·웨일스·아일랜드·네덜란드·독일 출신 이민자들과 달리, 제1차 세계대전이 발발하기 몇십 년 전에 엘리스 아일랜드를 통해 들어온 사람들은 전혀 다른 배경을 갖고 있었다. 19세기 말 유럽 내부 교통과 대서양 횡단 선박 기술이 발전하면서, 그전까지는 미국이 너무 멀다고 여겼던 시칠리아나 폴란드 같은 지역 사람들도 대서양을 건너는 일이 현실적인 선택지가 되었다. 20세기 초가 되자 유럽 내륙에서 더 많은 이들이 미국 이주를 꿈꾸기 시작했고, 한 사람이 먼저 건너간 뒤 삼촌이나 사촌 등 친척을 불러들이면서 그런 흐름은 더욱 강해졌다. 2장에서 살펴본 아프리카 이민과 마찬가지로, 먼저 건너간 가족이 있으면 도착 직후 며칠 머물 곳을 제공하고 일자리를 찾을 인맥을 연결해 주는 등 도움을 줄 수 있었다.

미국은 국토를 확장하고 개발하고자 하는 욕구가 컸기 때문에 1920년대 이전까지는 이민 규제를 본격적으로 시행하지 않았다. 그렇다고 해서 그전까지 완전히 자유로운 이민 정책을 펼친 것은 아니었다. 1848년 미국이 멕시코로부터 캘리포니아와 미국 서부 대부분을 병합했을 때, 미국은 원래 살던 멕시코인들을 '바람직한 시민'으로 여기지 않았다. 당시 새로 편입된 영토가 정식 주가 되려면 백인 인구가 다수를 차지해야 했고, 그전까지는 연방 직할지처럼 관리되었다. 캘리포니아에는 멕시코 출신 인구가 꽤 많았지만, 미국 동부 출신 백인들에게 매력적인 땅이었기에 곧 백인 주민이 다수를 이루었고 1850년에 정식 주로 편입되었다. 반면 뉴멕시코 지역은 멕시코 출신 인구가 훨씬 많은 탓에 백인 이주자들에게 덜 매력적으로 비쳤고 그 결과 1912년에 가서야 정식 주가 될 수 있었다.

인종에 대한 이러한 의식은 영토를 언제 편입할지 뿐만 아니라 어떤 영토를 편입할지 결정할 때도 영향을 끼쳤다. 1898년 스페인과의 전쟁 뒤 필리핀 병합 논의가 나오자, 사우스캐롤라이나 주의 벤 틸먼(Ben Tillman) 상원의원은 이렇게 말하며 반대했다. "그 땅에는 1천만 명이 넘는 유색 인종이 살고, 그들 절반 이상은 가장 열등한 야만인이다. 이들을 미국 정치체계 안으로 끌어들이면 타락하고 무지한 '나쁜 피'를 주입하는 꼴이다."

한편, 19세기 후반 미 서부가 미국 영토가 된 뒤 캘리포니아의 풍부한 금과 경제적 기회는 유럽인뿐 아니라 아시아인도 불러들이기 충분했고, 이에 대해 거센 반발이 일어났다. 이미 1852년에 캘리포니아는 중국인을 대상으로 특별 세금을 부과하며 그들이 정착을 단념하도록 했다. 19세기 말에는 중국계 주민을 제한하는 여러 법안이 통과되었고 폭력 사태도 잇따랐다. 노동조합들은 외국 노동력이 임금을 끌어내리고 경쟁을 부추긴다며 대체로 이민 제한을 지지했고, 기업인들은 같은 이유로 이민에 우호적이었다.

캘리포니아가 미국 주가 된 뒤 유럽인들이 빠른 속도로 몰려들었다. 20세기에 접어들며 이곳 인구는 150만 명에서 3천만 명 이상으로 폭증했는데, 가난한 동부 지역을 피해 기름진 서부 땅으로 이동하는 흐름은 1930년대까지 이어졌다. 존 스타인벡의 소설 『분노의 포도』(1939)에 나오는 조드 가족도 오클라호마 '더스트 볼'[20] 사태로 삶의 터전을 잃고, 수많은 이들과 마찬가지로 '약속의 땅' 태평양 연안으로 향했다.

그러나 20세기 후반이 되자 오히려 동부가 아닌 남쪽의 히스패닉계 사람들이 캘리포니아로 몰려들었다. 그 결과 현재 캘리포니아에서 백인은 이미 소수가 되었고, 학교에서는 그 비중이 더 빠르게 줄고 있다. 두 세대 전만 해도 캘리포니아 공립학교 대부분이 백인 학생으로 가득했지만, 한 세대 전에는 그 비율이 40%를 조금 넘는 수준이었고 지금은 약 22%까지 낮아졌다. 이는 앞으로 계속될 흐름이다.

서부가 곧 북부가 되다

미국이 19세기 중반 멕시코와 전쟁을 치른 뒤 병합한 땅은 서쪽으

---

20   역주: 1930년대 미국 중서부, 특히 오클라호마 지역에서 극심한 가뭄과 강풍으로 토양이 마르고 먼지 폭풍이 일어나 농경지가 황폐해진 재난 상황

로 영토를 넓히는 데 중요한 밑거름이 되었다. 원래 그 지역은 미국인들이 뉴잉글랜드와 버지니아에 정착한 이후 서쪽으로 향하는 길목에 있었는데 멕시코 입장에선 북쪽이자 잃어버린 광활한 영토였다.

최근 수십 년 동안 미국 남서부 지역 인구 구성은 놀라울 만큼 빠르게 변했는데 특히 학교의 인종 비율을 보면 미래 인구 구성을 간접적으로 알 수 있다. 1970년 캘리포니아에선 75% 이상이 백인이었고 라티노는 12% 정도에 불과했지만, 2018년에는 라티노가 38%, 백인이 37%를 차지했다. 최근 멕시코 출신 이민자는 미국을 떠나는 사람이 더 많아진 반면, 온두라스·과테말라·엘살바도르에서 오히려 미국으로 이민 가는 수가 늘었다. 오늘날 캘리포니아 학교에선 라티노 학생이 백인 학생보다 2배 이상 많다.

이는 앞 장에서 살펴본 현상의 결과이기도 하다. 선진국에서 오랫동안 이어진 저출산과 개발도상국의 높은 출산율 및 영아 생존율 향상이 맞물린 것이다. 지금은 멕시코 출산율이 미국과 큰 차이가 없지만, 1970년대에는 미국의 3배 정도였다.

인구 구조가 대규모로 인구가 이동할 만들었다면 경제는 촉매 역할을 했다. 40~50년 전부터 활발했던 미국 경제는 값싼 노동력이 필요했고 이는 제1차 세계대전 이전 상황과 비슷하다. 다만 그때와 달리 지금의 유럽은 부유하고 출산율도 낮으니 미국으로 이민 갈 유인이 부족하다. 한편 동유럽 국가들은 경제력이 떨어져도 미국보다는 지리적으로 가까운 서유럽으로 이주하기가 훨씬 쉽고 직관적이다.

한 세기 전만 해도 유럽은 인구 과잉을 해소하기 위해 미국을 주요 목적지로 삼았다. 이제 상황이 달라져서 미국에 들어오는 값싼 노동력은 오히려 리오그란데강 남쪽에서 온다. 20세기 초 뉴욕 로어 이스트사이드 작업장에는 러시아·이탈리아·오스트리아-헝가리 제국의 변방 출신 유럽인이 모여들었지만, 20세기 말 캘리포니아 부유층 주택의 정원과 수영장을 관리하는 노동자는 대부분 멕시코·중미 출신 이민자였다.

경제적으로 빈곤하고 오랫동안 출산율이 높았던 라티노 이민자들이 과거 유럽인처럼 새 기회를 찾아 미국으로 몰려든 것이며, 이는 캘리포니아만의 이야기가 아니다. 2019년 텍사스에서는 백인과 라티노 인구규모가 비슷했다. 그리 먼 과거가 아닌 1980년대 텍사스 인구 중 백인 비율은 3분의 2였고, 이제는 이들이 겨우 40%를 넘는 정도이며 20년 뒤에는 3분의 1 이하로 낮아질 것이다. 미국 전체로 보면 이미 라티노 인구는 흑인 인구를 추월했다. 2020년 인구조사에서 스스로 백인이라고 답한 사람의 비율은 60%도 채 되지 않았으며, 2060년 무렵에는 백인이 전체 인구의 절반 이하가 되고 라티노는 흑인 인구의 2배 이상이 될 것으로 예측된다.

이런 전망만 보면 미국의 인종 문제는 단순해 보이지만, 실제로는 훨씬 미묘하고 복잡하다. 우선 인종 통계가 '본인이 어떤 인종에 속한다고 생각하느냐'라는 주관적인 기준을 바탕으로 작성하므로 사람들의 자기정체성이 시간에 따라 바뀔 수 있다는 문제가 있다. 19세기 북동부 도시에 아일랜드 가톨릭 이민자가 대거 몰려오는 것을 우려하던 시점에는 '백인'이라는 분류에 지금과 같은 큰 의미가 부여되지 않았다.

그러나 어떻게 분류하든 간에 미국의 인종 구성이 빠르게 변하고 있다는 사실은 부정하기 어렵다. 원래 유럽계 이민자들이 아메리카 대륙으로 와서 원주민을 빠르게 몰아냈고 그 후 오랫동안 유럽계가 인구 다수를 차지했다. 하지만 이탈리아·폴란드 등 먼 유럽 지역 출신들과 유대인들이 들어오면서 흔히 '와스프(WASP: White Anglo-Saxon Protestant)'로 불리던 집단이 누린 인구학적·문화적 우위가 흔들리기 시작했다. 필립 로스(Philip Roth)나 마돈나(Madonna) 등 20세기 중·후반 미국 문화의 아이콘 다수가 바로 유럽에서 온 이민자의 후손이다.

1920년대 도입된 이민 제한 정책이 1960년대에 뒤집히면서, 미국은 유럽 도시만이 아닌 전 세계 도시의 용광로가 되었다. 이제 아시아나 아프리카, 중남미 등 각지에서 사람이 꾸준히 유입되면서 미래의 미국인은 과거의 미국인과 문화·민족·종교 면에서 더욱 다른 모습을 보일 것이다.

많은 이들에게 미국으로의 이민은 큰 기회를 제공했는데 그 과정이 순탄하기만 하진 않았다. 특히 불법으로 국경을 넘는 이들에게는 더욱 그렇다. 2019년 어느 한 달 동안은 14만 4천 명이 국경을 넘으려다 체포됐고, 리오그란데강에서 익사 위기를 간신히 모면하거나 그러지 못한 경우도 적지 않다. 2019년 6월에는 엘살바도르 출신 오스카르 라미레스(Oscar Ramirez)와 어린 딸이 강을 건너다 급류에 휩쓸려 숨진 모습이 언론 헤드라인을 장식했고 사람들에게 큰 충격을 주었다. 이런 비극은 새로운 일이 아니다. 1993년에서 1997년 사이에만 멕시코 국경을 넘다 사망한 이민자가 1,600명 정도로 추산될 만큼, 국경을 넘는 일은 과거부터 큰 위험이 따랐다.

캘리포니아에서 일어난 일이 서구 전역에서 벌어지는 것은 이미 전 세계가 인구변천의 '확장' 단계에 이르렀음을 보여 준다. 한때 일부 백인 미국인은 멕시코인들이 미국에서 서서히 사라질 것이라 믿었고, 아프리카로 건너간 영국인 모험가들은 유럽인의 인구가 폭발하면서 토착민들이 소멸될까봐 걱정하기도 했다. 우리가 앞서 살펴봤듯이 찰스 다윈은 '문명화된 종족(유럽인들)'이 결국 다른 집단을 완전히 밀어낼 것이라 믿었다. 하지만 오늘날 캘리포니아 학교 통계만 봐도 그러한 생각이 얼마나 오만했는지 알 수 있다.

이렇듯 인구학적 변화는 인종 구성이 바뀌도록 하는 기본 조건을 만들며 남반구 인구가 빠르게 불어나고 선진국 인구가 줄어드는 추세를 통해서도 이를 확인할 수 있다. 남반구에서 급증한 인구는 번영하는 북반구 경제권으로 끌려온다. 완전히 빈곤할 때 사람들은 대체로 움직이지 않지만 약간의 여유가 생기면 이주를 고려하기 시작한다. 그리고 이제는 휴대전화 한 대만 갖고 있어도 선진국이 주는 매력적인 물질적 풍요를 알 수 있는 시대다. 이처럼 인구 구조와 경제가 맞물려 이민을 불러일으키고 그 결과 인구 자체를 재편하는 현상이 미국 전역, 그리고 또 유럽에서도 전개되고 있다. 이제 그 이야기를 살펴보려 한다.

유럽이 변하다

2015년 여름, 터키 해안가에 떠밀려온 어린 소년의 시신 사진은 유럽 전역에 커다란 충격을 안겼다. 이로부터 4년 뒤 리오그란데 강에서 오스카르 라미레스와 그의 어린 딸이 목숨을 잃은 사건 또한 단순한 일화가 아닌 더 큰 인도적 재앙을 상징하게 됐다.

알란 쿠르디(Alan Kurdi)는 시리아 북부 코바니 출신으로, 이슬람 세력과 쿠르드 세력의 전투로 폐허가 된 도시에서 살았다. 그의 가족은 안전한 곳을 찾아 터키로 먼저 피신한 뒤 그리스로 가려 했지만, 터키 해안을 막 벗어났을 때 배가 전복되고 말았다. 9월 2일 보드룸 반도 앞바다에서 전복된 두 척의 보트 중 하나에 알란이 타고 있었는데, 이 사고로 여성과 아이 5명을 포함해 12명이 익사했다. 세 살이던 알란은 선진국으로 탈출하려다 숨진 수천 명의 난민을 상징하는 존재가 되었다. 미국과 마찬가지로 유럽도 이민 통제와 인종 구성 변화라는 정치·사회적 과제에 직면하면서, 동시에 도움이 절실한 이들에게 안전한 피난처를 제공해야 하는 난제에 부딪혔다.

문을 활짝 여는 개방정책이 정치적으로 가능하더라도 이를 시행할 경우, 훨씬 많은 이들이 위험한 여정을 감행하게 되어 사망자가 더 늘어날 수밖에 없다. NGO는 종종 물에 빠진 여성과 아이들을 구하라고 유럽 당국을 압박하지만, 구조요청은 자주 외면된다. 2021년 8월, 아프리카 해안에서 카나리아 제도로 향하던 수십 명이 익사했는데, 이같은 비극이 너무 흔한 나머지 가벼운 뉴스 정도로만 다뤄졌다. 이런 소식이 알려져도 이민자들은 계속 몰려드는데, 고향의 암담

한 현실에 비해 유럽에서 기대할 수 있는 기회가 워낙 커서 어떠한 위험도 무시할 정도이기 때문이다.

2015년 유럽에 망명을 신청한 이민자는 130만 명을 넘었는데, 이는 전년도의 두 배가 넘는 수치다. 상당수는 알란 쿠르디처럼 시리아 내전을 피해 탈출한 이들이고, 일부는 아프가니스탄에서 온 사람들로 오랜 분쟁을 피하고 유럽에서 경제적 기회를 찾기 위해 떠났다. 이후 국경 통제가 강화되면서 이민 물결이 어느 정도 잦아들었지만, 아프리카와 아시아, 중동 등의 젊은이들에게는 여전히 유럽의 풍요가 매력적이다. 게다가 탈레반이 아프가니스탄을 다시 장악하며 대규모 이민이 재현될 가능성도 커졌다. 실제로 2021년 여름과 가을에는 안전한 나라로 이동하려다 목숨을 잃는 사례가 늘었고, 영국 해안에 대거 도착한 이들의 소식이 언론 헤드라인을 장식했다.

서유럽의 인종 구성이 급격히 바뀐 데에는 크게 두 갈래의 이민 흐름이 작용했다. 첫째는 아프리카와 아시아 출신, 그리고 영국의 경우 카리브 해안 지역에서 온 이민자들이다. 둘째는 옛 공산권 국가 출신으로, 특히 유럽연합에 가입해 자유롭게 왕래할 수 있게 된 국가에서 온 사람들이 대부분이다. 실제로 2018년 기준 영국 인구 중 약 6%가 다른 EU 회원국에서 태어났으며, 이는 유럽 밖에서 태어난 이들이 차지하는 9%보다는 낮은 비율이다.

이 두 흐름이 겹치면서 서유럽 인구, 특히 대도시의 인종 구성이 눈에 띄게 달라졌다. 1960년대 중반 내가 태어난 런던은 수 세대에 걸쳐 영국 제도에 뿌리를 두고 살아온 사람이 절대다수였고, 이민자

부모 밑에서 태어난 나는 당시에 이례적인 사례였다. 그보다도 몇십 년 앞선 윈드러시 세대와 남아시아 출신 대규모 이민이 본격화한 때였다면 더욱 드물었을 것이다.

2011년에는 런던 거주자의 3분의 1 이상이 외국에서 태어났다. 2017년에는 영국에서 태어난 아기 중 약 30%가 이주 여성에게서 태어났고, 런던에서는 그 비율이 거의 60%까지 올랐다. 내가 태어난 런던 브렌트 구는 이 수치가 4분의 3을 넘었다. 파리·브뤼셀·베를린 등 다른 유럽 대도시도 크게 다르지 않다. 1960년대만 해도 브렌트 구는 대부분이 백인이었으나, 2001년에는 그 비율이 절반 이하로 떨어졌고 2011년에는 3분의 1 수준에 불과했다. 2021년 인구조사 이후에는 이 비율이 더 낮을 것으로 짐작된다.

이 같은 변화에는 의료 서비스의 제공 등 여러 면에서 실무적 문제가 뒤따른다. 베를린 샤리테 병원에서 출산하는 여성 중 상당수가 독일 국적이 아니어서 의사소통에 어려움을 겪는다. 산부인과 과장 볼프강 헨리히(Wolfgang Henrich) 박사는 "통역 비용이 올해만 수십만 유로에 달했다. 갑자기 병원에 온 외국인 산모들을 위해 통역사를 급히 구했기 때문이다. 시리아 여성만이 아니라 이라크·이란·아프가니스탄·아프리카 여러 나라 출신 여성도 마찬가지다. 통역 비용 충당의 문제는 해결되지 않았다"라고 우려했다. 학교나 법원에서도 비슷한 문제가 벌어진다. 과거 오스트리아-헝가리나 소련 군대에서 병사들이 각기 다른 언어를 사용하여 골머리를 앓았던 문제가 이제는 여러 복지 국가들에서 나타나고 있다.

8장 인종 변화 213

예전에는 다른 대륙으로 이주하는 일이 드물었다. 거리가 너무 멀고 비용이 많이 들며 교통수단도 열악했기 때문이다. 그러나 19세기 유럽 인구가 폭발적으로 늘어나면서 새로 등장한 교통수단 덕분에 타 대륙으로 이주할 수 있게 되었으나, 이제는 오히려 유럽이 외부 인구를 끌어들이는 추세다.

우리가 현재 목도하는 것은 거대한 흐름의 시작일 가능성이 크다. 앞서 봤듯이 아프리카 대륙 인구가 크게 늘면 유럽이 받는 이민 압력은 한층 거세질 것이다. 이집트 인구는 1950년에 독일 인구의 3분의 1도 안 되었는데 이제는 1억 명을 넘어 독일을 추월했다. 외부의 재정 지원과 원조에 의존하는 이집트에 도움이 끊길 경우, 지금까지와는 비교도 안 되는 수준의 대규모 이민자가 유럽을 향할 수 있다. 한 전문가는 1990년대 초까지만 해도 영국 인구의 90% 이상을 차지하던 브리튼계 백인이 21세기 중반에는 약 60% 수준으로 내려갈 것이라고 추산하기도 했다.

영국 해협 건너편 프랑스도 상황은 크게 다르지 않다. 프랑스에서는 공식적으로 종교 인구를 조사하지 않지만, 여러 조사 결과를 종합하면 인구의 약 9%가 이슬람교도다. 이 중 다수는 북아프리카 출신 이민자거나 그 후손이며, 프랑스 원주민이 개종한 사례는 매우 드물다. 과거 대영제국 지역 주민들이 영국으로 몰려들었듯이, 모로코·알제리·튀니지 등 프랑스어 문화권이자 출산율이 높고 경제발전이 더딘 나라에서 프랑스로 대거 이주했다.

불과 60년 전만 해도 프랑스 내 북아프리카 출신 인구는 크게 눈에 띄지 않았다. 반면 알제리에는 '피에 누아(pieds noirs)'라 불리는 유럽계 주민이 1백만 명 넘게 살았는데, 알제리가 독립하자 이들이 대규모로 이주하거나 대피했다. 그 뒤 수십 년 동안 알제리 원주민 인구가 급증하며 양국 인구 균형이 크게 바뀌었고, 결국 북아프리카에서 프랑스로의 대규모 이민 흐름을 일으켰다. 한편 샤를 드골은 프랑스 내 소수민족이 "소수로 남는 한" 괜찮다고 봤는데, 그가 태어난 콜롱베-레-되-에글리즈가 '콜롱베-레-되-모스크'[21]가 되는 상황은 원치 않았기 때문이라고 전했다.

앞서 언급한 프랑스 종교 인구 조사에 따르면 2050년 프랑스에서 무슬림은 전체 인구의 13% 정도가 될 전망이며, 무슬림이 아닌 아프리카 출신 이주민도 상당수일 것으로 보인다. 이미 파리·런던·로테르담·프랑크푸르트·브뤼셀·마르세유 등지에서는 유럽 밖에서 온 사람들이나 그 후손이 인구에서 상당한 비중을 차지한다. 미국과 마찬가지로 유럽 인구 역시 미래에는 지금과 크게 다른 인종 및 문화적 구성을 띨 것이다.

이민과 출산율, 인종 구성을 바꾸는 힘은 무엇인가?

급격한 인종 변화를 일으키는 주요 요인은 대규모 이민과 인종 간 출산율 차이다. 여기에 사망률 차이도 영향을 미친다. 이런 차이는

---

21 역주: 원래 유럽계 주민이 주를 이루던 프랑스의 한 도시가, 북아프리카 등 이민자들의 증가로 이슬람 문화를 띠며 이슬람 사원인 모스크가 많은 도시로 변해가고 있음을 비하하는 의미

집단학살 같은 사건으로 벌어지기도 하고, 이민자 집단의 평균 나이가 원주민보다 젊을 때도 나타난다. 출산율이 높지 않더라도 대체로 젊은 인구를 가지면 사망률이 낮기 때문이다. 20세기 중반 이후 코소보나 보스니아에서 세르비아인 비중이 줄어든 것도 비슷한 맥락이다. 세르비아인이 다른 곳으로 떠난 것도 원인이지만 코소보인과 보스니아인의 출산율이 세르비아인보다 높았던 것도 무시할 수 없다.

미국의 경우 1970년대 초부터 인종 구성이 급격히 바뀐 것은 출산율 격차보다는 이민이 더 크게 작용했다. 한때 멕시코의 출산율이 미국보다 훨씬 높았고 이로 인해 이들이 대규모로 미국으로 향했으나, 미국으로 이주한 뒤에는 이들의 출산율도 빠르게 현지 수준으로 수렴했다. 앞서 4장에서 살펴봤듯 미국 내 라티노 출산율은 백인 출산율에 빠르게 수렴했고, 최근 미국 출산율 하락에는 라티노 출산율이 감소한 것이 한몫했다.

출산율이 수렴하는 가장 직접적인 이유는 젊은 세대가 현지의 생활방식을 받아들이기 때문이다. 특히 멕시코와 중남미 국가들의 출산율이 급격히 감소하고 있는 상황에서, 미국으로 이주한 사람들이 이러한 현대화의 흐름으로부터 자유로울 것이라 기대하는 것은 오히려 이상한 일이다.

이제는 자녀를 낳으라고 권유하기보다는, 오히려 자제하라고 조언하는 어머니와 할머니들이 늘어나고 있다. 멕시코 이민자 부모를 두고 미국에서 자란 요셀린 웬시스(Yoselin Wences)의 어머니는 그녀에게 "우리처럼 살지 마라. 일찍 결혼하거나 아이를 일찍 낳지 마라. 10대

엄마가 되지 마라. 우리가 희생한 건 네가 교육받고 커리어를 시작할 수 있게 한 거다"라고 말했다. 사우스캐롤라이나 주에서 학교를 다니는 그녀는 뉴욕타임스 기자에게 서른 중반 이전에는 아이를 낳지 않을 계획이라고 밝혔다. 전반적으로 라티노 출산율이 내려가는 상황을 보면, 다른 젊은 여성도 이런 조언을 듣고 따르는 듯하다.

내 딸들은 런던의 한 여학교에 다녔는데, 그곳 학생 대부분이 남아시아 출신 이민자거나 이민 2세였다. 이 학생들은 일찍 결혼해 자녀를 많이 낳는 대신 대학에 진학하고 직업을 갖는 것을 목표로 삼았다. 이는 영국 사회 흐름은 물론 이미 남아시아 지역에서도 일어나고 있는 변화를 보여준다. 앞으로도 북미와 서유럽에서 인종 구성이 계속 바뀔 가능성이 높지만 이민자와 그 자녀들의 출산율이 큰 원인이 되지는 않을 것이다.

여러 통계치가 이 사실을 뒷받침한다. 1980년대 후반 이후 줄곧 영국에 거주하는 인도 출신 인구의 출산율은 백인 영국인보다 낮았다. 방글라데시나 파키스탄 출신 인구도 한때 백인보다 출산율이 더 높았지만 1990년대 들어 영국 평균에 현저히 가까워졌다. 물론 이들 공동체 대다수는 젊은 인구 구조 덕분에 출생자 수가 많고 사망자 수는 적어서 인구가 계속 늘고 있다. 새로 이민을 받지 않더라도 이미 자리 잡은 젊은 세대가 '인구 모멘텀'을 이끄는 셈이다. 다만 이 효과만으로 영국 인종 구성을 크게 바꾸지는 못할 것이다.

미국 시골 지역의 출산율이 도시에 비해 더 높다는 사실은 이미 언급했다. 한때 스칸디나비아 농촌 출신 이민자들이 미국 시골 지역으로 건너왔지만, 이제 선진국으로 이주하는 사람은 대부분 도시를 선택한다. 그리고 농촌 출신이든 도시 출신이든, 도시에 정착하면 도시의 생활방식을 따르게 마련이다. 유럽이나 북미 원주민 대부분이 농촌에 거주하고 이민자 집단이 주로 도시에 거주한다면, 시골 원주민의 출산율이 도시 이민자 집단보다 조금 높을 것으로 예상할 수 있는데 실제로 미국에서는 이런 현상이 벌어져 백인 출산율이 과거처럼 이민자 소수 집단에 비해 크게 낮지도 않다. 예를 들어, 유타 주 농촌 지역 모르몬교 공동체는 뉴욕에 사는 라티노 인구보다 자녀를 훨씬 많이 낳는다. 그러나 선진국에서는 농촌과 도시 간 출산율 차이가 대체로 크지 않아, 이 또한 인종 구성을 유의미하게 바꿀 정도의 변화를 가져오기는 어렵다.

역전, 반발, 그리고 재정의

인구학의 역사가 보여 주는 것은, 어떤 변화도 필연적이지 않다는 점이다. 인구 변동 전에는 '그럴 리 없다'고 하다가도 막상 일어나면 '처음부터 불가피했다'고 여겨지곤 하는데 인종 변화도 마찬가지다. 북미와 유럽의 미래는 결코 정해진 것이 아니며, 여러 힘이 그 방향을 좌우할 것이다. 그 중 개인과 정치 지도자들의 선택이 중요하게 작용할 것이다. 인구학에서는 결정론보다 수많은 개인의 자유의지가 더 적합한 설명을 제공한다는 의미다.

지금은 경제 상황과 출생률·연령 구조 차이 때문에 이민 흐름이 활발하지만, 장기적으로는 경제와 인구 구조가 변하면서 이 흐름이 약화될 가능성도 있다. 예컨대 동유럽 국가들은 점차 부유해지면서 동시에 고령화되고 있다. 2005년부터 2045년 사이 폴란드에서는 이민을 가장 많이 떠나는 20대 초반 인구가 절반 가까이 줄어들 것으로 예상되어, 전 세계적으로 이민자 수가 줄어들 수 있다. 한때 영국 전역에서 흔했던 '폴란드 출신 배관공' 시대도 저물 것이란 뜻인데 폴란드 내 젊은 노동 인구가 줄어 해외로 나갈 노동력 자체를 충분히 확보하기 어려울 것이기 때문이다.

1970년대 초 멕시코에서 미국으로 몰려간 이민자들이 많았을 당시, 멕시코 여성 한 명은 평균 7명에 가까운 아이를 낳았고 미국 여성은 2명 조금 넘게 낳았다. 현재 미국의 출산율은 이보다도 감소했지만 멕시코 출산율도 급락해 미국 수준에 가까워졌다. 두 나라 간 출산율 격차가 줄어들면서 과거처럼 멕시코에서 대규모 이민 물결이 일어나기 어려워진 것이다. 중남미 다른 지역에서 여전히 이민자가 많이 들어오는데도 멕시코발 이민이 예전만 못한 이유다. 한편 이미 이주해 온 집단도 대체로 현지인 수준으로 출산율이 수렴하고, 이들이 주로 도시에 정착하기 때문에 오히려 출산율이 국가 전체 평균보다 낮아지기도 한다.

20세기 초 미국에서는 유럽 출신 이주민이 끝없이 밀려들 것처럼 보였지만 실제론 그러지 않았다. 이와 비슷하게 지금 북미와 서유럽으로 대규모 이민을 보내는 국가들도 언젠가 인구가 줄고 경제가 발전하면 같은 패턴이 반복될 것이다.

장기적으로 어떻게 되든 단기적으로는 이미 이민이 줄어드는 추세다. 원주민이든 새 이주민이든 상당수는 이민과 인종 변화를 선뜻 받아들이려 하지 않는다. 2019년에 시행한 한 조사에 따르면 영국인의 44%가 이민 감소를 원했고, 2015년 유럽 난민 사태 즈음 실시된 다른 조사에서는 영국인의 4분의 3 이상이 이민에 부정적인 견해를 나타냈다.

이런 여론이 오래 이어져도 이민 친화적 정책 방향이 크게 달라지지는 않을 수 있다. 그러나 2015년 무렵에는 노동당마저 이민을 더 강하게 규제해야 한다고 주장했고, 보수당 정부가 강력한 통제책을 제대로 시행하지 않는다며 비판했다.

이민에 대한 부정적 인식은 이듬해 EU를 탈퇴할지 여부를 결정하는 브렉시트 국민투표 결과에도 상당한 영향을 미쳤다. 사실 영국 정부는 수년 전부터 연간 순이민자 수를 10만 명 이하로 낮추겠다고 공언했으나 이를 달성하지 못했다. 2018년 한 해만 해도 영국에 들어온 사람이 영국을 떠난 사람보다 25만 명 이상 많았고, 입국자 수는 60만 명을 넘었다. 이는 노르만 정복(1066년)부터 2차 세계대전 직전까지 약 9세기에 걸쳐 유입된 총 이민자 수보다 훨씬 많은 규모다. 2019년 수치도 거의 비슷했다.

대서양 건너편으로 눈을 돌려 보면, 2016년 미국 대선에서 도널드 트럼프는 핵심 공약 중 하나로 멕시코 국경에 장벽을 세우겠다고 공언했다. 전형적인 트럼프 지지자는 경제적 불평등이나 금융 시스템 실패보다 이민 문제와 변화하는 미국 인구 구성에 더 민감한 듯했다. 물론 영국과 마찬가지로 이민을 반대하거나 억제하려는 정책이 꼭

우파 정치인의 전유물은 아니다. 미국에서도 1996년 빌 클린턴 대통령 재임기에 통과된 '불법 이민 개혁 및 이민자 책임법'으로 불법 이민자를 추방하는 게 상대적으로 수월해졌다.

영어권 국가 외에도 사정은 비슷하다. 2017년 프랑스 대선에서 국민전선이 내건 슬로건 "On est chez nous(여긴 우리 집이다)"는 이질적인 문화에서 온 사람들에 의해 자국이 잠식당했다고 느낀 일부 프랑스인을 겨냥한 것이었다. 한 나라에 이민자가 늘면 극우 정당 지지율도 함께 오르는데 2017년 프랑스 대선 결선에서 마린 르 펜의 득표율은 불과 15년 전 그녀의 아버지가 얻은 득표율의 두 배였다. 같은 선거에서 극좌 후보 역시 사람들의 자유로운 이동에 강하게 반대했다.

이탈리아에서도 2018~19년에 포퓰리스트(대중야합) 정부가 집권한 건 경제 문제뿐 아니라 지중해 건너편으로부터 이민자가 유입되는 것에 대한 두려움이 컸기 때문이다. 오스트리아 극우 정당도 이민 문제를 발판 삼아 세를 넓힌 뒤 최근에는 연립 정부에 참여했다. 독일에서는 우익 포퓰리스트 정당인 '독일을 위한 대안(AfD)'의 부상이 앙겔라 메르켈 총리의 중도우파 정부를 압박하였고 결국 2015년에 발생한 대규모 난민 유입 사태는 재발하지 않았다.

그러나 이민에 반대하는 포퓰리스트 정당의 부상을 1920~30년대 유럽 파시즘과 연결 짓는 것은 경계해야 한다. 그때와 달리 오늘날 유럽 국가들은 중위연령이 40대여서 전간기에 중위연령이 20대였던 사회와는 다르다. 물론 이들은 보수적이고 자국의 인종 구성이 달라지는 것을 거부하지만, 이탈리아나 오스트리아의 극우 정당이 '깡패

[표15] 미국 인구 구성(인종별), 1965·2015·2065(예측치)

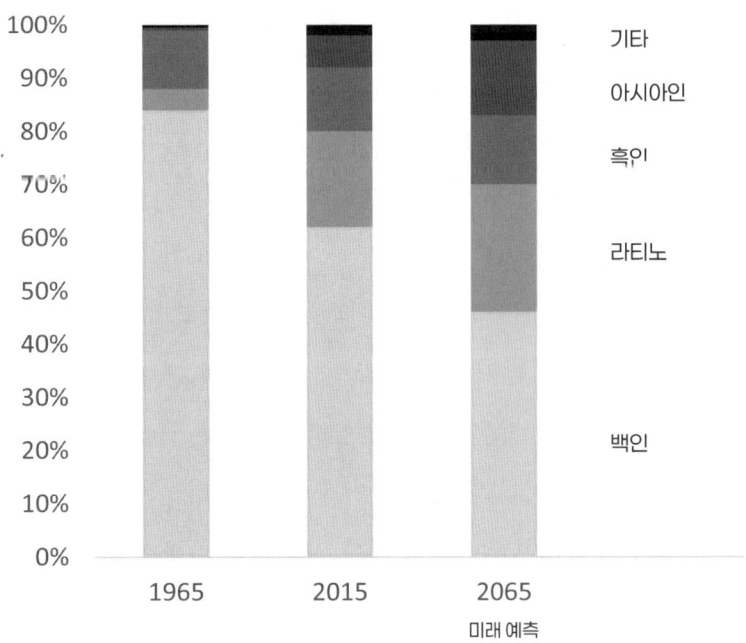

출처: Pew Center (1965년 기준, '아시아계'와 '기타' 비중은 각각 1% 미만)

과거에는 유럽인이 전 세계로 이주하여 그 지역 인구 구성을 바꾸곤 했다. 하지만 최근 들어 유럽과 북아메리카 같은 부유한 나라들이 아프리카·아시아·라틴아메리카 출신 이민자를 받아들이면서 그 흐름이 뒤집혔다.

미국은 제1차 세계대전 이전에 유럽에서 대규모 이민을 받았고, 이후 한동안 이민을 엄격히 제한했다. 그러다가 1960년대 들어 이민 정책을 바꾸었을 때 이미 대부분 인구가 백인이었다. 그러나 그때부터 라틴아메리카 등지에서 유입된 인구가 많아지면서 인구 구성이 빠르게 변했다. 2065년에는 백인 인구 비율이 약 100년 전보다 절반 가까이 낮아져, 전체 인구의 절반에도 못 미치는 소수 집단이 될 것으로 보인다.

[표16] 영국의 외국 출생 인구 (천 명 단위)

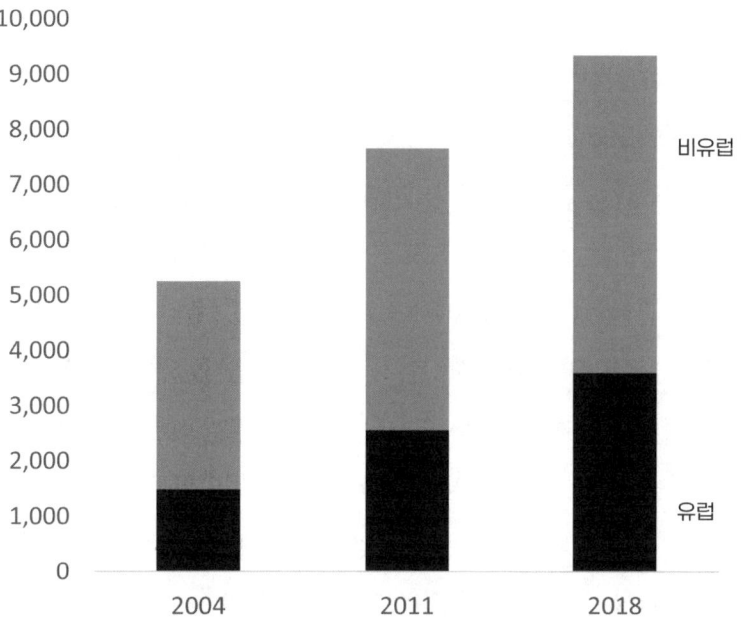

출처: Migration Observatory

영국은 노동력에 대한 왕성한 수요와 오랜 저출산 탓에, 유럽연합(EU) 내부든 그 외 지역이든 이민자들에게 매력적인 곳이었다. 그 결과 2004년부터 2018년 사이 영국에 거주하는 외국 출생 인구가 거의 두 배로 증가했다.

집단'을 조직하고 길거리 폭력을 일삼는 것은 아니다. 오히려 이들 포퓰리스트 운동의 두드러진 특징 중 하나가 폭력의 부재다. 유럽 민주주의가 우익 포퓰리즘에 밀려 약화되더라도 전간기처럼 물리적 폭력으로 인해 곧바로 무너질 가능성은 낮다. 현재 유럽인의 평균 나이가 너무 많아 거리로 뛰쳐나가거나 국경 밖에서 군사 행동을 벌이려는 움직임에 동조할 동력이 예전 같지 않은 것이다.

결국 이민과 그로 인한 인종 변화는 피할 수 없는 운명이 아니라 여론에 대응하는 정부 정책의 결과에 가깝다. 또한 국경 통제가 어렵더라도 불가능한 것은 아닌데 부유한 싱가포르는 경제발전 속도가 느린 인도네시아와 말레이시아에 둘러싸여 있음에도 강력한 국경 관리로 수억 명에 달하는 주변 인구로부터 자국민 600만 명이 잠식당하는 일을 막고 있다. 호주 역시 해상을 통한 불법 입국 시도를 철저히 단속해 적발된 사람들을 남태평양 섬의 수용소로 보내고, 동남유럽 여러 나라는 터키로부터 밀려드는 난민을 막으려고 울타리를 세우기도 했다.

개발도상국에서 출산율이 떨어지고 경제가 발전하면 인종 변화가 둔화될 수 있다. 초기에는 경제가 발전하면서 더 나은 삶을 찾아 부유한 국가로 떠나려는 사람이 늘지만, 자국 내에서도 기회가 많아지면 사람들이 굳이 이주할 필요성을 못 느낀다. 전쟁이 줄어드는 것 역시 사람들이 삶의 터전인 고국을 떠나지 않는 요인이다. 또한 소수민족은 대체로 도시에 거주하는 비율이 높아 평균적으로 아이를 적게 낳고, 토착 원주민이 주로 사는 농촌에서는 출생아 수가 상대적으로 많지만 그 차이가 크지는 않다. 게다가 농촌 인구가 전체에서 차지하는 비율도 점점 줄고 있어서 이로인해 인구 구성이 급격히 바뀌지는 않을 것이다.

인종 변화를 제한하거나 되돌릴 수 있는 또 다른 요인은 훨씬 미묘하다. 사람들은 종종 자신의 정체성을 바꾸는데, 이를 탈근대 시대의 특수한 현상으로 치부할 수도 있지만 사실 처음부터 그 경계가 모호한 경우도 많다. 예를 들어 1983년 전면적인 내전으로 비화한 스리랑카의 민족 갈등을 살펴보면, 겉으로는 싱할라 다수와 타밀 소수의 충돌로 보이지만 실제로는 훨씬 복잡하다. 싱할라족은 고지대 '캔디' 지역 출신과 저지대 해안 출신이 섞여 서로 다른 전통을 지녔고, 얼마 전까지도 이 둘을 별도로 분류했다. 타밀족 안에도 섬 북부에서 오래 정착해 온 '스리랑카 타밀'과 식민지 시절 차(茶) 농장 노동자로 이주한 '인도 타밀' 후손이 공존한다. 싱할라족이나 타밀족 가운데 불교나 힌두교 대신 기독교를 믿는 사람도 적지 않고, 언어는 타밀어를 쓰지만 종교적으로 타밀족과 결이 다른 무슬림도 존재한다.

스리랑카의 경우처럼 복잡하고 유동적인 정체성 문제는 종종 역사적으로 부정확한 신화에 기반한다. 싱할라족이 북인도에서 기원했다는 통념이 널리 퍼져 있지만, 한 저명한 싱할라 민족학자에 따르면 원래 극소수 싱할라 중심부만 있었는데, 오랜 세월에 걸쳐 남인도인이 유입돼 싱할라 언어와 종교를 받아들였으며 그 결과 오늘날 자신을 싱할라족이라 여기는 이들 대부분이 유전적으로 타밀족과 일치한다. 그는 "생물학적으로 우리는 모두 타밀인이다"라고까지 말했다.

사실 스리랑카가 특별한 사례도 아니다. 대체로 정체성은 사람들이 믿는 것보다 훨씬 복잡하다. 아일랜드를 보면 이곳 사람들은 대개 영국의 오랜 압제를 받았다고 여기지만, 아일랜드로 이주한 이들 중엔 잉글랜드인이 아니라 노르만족도 있었다. 이들이 여러 시기에 걸쳐 현지인과 뒤섞이면서 오늘날 아일랜드인의 상당수가 노르만족 후손일 가능성이 잉글랜드인 후손일 가능성보다 높다. 또 17세기에 주로 스코틀랜드에서 아일랜드 서쪽으로 이주한 장로교도들은 가톨릭으로 개종하기도 했고, 인구가 더 많이 몰렸던 동쪽 지역의 토착 가톨릭 신자들은 오히려 개신교로 바꾸기도 했다. 그래서 아일랜드 민족주의 지도자들 가운데 아담스(Adams), 윌슨(Wilson)처럼 영국식 성씨를 지닌 이들이 있는가 하면, 충성파 테러리스트 중에는 머피(Murphy)처럼 아일랜드식 성씨를 가진 이들도 나타난 것이다.

아일랜드계 후손이 섞인 IRA 조직원들이 영국 본토에서 테러를 벌이던 시기, 영국 총리는 '캘러핸(Callaghan)', 재무장관은 '힐리(Healey)'였는데, 둘 다 스스로를 아일랜드계로 여기지 않았다. 캘러핸의 뒤를 이은 마거릿 대처(Margaret Thatcher)는 '깊은 유니오니스트 성향'을 지녔다면서도 아일랜드 출신 선조가 있다고 믿었고, 북아일랜드의 개신교 가문 출신 조상을 둔 토니 블레어(Tony Blair)는 가톨릭으로 개종했다. 이런 사례만 봐도 영국 내 정체성 문제가 스리랑카 못지않게 복잡하다는 것을 알 수 있다.

미국도 마찬가지다. 2016년 대선에서 공화당 지지층을 결집한 주요 이슈 중 하나는 트럼프의 '장벽 건설' 공약이었고 라티노에 대한 반감이 분명 있었음에도 공화당 경선 후보 중에는 '크루즈(Cruz)'와 '루비오(Rubio)' 같은 이름을 가진 이들도 있었다. 라티노 정체성은 시간이 지나면 옅어지기도 하며 실제로 미국 라티노 중 가톨릭 신자 2명당 개신교와 무교가 각각 한 명인데, 시간이 흐를수록 가톨릭 비율이 줄어들고 이민자와 현지인 간 결혼이 늘면서 라티노 정체성은 희미해지는 추세다.

앞으로 북아메리카와 유럽에서는 '유럽계' 비중이 줄어들겠지만, 먼 대륙에서 온 사람들 역시 결국 새 고향에 녹아들 가능성이 크다. 이들의 정체성은 늘 그래 왔듯 시간이 지나면서 달라질 것이다. 13세기 잉글랜드인과 10세기 앵글로색슨인이 달랐던 것처럼 말이다. 혼혈 결혼이 늘면 영국 혈통이 거의 없거나 전혀 없는 사람도 영국에 대한 소속감을 가질 수 있고, 다른 서구 국가도 마찬가지다. 미국은 오랫동안 새로운 미국인을 받아들이며 강력한 체계를 확립했고, 유럽 국가 역시 비슷한 성공을 거둘 수 있다. 다만 지금은 미국과 달리 자기 스스로를 '이민자들의 나라'로는 여기지 않는다. 결국 얼마나 많은 이민자가 어떤 속도로 동화되는지가 관건이다.

2020년대 초반 런던·파리·뉴욕 같은 도시에선 이미 인종이 섞인 사회가 자연스럽게 느껴진다. 하지만 역사적으로 보면, 과거 영국과 프랑스가 단일 민족이던 시절에도 알제리·바그다드·알렉산드리아 같은 중동 도시는 다양한 종교와 국적이 모자이크처럼 뒤섞여 있었다. 지금은 오히려 그 도시들 내 민족이 단일하거나 인종이 뚜렷하게 분리되었다. 결국 여러 민족이 공존하는 미래가 반드시 온다고 장담할 수는 없다. 우리가 그렇게 믿는 것은 역사를 폭넓게 보지 못하고 좁은 시야로만 보는 데서 생긴 착각일지도 모른다.

71 방글라데시 여성 100명당 문해율

이 책에서는 지금까지 인구의 양적 측면, 즉 지구상 인구가 몇 명인지, 아이를 몇 명 낳는지, 평균 연령과 사망 시기 등만 다루었다. 물론 이러한 지표도 중요하지만, 이제 질적인 측면에 주목할 차례다. 오늘날 인류는 역사상 가장 놀라운 전환을 겪고 있으며, 이는 어떠한 기술 발전과 비교해도 손색이 없다. 그리고 이와 같은 질적인 전환이 없었다면, 지금까지 살펴본 사망률 하락과 기대수명 연장, 출산율 하락 등의 인구 변화는 불가능했을 것이다.

요약하면, 인류는 문맹 상태에서 교육을 받은 존재로 탈바꿈했다. 한때 교육은 극소수 특권층의 전유물이었지만, 이제는 수십억 명이 보편적으로 누릴 수 있는 권리가 되었다. 수만 년에 걸친 인류 역사에서 이 변화는 눈 깜짝할 사이에 발생한 대격변이나 다름없다. 1800년경 전 세계 문맹률은 약 90%로 추정되나, 오늘날에는 문해율이 약 90%에 이른다.

방글라데시 교육의 기적

1947년, 인도가 독립하기 직전 무슬림 세력은 '무슬림을 위한 별도의 국가'가 필요하다고 주장하였다. 따라서 오늘날 파키스탄의 서쪽과 오늘날 방글라데시 동쪽으로 나뉘어 있었던 지역이 하나의 나라를 이루게 되었다. 두 지역은 지리적, 문화적으로 큰 차이가 있었으나, 수십 년간 한 국가를 유지했다. 그러나 동쪽 벵골 지역 주민들은 펀자브 지방과 서쪽 출신 파키스탄인들의 지배를 더 이상 참지 못하고 반란을 일으켰다. 이에 서파키스탄은 사실상 집단학살에 버금가는 강경 진압을 단행하여 최대 300만 명에 이르는 벵골인이 희생되었으며, 특히 힌두교 소수집단이 집중적으로 피해를 입었다. 이로 인해 이웃 인도로 대규모 난민이 유입되었고, 당시 인도 총리였던 인디라 간디는 반군 측을 지지하며 개입하였다. 결국 1971년 3월, 동파키스탄은 서파키스탄에서 분리되어 방글라데시라는 독립 국가로 탄생하였다.

새롭게 탄생한 국가는 결코 순탄치 않은 환경에서 출발했다. 갠지스 강 삼각주 평야는 비옥하여 농사에 유리하였으나, 독립하기 전 25년 동안 인구가 약 80% 증가한 탓에 생산력은 한계에 부딪혔다. 1980년대에 고통의 상징이 에티오피아였다면, 1970년대에는 방글라데시가 그 역할을 맡았다. 이 시기 연이어 닥친 사이클론과 홍수로 막대한 피해를 입었는데, 국토 대부분의 해발고도가 낮아서 자연재해에 취약했고 인구가 증가해서 사람들이 더 위험한 지역까지 거주지를 넓힌 상황이었다. 방글라데시는 국제 재난 구호의 대표적인 수혜국이 되었으며, 당시 미국 국가안보보좌관 헨리 키신저는 이를 두고 '바구니 국가'라고 표현하기도 했다.

방글라데시는 여전히 가난한 나라여서 대부분 국민이 힘겹게 살아가지만, 인구 통계를 보면 앞으로 전혀 다른 미래가 펼쳐질 가능성이 크다. 1970년대 초 독립 당시 기대수명은 40대 중반이었는데 이제 70대 초반으로 늘었고, 영아 사망률은 당시의 6분의 1 수준으로 급감했다. 출산율도 한때 7명에 가까웠으나 지금은 약 2명으로 내려와 인구가 안정될 가능성도 보인다. 이 모든 변화의 밑바탕에는 문해율의 현격한 향상이 있다. 기초 교육만 보장돼도 자신을 돌보고 자녀를 건강하게 키우기 훨씬 쉬워지니, 기대수명이 늘고 가족 규모가 줄어드는 것이다. 방글라데시인들은 교육을 통해 자신들의 운명을 개척해 나가고 있다.

문해율 향상은 방글라데시가 겪는 변화의 초석이다. 전체 인구의 약 4분의 3이 글을 읽고 쓸 줄 알며, 남성 문해율이 여성보다 조금 높다. 24세 이하의 경우 문해율은 90%를 웃돌고, 여성 문해율이 오히려 남성보다 더 높다. 머지않아 방글라데시도 캐나다나 일본처럼 문해 능력이 사실상 보편화될 전망이다. 교육이 만병통치약은 아니지만, 사회가 발전하는 데 필수적이며, 그 첫걸음은 단연 문해 교육이다.

이 현상을 이해하려면 역사적 맥락을 살펴봐야 한다. 독립 당시 방글라데시에서 글을 읽고 쓸 줄 아는 이는 전체 인구의 4분의 1에 불과하였으며, 그중 여성은 6명 중 1명꼴로, 남성의 절반 수준이었다. 그러나 21세기에 접어들며 남녀 간 문해율 격차는 거의 해소되었고, 젊은 세대에서는 사실상 문맹 현상이 사라졌다.

기초 교육으로 문해율을 높이는 데는 성공했지만, 이제 방글라데시가 직면한 과제는 학생들이 중등 이상의 교육을 이수하도록 하고 이들이 중도 이탈하지 않도록 지원하는 것이다. 가정 형편이나 사회적 관습 등 여러 장애물이 여전히 존재하긴 해도 이 지역 중등·고등 교육 진학률은 최근 놀라울 정도로 향상되었다. 1990년대 중후반부터 2014년 사이 20년 동안 남아시아 전체의 고등교육 등록률이 20명 중 1명에서 5명 중 1명으로 무려 4배나 증가했다.

학교를 꾸준히 다니는 방글라데시 여성들에게 교육은 삶 자체를 바꾸는 힘이 된다. 미래에 변호사를 꿈꾸는 살마는 "내 교육이 나를 완성된 사람으로 만들어 줄 거예요. 내 교육이 이 사회를 더 나아가게 할 거예요."라고 말했다. 안자나 역시 비슷한 생각을 드러냈다. "학교에 못 간다고 상상하면 너무 슬퍼요. 그래서는 좋은 삶을 살 수 없잖아요. 배운다는 건 중요하고, 계속 발전해야죠." 의대를 희망하는 루파도 "의사가 돼서, 도움이 절실한 가난한 사람들을 돌보고 싶어요."라며 사회에 기여하고 싶다는 포부를 밝혔다.

이러한 정서는 인류가 빈곤과 무지의 악순환에서 벗어나는 데 가장 큰 동력이다. 교육받지 못한 채 마을에 갇혀 아이를 키우고 농사지으며 힘겹게 살아가는 여성이 이렇게 원대한 포부를 품는 모습을 상상하기는 어렵다. 방글라데시 정부 자문관은 "오늘날 여성들은 자신의 어머니들보다 더 나은 교육을 받고, 더 안전하며, 경제적으로 더 풍요로운 삶을 누리고 있다. 이제 여성은 단순히 아내나 조력자 역할을 넘어 농부, 의원, 사업가 등 다양한 분야에서 인정받고 있는데 그 혜택을 온 국민이 함께 누리고 있다."라고 말했다.

선구자들: 교육이 동아시아를 어떻게 바꾸었나

　방글라데시 정부가 교육을 우선시한 이유는 한국·대만·싱가포르가 걸어온 초고속 발전 궤도를 뒤따르기 위해서였다. 방글라데시가 녹립했을 무렵 이들 국가는 이미 고도로 성장하고 있었는데 그 핵심 동력이 바로 교육이었다.

　한국은 1940년대 후반까지만 해도 세계에서 가장 가난한 나라 중 하나였고 이는 심지어 1950년대 초 한국전쟁으로 나라 전체가 폐허가 되기 일보 직전인 상황이었다. 그럼에도 1969년부터 1988년까지 20년 동안 한국은 총 12차례에 걸쳐 두 자릿수의 실질 경제성장률을 달성해, 20세기 말에는 세계에서 가장 역동적이고 성공적인 경제 중 하나로 자리매김했다. 이는 자원을 착취하거나 풍부한 천연자원이 많이 매장된 덕이 아니라, 교육에 집중 투자한 결과였다. 무상 의무교육을 확대하고 교사 급여를 인상했다(이 정책을 시행할 당시 교사 중 3분의 1은 석사학위를 지닐 정도였다). 그 결과 1980년대 중반 30% 수준이던 대학 진학률이 현재 95%를 넘어섰다. 경제협력개발기구(OECD)의 국제학업성취도평가(PISA)에서 한국은 읽기·과학·수학 모든 분야에서 세계 10위권에 들며, 이는 미국이나 영국조차 이루지 못한 성과다. 한국의 이러한 성공은 세계 10위권 경제대국으로 도약한 위상은 물론, 영아 사망률의 극적인 감소와 기대수명 연장 같은 인구학적 지표를 통해서도 뚜렷하게 확인할 수 있다.

　교육이 경제발전의 결과가 아니라 원인이라는 주장이 제기되기도 하지만, 실제로는 둘이 맞물려 함께 진전한다고 보는 편이 더 적절하다. 한국 같은 전문직이 많은 사회를 생각해 보면, 구성원 대부분이 제대로 교육받지 않은 상태로는 그런 수준의 경제발전을 상상하기 어렵다. 19세기 영국에서는 대다수가 충분한 교육을 받지 않아도 산업화를 이끌 수 있었지만, 오늘날에는 지적 역량을 필요로 하는 고임금 일자리가 훨씬 늘어나서 교육 없이는 비슷한 성취를 이루는 게 사실상 불가능하다. 실제로 영국에서도 1880년대부터 생활 수준이 뚜렷하게 개선되기 시작했는데, 이는 초등교육이 의무화된지 10년이 지난 시점이었다.

통계를 보면 교육 수준과 경제적 성취 사이에 강력한 상관관계가 있음을 알 수 있다. 미국의 한 연구에 따르면, 고등학교 졸업장이 없는 사람에 비해 석사 이상 학위를 가진 사람은 평균 소득이 5배 이상, 자산이 18배 이상 많았다. 교육이 단지 한정된 일자리를 차지하도록 사람들을 서열화하는 데 불과하다면, 한국의 사례처럼 사회 전체가 빈곤에서 번영으로 이행하는 현상을 설명하기 어렵다.

물론 교육은 경제발전에 필요한 조건이지만 그것만으로 충분하지 않다. 어느 사회의 교육 수준이 높다고 해서 경제적 성공이 보장되는 것은 아니며 북아프리카·중동 여러 나라의 경우, 대학을 졸업해도 취업에 실패하는 이가 많다. 이는 학위의 질이 낮기 때문인데, 아랍국가 중 인구가 가장 많은 이집트의 대학교 수준은 세계 137개국 중 130위로 평가된다. 결국 실력을 갖춘 사람들은 해외로 떠나려 한다.

어느 나라든 세계 경제에 편입하지 못하고, 고학력 인재에게 적절한 보수를 주는 일자리가 부족하면 교육에 투자할 유인도 감소한다.

예컨대 이집트에서는 대학 졸업생의 실업률이 비졸업생보다 더 높은데 노동시장이 이들의 기대 수준을 충족하지 못하기 때문이다. 가치 없는 학위와 비현실적인 기대가 맞물리면, 사람들 사이에 불안한 감정이 퍼지고 젊은 층 비중이 클 경우 이러한 경향은 더 짙다. 실제로 2011년 이집트 봉기에는 졸업자의 절반 정도가 실업자였던 점이 크게 작용했다. 인접한 레바논도 매년 3만 5천 명의 졸업생이 나오지만, 그중 5천 명만 일자리를 얻는다. 이렇게 작은 경제 규모와 한정된 기회에 비해 사람들의 교육 수준이 높아서 인력이 과잉 공급되는 현상은, 1848년 이후 서구에서 발생한 여러 혁명과 같은 사회적 혼란의 요인으로 지목된다. 방글라데시도 기초 교육 수준을 끌어올려 빠른 경제성장을 이뤘으나, 여전히 졸업생을 수용하는 데 난관을 겪는다.

여성과 교육, 그리고 발전

성평등은 아직 갈 길이 멀지만, 지금까지 이루어진 변화 중 교육 분야만큼 눈에 띄는 곳은 없다. 이미 여러 나라에서 여성의 대학 진학률이 남성을 추월하였으며, 경우에 따라 그 격차가 매우 크다. 아이슬란드에서는 남성 4명당 여성 7명이 대학에 다니고, 쿠웨이트에서는 고등교육 분야에서 여성 수가 남성의 두 배 이상이다. 아이슬란드처럼 여성 해방이 전반적으로 진전된 나라는 직장과 정치 영역에도 이런 변화가 분명하게 드러난다. 반면 쿠웨이트 같은 나라에서는 교육 수준이 높아진 여성들이 기업과 공공 분야에서는 오히려 기회가 제한되어 좌절감을 느끼기 쉽다. 그러나 현재 흐름을 보면, 여성평등은 교육을 넘어 사회 전반으로 확장될 가능성이 크다. 실제로 방글라데시는 독립 이후 절반 이상의 기간 동안 여성 총리가 나라를 이끌었다.

여성이 기업이나 정치 영역에서 어떤 위치에 오르든, 여성 문해율을 높이는 것만으로 가난한 나라에는 큰 도움이 된다는 점이 확인됐다. 또 역설적이게도 여성 교육은 출산율을 낮추는 데 가장 효과적인 방법 중 하나이다. 글을 읽고 쓸 줄 아는 여성은 자신과 자녀의 몸을 더 잘 돌보기 때문에, 영아 사망률을 비롯한 사망률이 전반적으로 낮아지고, 자기 자녀가 적어도 자신만큼은 교육받도록 하려 하므로 다음 세대도 교육을 이수하는 선순환이 생긴다. 교육을 통해 사회적 위치를 높이고자 하는 열망은 인구변천의 다음 단계로 진입하는 강력한 동력이 되어 궁극적으로 출산율과 사망률을 낮춘다. 물론 교육은 그 자체로도 의미가 있다. 교육은 개인이 더 많은 선택권을 가지고 만족스러운 삶을 영위할 수 있도록 하는 길을 열어 주기 때문이다.

이미 한 나라를 빈곤에서 벗어나게 하는 효과적인 방법으로 여성에게 투자하는 것이 정설이 됐다. 세계은행 전 수석 이코노미스트 래리 서머스는 "개발도상국에서 여학생 교육에 투자하면 가장 높은 수익률을 기대할 수 있다"라고 말했다. 이는 직접적인 경제 성과뿐 아니라 다음 세대 복지와 인구 조절 측면에서도 큰 이익을 가져다준다. 그러나 많은 지역에서 여성은 여전히 교육 기회를 제대로 보장받지 못한다. 가난한 사회에서 여성은 가장 소외받으면서도 대부분의 노동과 다음 세대를 돌보는 역할을 책임지므로, 이들에게 투자하면 상당한 보상이 따른다. 실제로 아프리카에서 여성은 전체 토지의 30% 정도만 소유하지만 식량 생산의 70%를 담당하는 것으로 추정된다.

교육은 경제적 이익도 가져다준다. 교육받은 사람은 생산성이 높고, 더 큰 가치를 창출하는 직업으로 옮기기 수월하며, 공식 경제에 참여할 가능성도 크다. 가난한 생계형 농부라 해도, 교육을 통해 새로운 농업 기술을 배워 수확량을 늘릴 수 있고 공장에서 일할 기회도 얻을 수 있다. 또, 얻은 정보를 효율적으로 활용하게 되며, 새로운 기술을 받아들이는 능력도 향상된다. 실제로 전 세계적으로 교육 수준과 농업 생산성 사이에는 높은 상관관계가 있으며, 한 연구에서는 교육을 1년 더 받으면 생산량이 3% 이상 늘어난다고 추산했다.

교육은 농부의 생산성을 높여줄 뿐 아니라, 농촌 지역 주민이 기계를 다루거나 공장에서 일할 수 있도록 기초 문해력을 길러 준다. 이는 1980년대 이후 중국 경제가 부상한 핵심 동력이기도 하다.

모든 선진국 경제는 폭넓은 능력과 역량을 요하는 자리에 진출한 여성들에 크게 의존한다. 여성이 참여하지 않으면 병원, 이사회, 의회 등이 제대로 작동하기 어려우며 교육 기회가 확장되지 않았다면 이러한 변화도 불가능했을 것이다.

교육과 민주주의

교육이 경제적으로는 생산성을 향상시켰다면 정치적으로는 민주주의를 가져왔다. 다만 이에 대해서는 이견도 있다. 인도는 인구 대다수가 문맹이던 시절에도 여러 세대에 걸쳐 민주주의를 유지했다.

물론 지금은 1947년 독립 당시 다섯 사람 중 한 사람도 글을 읽지 못하던 상황에서 크게 발전하여, 네 명 중 세 명이 글을 읽을 수 있게 됐다. 그렇지만 대규모로 문맹이 퍼져 있던 시기에도 인도의 민주주의는 어떻게든 존속했다.

반면 교육 수준이 아무리 높아도 민주주의가 자리 잡지 못한 나라도 많다. 소련권만 해도 세계 최고 수준의 교육을 받는 이들이 많았고, 중국 역시 서구와 다른 정치 체제를 유지하면서도 큰 교육 발전을 이루었다. 즉, 높은 교육 수준이 반드시 민주주의와 맞닿아 있는 것은 아니다. 그럼에도 교육과 민주주의가 서로 연결된다는 생각은 오래전부터 존재했다. 19세기 영국에서 선거권이 확대되던 시절, 상류층은 권력이 대중에게 넘어가고 있음을 인식하고, 대중이 책임감 있게 권력을 행사할 수 있도록 교육에 관심을 기울였다. 실제로 1867년에 도시 노동자 남성에게 투표권이 부여된 후 3년 만에 초등교육이 의무화됐다. "우리는 주인들을 교육해야 한다"라는 구호가 나온 것도 이 무렵이었다.

민주주의와 교육 사이의 상관관계를 통계적으로 연구한 결과, 이 둘은 어느 정도 연관이 있어 보이지만 논란의 여지가 있고 결정적인 증거가 부족하다. 언뜻 보면 학술적 논쟁처럼 보이지만 이는 매우 중요한 문제다. 현대적이고 부유하며 교육 수준이 높은 사회가 민주주의를 반드시 갖춰야 하는지, 혹은 그럴 필요까지는 없는지에 관한 것이기 때문이다. 인류 정치의 미래를 놓고 이보다 중요한 질문은 없을 것이다.

교육과 여러 불만들

지금까지 보면 별다른 반론은 없어 보인다. 교육은 개인의 시야를 넓히고 경제 및 인구 발전에도 분명히 기여한다. 문해력 높은 사람이 자신과 가족들을 대체로 더 잘 돌보는 개발도상국에서 교육수준과 기대수명 간 비례관계를 확인할 수 있고 선진국에서도 학사 학위를 갖지 않은 이들의 사망률이 두드러지게 높으므로, 같은 논리를 적용할 수 있다. 게다가 교육은 민주주의에 유리한 환경을 조성하는 듯하다.

이런 체제는 많은 사람이 정치 과정에 참여하지 못하거나 이들의 존재 가치가 저평가되는 사회 체제보다 훨씬 낫다. 교육은 발전을 앞당기며, 어떤 의미에서는 교육 자체가 발전이기도 하다. 유엔이 인간 삶의 질을 측정하기 위해 사용하는 인간개발지수(HDI) 역시 1인당 GDP와 기대수명에 더해 교육을 세 가지 주요 지표로 삼는다.

한편 일부 회의론자는 부유해져야 교육을 받을 수 있으며 교육이 사람을 부유하게 만드는 것은 아니라고 주장한다. 비록 이 말이 완전히 옳다고 보기는 어렵지만, 분명 모든 교육이 양질이라고 할 수도 없으며, 이는 공교육이든 사교육이든 마찬가지다.

또 교육 수준이 높아도 시장 수요를 만족시키지 못하는 경우가 적지 않다. 앞서 중동 지역에서 교육이 임금 상승으로 이어지지 못하는 사례를 살펴본 바 있고, 중국 남서부 농촌 지역에서도 비슷한 상황이 벌어지고 있다. 소수 민족도 학교에 갈 의무가 있지만, 부모 중에는 아이를 교실에서 빼내어 채소를 팔게 하는 경우도 있다. 외딴 산골에서는 대학을 졸업해도 일자리를 얻기 어렵다는 이유에서다. 자녀가 공부만 하면 농사일에 게을러진다고 주장하기도 하는데 이러한 판단의 옳고 그름을 떠나서 기회를 얻기 어려운 환경에서는, 교육이 개인이나 국가 차원에서 높은 가치를 지니지 못한다.

한편, 교육에 대한 열망은 희생이 따르는 상황에도 많은 사람을 앞으로 나아가게 한다. 미국으로 이주한 이민자 세대의 경우 자신들이 받지 못했던 기회를 자녀에게 제공하기 위해 열심히 일했으며, 이들은 교육을 '사다리'로 여기고 자신이 오르지 못하더라도 다음 세대가 오를 수 있도록 돕고자 했다. 이런 일은 미국이나 이민자들만의 이야기가 아니다. 세계 곳곳에서 아이들은 맨발이나 빈속으로도 학교에 다니며 최대한 높은 수준의 교육을 받으려 한다. 말라위의 한 학생 니렌다는 "아침밥을 못 먹어도 괜찮다. 나중에 사업가가 되면 더 많은 음식을 먹을 수 있을 거라 믿는다"라고 말했다.

반면 어떤 사람들은 교육이 인간을 현대 산업 자본주의 체제의 생산 단위로 만들도록 고안됐다고 비판한다. 공상과학 작가이자 미래학자인 앨빈 토플러(Alvin Toffler)는 "대중 교육은 특정 유형의 성인을 만들어 내기 위한 기발한 장치로, 규율화와 개성의 부재가 특징"이라고 주장했고, 산업 사회에서 탈산업 사회로 전환된 이후에도 이런 주장은 계속 이어져 왔다. 그 결과 사람들은 자신의 기술적 역량을 잃고 기계처럼 순응하도록 훈련받다가, 기술 발전으로 인해 직업의 가치가 하락하는 상황에 놓이게 된 것이다.

성취욕과 주변에 맞춰야 한다는 요구는 때로 누군가에겐 감당하기 어려운 심리적 압박을 준다. 한국이 대표 사례다. 교육 덕분에 한국은 상상을 초월한 부를 이루었지만, 성적 중심 시스템 때문에 젊은 층이 극심한 불안을 겪는다. 치열한 입시 경쟁 속에서 명문대에 들어가려 애쓰다 보니, 학생 중 86%가 스트레스를 받는다고 하고, 75% 가까이는 잠깐 쉬어도 죄책감을 느낀다고 한다. 보통 고등학생은 밤 11시에야 공부를 마치는데, "다른 친구들이 뭘 하는지 보면 죄책감이 들어 더 공부해야 한다고 느낀다"라는 학생도 있다. 한국은 OECD 회원국 중 자살률이 가장 높으며, 10세에서 19세 청소년 자살률도 세계 최고다.

한편 많은 개발도상국에서는 서구식 교육이 식민 지배 시기에 들어와, 원주민 고유의 지식 체계를 밀어냈다고 비판하기도 한다. 그러나 대부분 지도자는 오히려 교육이 서구 의존에서 벗어나는 가장 확실한 길이라는 실용적인 관점을 지니고 있다. 현대 학문과 지역 문화·전통을 어떻게 결합했는지는 각 나라의 몫이다. 이 점에서 일본은 서구 과학·교육을 성공적으로 받아들이면서도 고유 전통과 정체성을 지켜낸 좋은 사례다. 세계 곳곳에서 교육 수준이 높아지면서, 지식이 서구의 전유물이 아닌 인류가 함께 만들어 가는 공동 자산이라는 인식도 확산되고 있다.

교육이 부정적 영향을 준다는 의견으로는 생각 없이 배운 대로만 수행하는 기계 인간을 대량 배출할 뿐 아니라 민족주의와 집단 학살적 감정까지 키울 수 있다는 시각도 있다. 전간기 독일인들은 당시 세계 최고 수준의 교육을 받았음에도 나치를 지지했고, 이 시기 독일은 민주 제도를 내팽개친 채 전쟁과 대량 학살을 자행했다. 1994년 르완다 집단 학살도 학교에서 이뤄진 반(反)투치 세뇌 교육[22]이 핵심 원인으로 지목된다. 민족주의가 문제라면 교육을 통해 그것이 확산하는 것은 더 큰 문제이며, 오늘날 종교 역시 가정뿐 아니라 학교를 통해 퍼지고 있다.

그러나 이런 비판은 자동차가 오염과 사고를 일으키고 은행 강도가 도주할 때 악용된다는 이유만으로 자동차가 나쁘다고 하는 것과 비슷하다. 교육이 나쁜 일에 쓰일 수 있어도 대개는 훨씬 더 나은 방향으로 활용된다. 언어와 사고방식의 표준화, 시민들의 기초 문해력과 수리 능력이 없었다면 현대 국민국가와 산업 경제는 태동하기 어려웠을 것이다. 전통적 국민국가가 교육 없이 발전할 수 없었듯, 세계화 시대에도 사람들이 특정 국가 시민을 넘어 세계 시민으로 자각하려는 태도가 필요하고 그 밑바탕엔 교육이 전제되어야 한다. 교육 반대론에 맞서는 가장 효과적인 답변은, 모두가 무지한 상태로 남았다면 과연 더 나았을지 되묻는 것이다.

좀 더 흥미로운 비판은 데이비드 굿하트와 디트리히 폴라스가 각각 제기한 주장으로 선진 경제가 이미 '교육 정점'에 도달했다는 이야기다. 경제학적으로 볼 때 인구의 절반이 대학에 다니는 단계가 되면 인적 자본에 대한 투자 수익률이 높지 않다는 뜻이고, 실제로 가

---

[22] 역주: 다수의 농업 인구로 구성된 후투 민족이 소수의 전통적 지배층으로 여겨지는 투치 민족을 비인간화하고 혐오하도록 체계적으로 주입한 교육정책. 르완다 정부는 국가 주도의 교과 과정, 교재, 교사 교육 및 미디어 선전을 통해 어릴 때부터 투치에 대한 부정적 인식을 심어, 두 민족 간 극심한 적대감을 조장하였다.

장 발전된 국가에서는 대학 졸업자가 받는 '학위 프리미엄'이 많이 줄었다. 굿하트는 직장에서 어떤 능력이 가치 있고 보상받는지 다시 생각해 봐야 한다고 주장했고 폴라스는 이것이 최근 몇 년간 경제성장이 더딘 이유라고 해석했다.

선진국은 이 두 시각을 모두 고민해 봐야 한다. 그러나 인류 전체적으로 보면 아직 이 문제에 직면하지 않은 곳이 많다. 차드 같은 나라에서는 대다수 사람, 심지어 젊은 층의 대부분이 문맹이기 때문에, '과잉 교육'은 여전히 선진국의 문제에 가깝다. 방글라데시 등 몇몇 국가는 놀라운 발전을 이루었지만 여전히 갈 길이 멀고, 어떤 나라는 시작조차 하지 못했다.

한국이나 방글라데시 같은 나라가 거둔 성공은 주목할 만하다. 그러나 여전히 교육 수준을 높이지 못하는 나라가 많다는 점은 우려스럽다. 앞서 언급한 차드를 포함해 사하라 이남 아프리카에서도 남녀 간 문맹률 격차가 줄고 있지만 여전히 매우 크다. 노인층은 3분의 1만 글을 읽는 데 반해, 젊은 층은 4분의 3이 문해력을 갖추었고 이는 분명 발전을 시사하지만, 그것이 전부는 아니다. 서아프리카의 작은 나라 적도 기니는 인구가 워낙 빠르게 증가해서 문맹률이 낮아지는데도 실제 문맹 인구는 오히려 늘어나고 있다. 1990년대 중반 이후 이 지역 인구는 세 배 가까이 늘었는데 젊은 세대가 급격히 많아지는 상황에서 모든 사람에게 교육 기회를 제공하기란 쉽지 않다.

위대한 지식 프로젝트

보편적 교육은 오늘날 세계 여러 지역에서 당연시되고 있지만, 이는 비교적 최근에 나온 발상이고 전례가 없으므로 파급 효과가 매우 클 수 있다.

한편 서양 대학생들이 자신들이 배우는 교과목 대부분이 이미 세상을 떠난 백인 남성으로 가득 채워져 있다고 불평하는 데에는 일리가 있다. 만약 18세기나 20세기에 뉴턴이나 아인슈타인에 필적하는 아프리카 출신 여성 과학자가 있었다면 당연히 우리는 그 인물을 알았을 것이다. 그렇다고 이것이 일부 극우 세력이 주장하는 바와 같이, 유럽이나 남성 우월주의를 입증하는 것은 아니며, 대학 교과과정을 정하는 이들의 편견 때문이라고 보기도 어렵다.

사실 우리 문화에서 세상을 떠난 백인 남성이 두드러지는 이유는 그들이 그 당시 교육과 지식에 접근할 수 있었기 때문이다. 뉴턴과 아인슈타인은 탁월한 재능을 지녔고 생각을 발전시키는 과정도 순탄치 않았지만, 적어도 그런 기회를 얻을 여건은 갖추었다. 불과 얼마 전까지만 해도 그러한 지위에 오를 수 있던 사람은 백인 남성뿐이었고 인류 역사 대부분에서 절대다수는 가장 기본적인 교육조차 받을 수 없었다. 대다수에게 기초 문해력을 넘어서는 교육은 그들이 누릴 수 없는 엄청난 사치였다.

그런데 지금은 큰 변화가 일어나고 있다. 아르메니아 대통령이 "1천 명마다 뉴턴을, 1만 명마다 아인슈타인을 찾을 수 있다면, 수억 명 가운데서는 얼마나 더 많은 재능을 발견할 수 있겠는가"라고도 말

[표17] 방글라데시 문해율(여성과 남성), 1981-2019

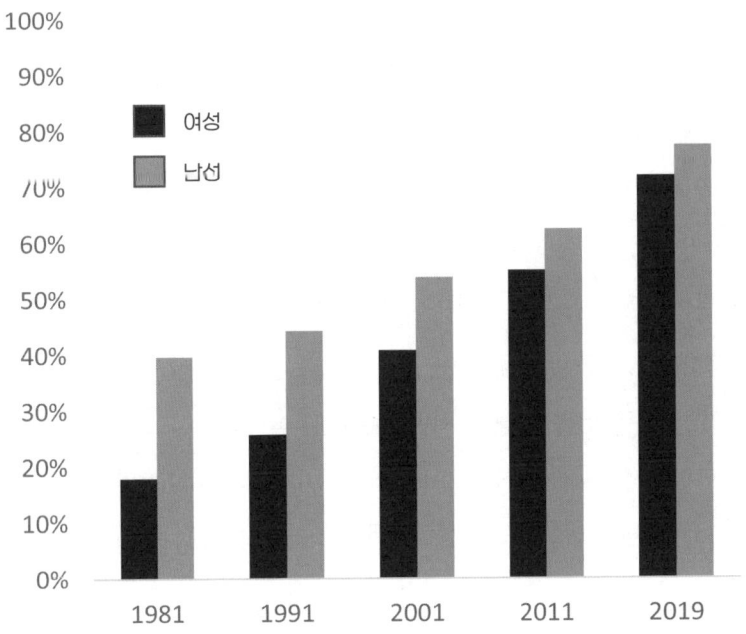

출처: 세계은행(World Bank)

1980년대 초부터 방글라데시에서는 거의 모든 사람이 기초교육을 받게 되었다. 그 결과 40년 전 전체 인구 중 글을 읽을 줄 아는 사람이 30% 정도밖에 되지 않았지만, 지금은 약 4분의 3에 이른다. 또 다른 주목할 만한 성과는 남녀 간 교육 격차가 크게 줄었다는 점이다. 1980년대에는 문해력이 있는 남성이 여성보다 두 배 많았지만, 이후 몇십 년간 그 차이가 꾸준히 줄었다.

[표18] 일부 국가들의 고등교육 진학률

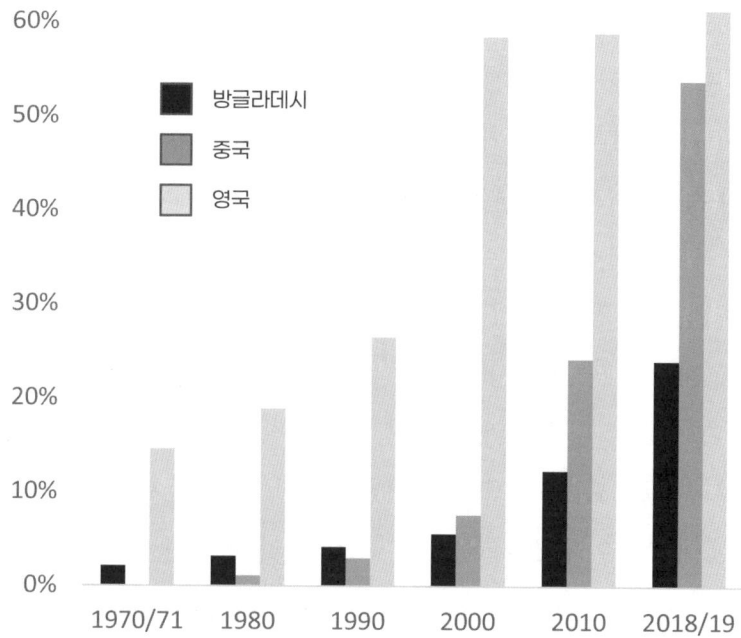

출처: 세계은행(World Bank)

고등교육 확산은 전 세계적인 현상으로, 특히 중국에서 놀라운 발전이 있었다. 마오의 문화대혁명 시기에는 대학이나 전문대학에 진학하는 사람이 거의 없었지만, 지금은 절반가량이 진학한다.

했다. 또한 현대 정보통신 기술은 사람들의 협력 방식을 크게 바꿔 놓았다. 항공 이동이 일반화되어 국제회의가 쉬워졌고, 이메일과 화상회의로 정보를 주고받을 수 있어 네트워크가 훨씬 촘촘해졌다. 이처럼 교육받은 인구가 늘고 이들이 활발히 소통하면서 지식은 이전보다 훨씬 빠르게 축적되고 있다.

이를 잘 보여주는 두 가지 예가 있다. 나는 민족주의 분야 권위자인 친구와 음악회를 다녀온 뒤 그에게 음악과 국가에 관한 책을 집필해 보라고 제안했다. 그는 음악에 대한 열정은 있지만 학문적 깊이가 부족하다며 걱정했다. 그래서 나는, 우리 둘 다 즐겨 읽은 에드워드 엘가(Edward Elgar, 영국의 낭만주의 작곡가) 관련 논문을 쓴 음악학자에게 연락했고, 결국 내 친구와 그 음악 교수는 직접 만난 횟수가 한두 번에 불과했음에도 함께 책을 집필했다. 예전이었다면 이렇게 생각을 주고받는 과정이 훨씬 더 느리고 힘들었을 것이다. 이 작업은 친구의 말년에 새로운 목적의식을 부여했고, 그동안 잘 다루어지지 않았던 흥미로운 연구가 세상에 나오도록 해주었다.

더 널리 알려진 예로는 내가 이 책을 쓰는 동안 세계를 휩쓴 코로나19 바이러스 치료법과 백신 개발을 들 수 있다. 지금 이 글을 쓰는 시점에도 상황은 이어지고 있지만, 과학자들이 바이러스 유전 정보를 해독하고 그 영향을 막을 방법을 찾아낸 속도는 같은 분야에서 일하는 사람이 적었거나 이들이 서로 소통하고 실험 결과를 공유할 수 없었다면 훨씬 느렸을 것이다. 100년 전이었다면, 케임브리지의 과학자가 혼자 실험실에 고립되어 종종 독일에 있는 동료에게 편지를 쓰고 몇 주씩 답장을 기다려야 했을 것이다. 오늘날처럼 전 세계 수천 명이 몇 초 만에 의견을 주고받는 환경과 비교하면, 그 시절의 진전 속도는 달팽이 걸음에 불과했다. 또한 정보·통신 기술 덕분에 직접 이동하거나 얼굴을 마주 보지 않고도 업무와 교류를 이어 갈 수 있어, 코로나19 대유행이 가져온 혼란도 훨씬 줄었다.

미래의 교육받은 사람들

1960~70년대에는 많은 학자들이 세계 인구가 너무 많아져서 자원이 고갈된 거라며 우려했다. 당시 인구 증가율이 연간 2%에 달했으니 이러한 우려는 합리적이였는데, 현재는 그 절반 수준으로 떨어졌고 계속 하락 중이며, 몇몇 지역은 인구가 감소하고 있다. 그리하여 최근에는 오히려 인구가 너무 적어지지 않을까 하는 우려가 제기되고 있다. 앞서 살펴봤듯, 노동력의 규모와 연령 구조는 소비자 수를 비롯한 경제 전반에 영향을 미치므로, 인구가 줄면 경제도 함께 축소될 가능성이 있다. 그러나 이를 상쇄할 요소도 존재한다. 예컨대 이미 여러 지역에서 신규 노동자 수는 감소하고 있음에도 노동 생산성이 더욱 향상될 전망이다. 중국의 최근 경제 기적 역시 저생산성 농업 인력을 공장으로 옮겨 산출량을 높인 결과이며, 더 많은 사람이 교육의 사다리를 오를수록 생산성은 더욱 향상될 것이다.

세계 경제성장은 수적으로 감소하는 노동력을 질적으로 향상시키는 데 달려 있다. 즉, 저숙련 노동자의 절대적인 수보다는 손으로 일하던 사람을 머리로 일하는 사람으로 바꾸는 것과 더 관련이 있다.

한편 인공지능(AI)은 이미 존재하는 많은 업무를 대체할 것으로 예상되지만, 정작 AI가 대체하기 가장 쉬운 분야는 수작업이나 공감 능력이 필요한 일이 아니라 사무직일 수 있다. 장부를 담당하는 인력은 '로봇의 등장'을 우려해야 하지만, 쓰레기를 치우거나 노인을 돌보는 일은 기계가 모방하기 어려운 업무이기 때문이다.

인구가 고령화되어 돌봄 직종 수요가 큰 선진국은 이미 교육 수준이 최고조에 이르렀을 가능성이 크지만, 전 세계 수억 명은 여전히 잠재력을 제대로 발휘하지 못하고 있다. 그러나 이 역시 빠르게 변화하고 있다.

375 에티오피아에서 25년 동안 곡물 생산이 증가한 비율

서기 1년부터 현재까지 모든 여성이 가임기에 도달해 그 기간 동안 평균 네 명의 자녀를 낳았다고 가정하자. 또, 여성이 아이를 낳는 평균 연령을 스물다섯 살로 정하자. 이러한 가정은 크게 과장된 것으로 보이지 않는다. 실제로 가임기 내 성생활을 할 경우 임신이 네 번 이상 발생할 가능성이 높으며, 아이가 네 명이라는 것도 그리 많아 보이지 않는다. 또한 전근대 사회에서는 스물다섯 살이 출산하기에 특별히 이른 나이라고 할 수 없다. 이와 같이 보수적인 가정만으로 세대가 교체될 때마다 등장하는 코호트는 이전 세대 인구의 두배이다.[23] 즉, 100년마다 인구가 네 번씩 배가되는 셈이다.

이 가정을 세계 인구가 대략 2억 5천만 명이던 서기 1년부터 적용하면, 500년 무렵에는 인구가 현재 인구의 3만 배가 넘는 250조 명 이상이 된다. 그리고 21세기에 이르면 인구를 나타내는 숫자가 열 자리가 아니라 서른세 자리가 되어야 한다. 이 정도 규모는 보통 우주론이나 수학에서 다루는 수준이지, 인구학이나 사회과학에서 다룰

---

23 이 경우에도 사망률이나 연령 구조가 변하지 않는다고 추가로 가정했다. 만약 그 가정이 조금 달라져도 인구 증가율에 대한 영향은 크지 않아, 전체 논지에는 큰 변동이 없다. 서기 원년을 시작점으로 삼은 것 또한 임의적이며, 인류의 기하급수적 성장을 더 앞당기거나 늦춰 가정할 수도 있다.

수치는 아니다. 어느 시점에 이르면 한 인구학자가 비유적으로 말했 듯이, 인류의 증가 속도가 빛보다 빨라져 결국 우주에 있는 원자 개수보다 사람이 많아진다는 결론에 다다르게 된다.

물론 이러한 비현실적인 인구 증가는 실제로 발생할 수 없다. 빛의 속도로 인구가 증가한다면 번식 자체가 어려울 뿐만 아니라, 우리 각자의 몸에 포함된 다수의 원자로 인해 인구 수가 우주에 존재하는 원자 수를 넘어설 수도 없다. 그런데 인간이 어느 시점에서 한계에 부딪히는지는 명확하게 판단하기 어렵다. 앞서 말했듯, 아이 네 명이 살아남는 것은 특별히 이례적인 일이 아니며, 세대가 바뀔 때마다 인구가 두 배로 뛴 사례는 역사상 여러 번 존재하였다. 다만 이런 현상이 수세기 동안 지속된 적이 없다는 것이 핵심이다.

인류 역사를 돌아보면 전쟁과 전염병이 인구 증가를 억눌렀다. 그중에서도 가장 큰 걸림돌은 식량 부족이었다. 지구는 그렇게나 많은 사람을 감당할 수 없었고, 땅이 부족해지기도 전에 먹을거리가 먼저 떨어졌다. 그래서 근대 인구학의 아버지라 불리는 토머스 맬서스는, 결국 기아나 전쟁 같은 대규모 재앙으로 인구증가가 억제되거나 성적 금욕 및 영아 살해와 같은 방법으로 인간이 인구를 조절할 수밖에 없다고 주장하였다.

위에서 말한 번식 관련 가정이 크게 무리해 보이지 않더라도, 실제로 인류의 번식 속도는 그 수준을 한참 밑돌았다. 인구가 조금씩 늘어날 때마다 기근이나 굶주림, 학살 같은 재난이 이를 다시 억제하였다. 반면 인구를 어느 정도 유지하려면 아이를 많이 낳아야 했다. 펄

벅(Pearl S. Buck)의 소설 『대지』(중국 배경)에 나오는 한 인물은 아들에게 이렇게 한탄하였다. "하아, 네가 보듯이 내가 낳고 네 어미가 낳은 아이가 스무 명이 넘었는데, 그 가운데 살아남은 건 너 하나뿐이로구나! 여자가 왜 아이를 낳고 또 낳아야 하는지 이제 알겠느냐."

그러나 맬서스가 살던 시기 이후 200년 동안 그의 두 가지 핵심 전제는 완전히 뒤집혔다. 앞서 살펴보았듯, 인구 증가는 여러 요인으로 억제되었고 반면 식량 생산은 맬서스의 예상과 달리 서서히 늘어난 게 아니라 기하급수적으로 증가했다. 식량 생산이야말로 가장 큰 인구학적 제약이었는데, 이 제약이 해소된 것이 현대 인구 변화의 주요 동력으로 작용했다.

에티오피아, 맬서스의 함정을 벗어나다

에티오피아 수도 아디스아바바에서 남쪽으로 약 160km 떨어진 한 병원에서, 웃는 얼굴의 의료인이 보누투라는 건강해 보이는 아기를 저울에 달며 아이의 영양 상태가 좋다고 말한다. 어머니도 자랑스러운 표정으로 이를 지켜본다. 이런 장면은 이제 선진국에서는 흔히 볼 수 있지만, 사하라 이남 아프리카 지역에서는 오랫동안 보기 어려웠다.

1980년대 중반, 에티오피아는 기근에 시달렸다. 여타 많은 재앙과 마찬가지로 가뭄이라는 자연적 원인, 소련식 마르크스주의 농업 정책에 기반한 정부의 무능, 그리고 반군 집단을 약화시키려는 정부의 악의적 행위가 겹쳐 약 100만 명이 목숨을 잃었다. 또, 출생시 기대수명은 무려 여섯 살로 떨어졌고, 서방 세계는 영양실조로 파리에조차 반응하지 못하는 아이들의 사진을 보며 에티오피아를 실패와 빈곤의 상징으로 여겼다.

하지만 지금 에티오피아는 완전히 달라졌고 보누투 같은 건강한 아기들이 그 혜택을 누린다. 1984년 이후 인구는 두 배 넘게 늘었고, 영아 사망률은 5% 미만으로 떨어져 21세기 초의 절반, 기근 당시의 4분의 1 수준이 됐다. 1인당 하루 섭취 칼로리는 1984년 1,500kcal에서 2011년 2,100kcal로 크게 늘어났고, 기대수명은 1980년대 초반 44세에서 64세로 급상승했다. 같은 기간 산모 사망률은 3분의 1로 줄었으며, 성인 문해율은 1990년대 중반 전체 인구의 4분의 1 수준에서 절반으로 늘었다.

이러한 변화는 농업 조직에 깊이 자리 잡은 정통 마르크스-레닌주의 이념의 악영향을 제거하는 데서 시작됐다. 국제 사회 지원도 컸는데, 보누투가 몸무게를 잰 시설 역시 캐나다의 원조 자금으로 운영되고 있다. 하지만 에티오피아인들이 직접 배워서 현지 상황에 맞게 적용한 각종 농업 기술과 방법도 중요했다. 앞서 언급했듯이 가장 직접적인 효과로 곡물 생산량이 늘었다.

물론 지금도 에티오피아인들, 특히 최근 재발한 내전으로 피해를 겪은 이들의 삶은 여전히 매우 불안정하다. 그럼에도 지난 30년 동안 국민 대다수의 삶의 질은 극적으로 개선됐다. 이 모든 변화는 농업 생산성이 높아지지 않았다면 불가능했을 것이다. 이는 맬서스의 예측과 정반대 상황이다. 에티오피아는 인구 증가율을 눈에 띄게 낮추면서도 식량 생산량을 기하급수적으로 끌어올렸다. 어떤 지역에서는 단 3년 만에 수확량이 두 배 이상 뛰었다. 그럼에도 에티오피아의 헥타르당 밀 생산량은 아직 미국의 3분의 1에도 못 미치고 수백만 명이 작물 흉작에 취약하며, 일부 지역에서는 여전히 많은 이들이 영양 부족을 겪는다. 2016년 기준 아이들의 38%가 발육 부진을 겪었는데, 이보다 불과 16년 전에는 58%에 달했다. 인구가 급증하는 상황에서도 영양 부족 인구 비율은 21세기 초반 50% 이상에서 20% 정도로 낮아졌다.

만약 한 세대 안에 식량 생산량이 4배 늘고 인구가 2배 늘면, 새로 등장하는 세대의 1인당 섭취 식량은 이전 세대의 두 배로 증가한다. 물론 이렇게 빠른 식량 생산 증가는 오래 지속되기 어렵지만, 최근 몇십 년간 일부 나라는 이에 버금가는 큰 성장을 이루었다. 인도 펀자브 주는 2005년까지 약 45년 동안 밀과 유지작물 생산량이 해마다 5%씩 늘어 전체적으로 9배 가까이 뛰었다. 전 세계적으로도 20세기 하반기에 곡물 생산량이 3배로 늘었고, 21세기 들어 18년 동안 다시 50% 가까이 늘었다.

이 과정에서 직면하는 제약 중 하나는 환경이다. 인구가 급증하는 가난한 나라일수록 자연환경이 더 훼손되는 경향이 있다. 한때 숲이 무성했던 에티오피아는 1990년대 초 전체 국토 중 산림이 3%밖에 남지 않았다. 2019년에는 에티오피아 정부가 단 하루 만에 3억 5천만 그루의 나무를 심었다고 주장했다. 이 수치에 의문을 제기하는 시각도 있지만 상당한 재조림 사업이 진행되고 있으며, 에티오피아가 환경을 복구하기 시작했다는 사실은 분명하다.

에티오피아처럼 인구가 계속 늘어나는 와중에 환경을 개선하는 일은 쉽지 않겠지만, 두 가지 요인이 이 나라에 유리하게 작용할 가능성이 크다. 먼저 나무를 에너지원으로 사용하는 것에서 벗어나 나일 강 수력 발전 등 대체 에너지를 도입하는 추세가 있다. 그리고 인구 증가 속도 역시 점차 줄어들고 있다. 1990년대 초만 해도 연 3.7%에 달했지만, 지금은 겨우 2.5% 조금 넘는 수준이고 2030년대에는 2% 이하로 낮아질 전망이다. 물론 인구가 앞으로도 증가하긴 하겠으나 기하급수적 성장은 끝날 가능성이 크다. 유엔 중위 추계에 따르면 에티오피아 인구는 21세기말쯤 2억 5천만 명 안팎에서 안정될 것으로 보이며, 출산율은 이미 1980년대 초반 7.5명에서 현재 4.5명 미만으로 떨어졌다. 특히 아디스아바바에서는 1994년 무렵부터 출산율이 대체출산율 아래로 떨어졌다.

한편, 중동처럼 건조하고 인구가 빠르게 늘어나는 지역에서는 물 부족이 농업에 큰 지장을 주지만, 여기에는 기술적인 해결책도 있다. 최근 몇십 년 동안 해수 담수화 비용이 극적으로 낮아지면서 사우디아라비아의 경우 식수 절반 이상을 해수 담수화 시설에서 공급한다. 물론 이런 해결책도 다른 환경 문제를 낳지만, 그 문제들 역시 조금씩 개선되고 있다.

세상을 먹여 살리는 대혁신

자원 고갈과 기후 변화 등 환경 문제에 대한 우려가 있기는 하지만, 지구가 어떻게 이렇게 많은 사람을 수용하면서도 모두 먹여 살릴 수 있는지 되짚어 볼 필요가 있다. 어떤 이들은 인구가 너무 많다고 한탄할지 모르지만, 인구가 늘어나는 것을 반기든 그렇지 않든 이미 일부 지역에서는 인구가 줄어들기 시작했고 그 추세는 확산되고 있다. 인구 압력이 서서히 완화된 지금, 이렇게 상상도 못 한 규모의 인류가 존재할 수 있도록 만들어 준 여러 혁신에 감사를 표할 시점이다.

19세기 말만 해도 토머스 맬서스가 예측한 대규모 기근이 곧 닥쳐올 것으로 보였다. 그러나 농업 생산이 확장되고 운송수단이 발달하면서 식량 생산과 유통 수단이 크게 확대되며 새로운 세계가 열렸다. 수확량이 증가했고 미국산 소고기·돼지고기 수출은 1850년대 초에서 1890년대 후반 사이 14배나 증가했다. 미국 밀 수출도 1840년대부터 빠르게 늘었으며 영국의 빵값은 1840년부터 1880년 사이 절반으로 떨어졌다. 영국의 인구는 맬서스가 「인구 원리에 관한 에세이」를 쓰고 100년이 채 지나기 전에 3배 이상 증가했고 그중에서 수백만 영국인은 해외로 이주하기도 했다. 개선된 농업 기술과 대륙 밖에서 들어오는 식량 덕분에 유럽 전역의 식량 사정이 나아지면서 영국뿐 아니라 다른 나라 인구도 점차 증가하기 시작했다.

19세기가 끝나고 20세기가 시작될 무렵, 유럽 인구는 이미 증가한 식량 생산이 감당할 수 있는 최대 수준에 도달한 것으로 보였다. 특히 영국은 유럽 밖에서 막대한 양의 식량을 수입했는데, 빵용 밀의 경우 1850년에는 자급 체제였던 것이 1909년에는 전체의 80%를 수입하는 나라가 됐다. 더는 식량 생산을 늘릴 방법이 없어 보였으며, '고스트 에이커(ghost acre),[24] 같은 추가 자원도 고갈된 것으로 보였다. 맬서스 이론은 여전히 적용되는 것처럼 보였는데 예전보다 식량과 인구의 절대적 규모만 커졌을 뿐이었다. 더 이상 새로운 대륙을 찾거나 광활한 대평원을 개척할 수도 없었다. 자연 비료 역시 생산량을 무한정 늘리기에는 한계가 있었다. 실제로 라틴아메리카에서 광물 비료인 초석이 매우 귀하여 1879년부터 1883년까지 칠레·페루·볼리비아가 이를 확보하기 위해 전쟁을 벌였으며, 이 전쟁으로 5만 5천 명 넘게 죽거나 부상당했다. 게다가 그 비료로 이익을 볼 수 있는 기간도 약 30년에 불과했다.

바로 이런 상황에서 영국 과학진흥협회의 회장이었던 윌리엄 크룩스(William Crookes)는 과학이 이러한 한계를 돌파할 수 있을 것이라 기대했다. 그리고 실제로 그 돌파구는 북해를 건너 독일에서 열렸다.

제1차 세계대전 직전, 독일 화학자 프리츠 하버(Fritz Jakob Haber)는 질소를 고정하는 방법을 개발했고, 칼 보슈(Carl Bosch)가 이를 대규모 공정으로 확대했다. 이로써 초석 등 자연 광물에 전적으로 의존하던 시대가 막을 내리고 화학 비료를 대량으로 생산할 수 있게 됐다. 1934년 하버가 세상을 떠났을 때 한 추도 연설에서 "하버는 공기에서 빵을 얻어, 자기 나라와 인류 전체를 위해 위대한 업적을 세운 사람으로 기록될 것이다"라는 평이 나왔다. 또 다른 연구자는 "하버-보

---

24 역주: 원래 식량 생산 한계에 도달했을 때, 추가로 활용할 수 있을 것이라 여겨진 미지의 경작 가능한 토지나 자원을 은유적으로 일컫는 말

슈 공정이 없었다면 세계 인구가 1900년 16억 명에서 현재 60억 명 이상으로 늘어날 수는 없었을 것"이라며 이 기술을 '인구 폭발의 도화선'이라 칭했다. 현재 추징치로 보면 전 세계 인구의 40%가 하버와 보슈 덕분에 식량을 공급받고 있다. 아시아와 아프리카 지역에서 최근 수십 년 동안 일어난 인구 폭증도 사실상 이 두 사람의 공로임에도, 대다수는 그 이름조차 알지 못한다.

한편 제2차 세계대전 무렵, 나치 독일은 자국민에게 식량을 공급하기 위해 하버가 개발한 방식을 받아들였다. 기술 혁신으로 식량난을 해결한다는 발상 자체가 다른 나라 영토를 빼앗음으로써 이를 이루고자 한 나치의 구상·이념과 충돌했음에도 불구하고 말이다. 게다가 하버는 유대인이었고, 나치는 그의 성취를 달가워하지 않았다. 결국 나치가 정권을 잡은 뒤 하버는 영국으로 망명했는데, 제1차 세계대전 때 독가스를 발명해 독일군을 도운 이력이 있음에도 영국에서 받아들여졌다. 이후 하버는 영국 위임통치령 팔레스타인으로 가는 도중 1934년에 자연사했다.

하버의 업적만이 농업 생산을 늘린 유일한 혁신은 아니지만, 세계 인구 70억 명에 식량을 공급하게 된 데에는 결정적인 역할을 했다. 또한, 잡초와 해충, 곰팡이에 맞서는 기술도 크게 발전해 수확량이 증가했다. 또 하나 중요한 변화는 1930년대부터 1960년대에 이르기까지 일어난 이른바 '녹색 혁명'이다. 키가 작은 밀이나 IR8 벼 같은 작물을 개량해, 수십 년 만에 생산량을 두 배로 늘린 사례가 많았다.

녹색 혁명을 대표하는 인물로는 질병에 내성이 있는 새 작물을 개발한 미국 농학자 노먼 볼로그(Norman Borlaug)가 있다. 그 역시 하버처럼 노벨상을 받았는데, 그는 평화상을 받았다. 볼로그의 연구는 인간이 협력과 창의력으로 생산성의 병목을 뚫을 수 있음을 보여 줬고, 역사가 개인·인종·계급 간 끝없는 투쟁으로만 이어지는 것은 아니라는 사실을 입증했다. 노르웨이 이민자 가문에서 태어난 볼로그는 대부분 연구를 멕시코에서 했지만, 가장 큰 효과는 인도에서 나타났다. 미국 입장에서도 자국에서 개발된 과학 기술로 세계 기아 문제를 해결하는 것은 정치적으로 중요한 일이었다. 잠재적으로 분노와 혁명의 열기가 있던 제3세계 농민들의 대규모 기아와 빈곤을 어느 정도 해소했기 때문이다.

볼로그의 혁신이 유전적 다양성을 줄이고 토양 침식을 유발했다는 비판도 있었는데 볼로그 자신도 자신의 작업이 지닌 한계를 알고 있었다. 그럼에도 하버 사례와 마찬가지로, 볼로그가 내놓은 아이디어가 수십억 명의 생명을 살리는 데 핵심적인 역할을 했다는 사실은 반박하기 어렵다. 볼로그는 자신의 회의론자에 대해 "이 사람들은 아마도 실제로 배가 고픈 게 어떤 느낌인지 모를 것이다. 이들은 워싱턴이나 브뤼셀의 편안한 사무실에 앉아 활동한다. 단 한 달만이라도 내가 50년 동안 그래 왔듯이 개발도상국의 비참한 현실을 직접 겪어 본다면, 그들도 트랙터와 비료, 관개수로를 절실히 원할것이고, 부유한 나라의 화려한 엘리트들이 이런 것들을 막으려 하는 데 분노할 것이다"라고 말했다.

이번에는 정말 다를까?

지난 200년 동안 식량 생산량은 급증했다. 19세기 유럽만 해도 기근이 흔했으며, 예멘·수단·소말리아 등 세계 여러 지역에서는 20세기까지 기근이 이어졌다. 인도에서는 1940년대에 끔찍한 기근이 발생했으며, 1943년 벵골 기근 때는 300만 명 넘는 사람이 목숨을 잃었다.

한편, 굶주림이 식량 부족이 아니라 전쟁이나 정치적 무능, 혹은 의도적인 정책으로 발생하는 경우가 점점 늘고 있다. 1930년대 초 우크라이나에서 수백만 명이 굶어 죽은 것은 농업 생산과는 무관했다. 소련 정부가 농민들을 말살하려 했거나, 집단화 정책을 독단적으로 강행한 결과일 가능성이 크다. 1980년대 에티오피아 기근 역시 소련식 모델을 그대로 답습한 것과 인종 간 갈등이 큰 원인이었고, 당시에는 지금은 공산주의 잡지 이름을 기존 '오늘의 마르크스주의, 내일의 기근'이라는 농담까지 유행했다.

1960년대 이후 기근으로 인한 사망자는 훨씬 줄었다. 한 추정에 따르면, 1970년대 인구 10만 명당 기근 사망률은 1960년대의 5분의 1에도 못 미쳤고, 2010년부터 2016년 사이에는 1960년대의 1% 수준에 불과했다. 더 길게 보면, 현재 기근으로 인한 사망률은 1870년대와 견줄 때 약 0.3%에 그친다. 절대 수치로 봐도 굶주림으로 세상을 떠난 사람은 1870년대에는 2천만 명 이상, 1940년대에는 1천8백만 명 이상이었던 반면, 2010년부터 2016년까지 그 수치는 약 25만 명에 그쳤다.

인구가 늘 때마다 맬서스주의자들은 대규모 기근을 불러올 새로운 한계에 도달했다고 경고했다. 사실 이런 걱정은 이미 2세기 무렵에도 있었다. 당시 신학자 터툴리아누스는 "인간이 너무 많아 지구가 감당하기 어렵다. 필요한 자원이 부족해지고 불만이 커져, 결국 전염병·기근·전쟁으로 과도한 인구 증가를 저지할 수밖에 없다"라고 주장했다.

20세기 초 프리츠 하버가 질소 고정 기술을 완성하기 전에도 비슷한 우려가 있었고, 1960년대 전 세계 인구 증가율이 최고조에 달했을 때도 마찬가지였다. 1968년 출간된 폴 에를리히(Paul R. Ehrlich)의 『인구 폭탄』은 다음과 같은 말로 시작한다. "인류를 먹여 살리려는 전투는 이미 끝났다. 1970년대 전 세계는 기근을 겪을 것이며 수억 명이 굶어 죽을 것이다." 에를리히의 이러한 경고가 실제로 인구 증가를 억제하는 프로그램들을 촉진했을 수도 있지만, 그는 식량 생산을 늘릴 인간의 혁신을 과소평가했다. 이후에도 생각을 바꾸지 않은 그는, 『인구 폭탄』 출간 50주년이었던 2018년 인터뷰에서 "인구 증가와 과도한 1인당 소비가 문명을 벼랑 끝으로 몰고 가고 있다"라고 주장했다.

어쩌면 이번에는 정말 다를지 모르지만, 이 상황에 대한 그럴듯한 비유로 10층에서 뛰어내린 사람이 2층을 지나며 "지금까지는 괜찮네?"라고 말하는 농담을 들 수도 있다. 이 주장은 두 가지 측면으로 나눌 수 있다. 하나는 지구 온난화를 포함한 환경 문제이고, 다른 하나는 지금까지 전 세계가 기아를 막을 만큼 식량 생산을 늘려 왔지만 그것이 앞으로도 가능할지에 대한 우려다. 첫 번째 문제는 다음 장인 결론에서 다루고, 여기서는 세계 인구가 100억~110억 명으로 향하는 상황에서 과연 식량 생산을 늘릴 동력이 정말 한계에 이른 것인지 살펴보고자 한다.

걱정스러운 부분도 있다. 2008년 세계은행이 발표한 세계개발보고서에 따르면, 1980년대부터 개발도상국에서 밀·옥수수·쌀 생산 증가율이 줄어들기 시작했다. 2005년 미국 환경운동가 레스터 브라운은 "이제 모든 측면에서 수확 체감 현상이 나타나고 있다"라고 경고하기도 했다. 그러나 전 세계 식량 생산성을 정확히 측정하기는 쉽지 않으며 최근 연구에 따르면 농업의 '총요소생산성'—즉 토지·노동·비료 등 투입 대비 산출량—은 오히려 증가세가 가속화되고 있다. 어떤 추정치에 따르면 1980년대와 1990년대 모두 총요소생산성 증가율이 두 배로 뛰었고, 지금도 상승세이다. 그 이유 중 하나는 식량을 생산하는 데 필요한 인력이 점점 줄어들고 있기 때문이다. 예컨대 중국은 지난 30년간 농업 종사자 비율이 절반 이상에서 5분의 1 이하로 급감했다.

전체 생산량에 관한 자료는 산출량만 있으면 계산할 수 있어, 생산성이나 수확량, 수익률 같은 지표보다 비교적 확실하다. 여기서도 위안을 주는 소식이 있는데, 21세기 들어 전체 생산량 증가율은 다소 높아졌고, 동시에 전 세계 인구 증가율은 느려지고 있다. 이는 영양실조나 기근을 겪는 사람이 줄어드는 이유이기도 하다. 식량이 이미 풍부한 산업 국가들에선 생산량 증가가 조금 둔화됐지만, 식량이 절실한 지역에서 더 빠른 증가가 일어나 전체적으로는 식량 생산 증가율이 늘었다. 다시 말해 세계 식량 공급이 전반적으로 늘어날 뿐 아니라, 개발도상국이 선진국 잉여분에 의존하지 않고 스스로 식량을 확보하는 추세다. 무역 협정이 뒷받침되면 오히려 가난한 나라가 식량을 수출할 기회가 생길 수도 있다. 운송이나 냉장 시설에 대한 투자로 농산물 폐기율이 낮아지면, 소비자에게 돌아가는 식량이 늘어날 것이다.

물론 기후 변화로 어느 지역은 생산성이 떨어지겠지만, 다른 지역은 오히려 높아질 수 있다. 또한 더위에 강한 작물을 만드는 기술도 개발되었다.

또 하나 고무적인 점은 세계 농업 선도국과 뒤처진 나라 사이에 여전히 큰 격차가 존재한다는 사실이다. 인도의 곡물 생산량은 미국의 절반에도 미치지 못하고, 요르단은 이스라엘의 절반 이하 수준이며, 쿠바 역시 브라질의 절반을 조금 넘는 정도다. 물론 미국 옥수수 지대나 영국 이스트앵글리아, 프랑스 파리 분지 등처럼 높은 생산성을 달성하기 어려운 자연·지리적 제약이 있을 수 있지만, 그럼에도 불구하고 이들 간 격차를 줄일 여지는 충분히 남아 있다.

오늘날 우리가 사는 모습: 80억 인구 먹여 살리기

쌀은 전 세계 인구 거의 절반이 주식으로 삼는 곡물이다. 전 세계 쌀의 90%는 아시아에서 생산되며, 중국이 가장 많은 생산량을 보유하고 있고 인도가 가장 넓은 재배 면적을 갖는다. 새 품종과 비료 사용을 결합한 '녹색 혁명' 덕분에 20세기 후반 40년 동안 쌀 수확량은 두 배로 뛰었다. 1960년 무렵의 농법도 이미 수천 년 동안 축적된 지식과 경험에 기반하였음을 떠올리면, 이러한 변화는 현대 과학이 거둔 놀라운 성과다.

하버-보슈 공정이 수확량을 높이는 마지막 단계가 아니었듯, 녹색 혁명도 마찬가지다. 2000년부터 2019년 사이 전 세계 벼 생산량은 25% 이상 늘었고, 같은 기간 아시아 인구 증가율은 연 1% 정도에 그쳤다. 그 결과 21세기 초반부터 지금까지 저체중인 중국인 비율은 대략 16%에서 8%로, 동아시아 전체에서는 15%에서 5%로 줄었다. 농경이 시작된 이래로 이 지역 사람 대다수가 충분히 먹지 못해 왔음을 감안하면 이는 결코 작은 발전이 아니다.

이전 장에서 교육 수준이 올라가며 인류가 질적으로 성장하는 모습을 살펴봤다. 교육을 '소프트웨어 업그레이드'라고 본다면, 영양을 충분히 섭취한 것은 '하드웨어'를 개선한 셈이다. 흔히 이런 발전이 그러하듯 둘은 서로 긍정적인 영향을 주며 선순환을 일으킨다. 영양 상태가 좋은 아이의 뇌는 반쯤 굶주린 아이보다 더 잘 발달하고, 배고픔에 시달리지 않은 아이는 학교에서 더 잘 집중할 수 있다. 같은 맥락에서 교육 수준이 높은 농부는 생산성이 올라 가족을 먹여 살리기 한결 유리하다.

늘 그렇듯 희망적인 이야기에도 어두운 그림자는 있다. 모든 지역의 식량 사정이 동아시아처럼 빠르게 개선된 것은 아니고, 오히려 상황이 악화된 곳도 있다. 예컨대 부실한 행정으로 악명 높은 짐바브웨는 2000년 이후 영양 부족 인구 비율이 40%에서 50%로 올랐다. 농업 환경이 뛰어나고 잠재력도 큰 나라에서 이런 일이 벌어진 건 부끄러운 일이다. 전쟁으로 황폐해진 예멘에서도 영양 부족 인구 비율이 급격히 늘었다. 최근 흐름을 보면 세계 기아 인구가 다시 증가하기 시작했고, 코로나19 대유행으로 인한 경제 위기와 빈곤 확대로 당분간 이 상황이 더 악화될 수도 있다. 인구가 계속 늘어나는 상황에서는 인구 대비 기아 비율이 낮아져도 절대적인 기아 인구 수가 늘어날 수 있다.

식료품 가격이 오르면 가장 먼저 타격을 받는 것은 빈곤층이다. 2007년 멕시코 토르티야 폭동, 2013년 인도 양파 가격 파동, 2017년 이집트 정부의 빵 보조금 삭감 반대 시위 같은 사회적 불안이 그 예다. 다행히 2014년 이후 유엔식량농업기구의 식량가격지수가 크게 낮아지면서 전반적인 가격 부담이 줄긴 했지만, 세계 인구가 지금의 절반에도 못 미치던 1960년대 초반과 비교하면 식량 가격 자체는 크게 달라지지 않았다.

바로 이어지는 이야기는 그렇게 달갑지 않은 과식 문제다. 2007년 무렵 전 세계적으로 과체중인 인구가 굶주리는 인구를 넘어섰다. 일부 지역에서는 과식이 전염병처럼 퍼지며 건강과 수명에 심각한 악영향을 끼친다. 인류는 본래 먹을 것이 부족한 때를 견디다가, 음식이 충분하면 한꺼번에 몰아서 먹는 방식으로 진화했는데, 오늘날 이런 성향 때문에 많은 사람은 식욕을 조절하는 데 어려움을 겪는다. 특히 미국은 이 문제가 가장 두드러진 나라로, 성인의 3분의 1 이상이 비만이다. 이것이 미국의 평균 기대수명이 정체되는 데 한몫했고, 사우디아라비아도 비슷한 문제를 겪는다. 두 나라 모두 과체중인 인구 비중도 높다. 팔레스타인 서안 지구와 가자 지구에서는 저체중 아동 1명당 과체중이나 비만 아동이 4명 이상이다. 남녀 모두 과체중 인구가 저체중 인구보다 많지만, 비만은 남자아이가 여자아이보다 많고 저체중은 여자아이가 남자아이보다 두 배 이상 많다. 이는 많은 사회에서 자원을 분배할 때 남성을 우선시하는 현실을 보여 주기도 한다.

도시화가 진행됨에 따라 식생활도 바뀐다. 도시에서는 포장·보관·냉장 설비가 잘 갖추어져 있고 식품 안전 기준이 시골보다 우수하다. 그러나 도시인들도 가공 식품을 더 많이 먹어서 설탕과 소금, 지방을 과잉 섭취하게 되는 경향이 있으며 이로 인해 비만·당뇨·고혈압 같은 질병 문제가 두드러진다.

세계 농업 생산량이 상승하는 데에는 세계화가 큰 역할을 했다. 19세기부터 미국은 주요 곡물 수출국이었고, 지금도 잉여 생산물이 세계 여러 지역을 먹여 살리고 있다. 하지만 전 세계적인 식량 교역 중 일부에 불과하다. 예를 들어, 브라질에서 생산되는 대두의 4분의 3이 중국으로 수출돼 가축 사료로 쓰이면서, 중국인들의 육류 섭취량이 최근 수십 년 사이 크게 늘었다. 세계화가 진전되면 자급자족 능력이 떨어지기도 하는데 어떤 이들은 이를 비용으로 여긴다. 그러나 모든 분야에서 자급자족을 고집하는 북한 사례는, 세계화를 거부하는 것이 결코 바람직한 전략이 아님을 보여 준다. 북한 미취학 아동은 남한 아동에 비해 최대 13cm 더 작고 체중도 7kg 덜 나간다.

한 농부의 이야기

인도의 곡물 생산량은 60년 사이에 5배로 증가한 반면, 같은 기간 인구증가는 3배에도 미치지 못했다. 이것이 내가 1980년대 중반 이후 처음으로 2014년에 다시 찾은 인도에서 훨씬 건강하고 영양 상태가 좋은 사람들의 모습을 볼 수 있었던 이유이다. 지난 60년간 인도에서 벌어진 일은 '인구 3배 미만, 수확량 4배, 총생산량 5배'라는 간단한 세 가지 배수로 요약할 수 있다. 같은 땅에서 더 많은 사람을 먹여 살릴 수 있게 된 것인데 그럼에도 인도의 농업 성과는 다른 여러 나라에 비해 그리 뛰어난 편은 아니다. 비교적 농지가 작고 단위 면적당 수확량도 낮아서, 앞으로 개선할 여지는 여전히 많다. 게다가 인도 인구 증가율은 계속 낮아지는 중이어서 다음번에 인도를 방문할 때는 현재보다 기아가 훨씬 줄어든 모습을 보게 되리라 기대한다.

전체적인 지표가 좋아진 건 사실이지만, 그 과정이 구체적으로 어떻게 이뤄졌는지 이해하는 일도 중요하다. 여기에는 여러 요인이 작용한다. 관개 시설이 개선되고, 더 나은 품종이 보급되며, 농기구가 좋아지고, 비료에 대한 접근도 늘어났다. 무엇보다 기술을 더 절약적이고 효율적으로 쓰는 능력이 갖춰지면서 지속 가능성이 높아졌는데, 이러한 농업 생산성을 높이는 데 교육이 매우 강력한 수단 중 하나인 것으로 밝혀졌다. 실제로 인도에서 쌀 농사를 짓는 농민들을 조사한 결과, 현대적 기술을 쓰든 쓰지 않든 교육을 더 많이 받을수록 생산성이 높았다.

　인도 남부 카르나타카주의 찬드란나라는 농민은 부모에게서 3에이커(약 12㎡)짜리 작은 농장을 물려받았다. 그는 대학 교육을 받지는 않았지만 기초 교육과 약간의 농업 훈련을 바탕으로, 지렁이를 이용해 퇴비를 만드는 '벌미컬처' 기법을 시도했고 이 지역에서 땅콩을 가장 많이 수확했다. 이웃들보다 50% 이상 무거운 자루를 거둬들였는데, 이는 그의 가계 소득뿐 아니라 가족의 일상에도 큰 변화를 가져왔다. 한 방문자에 따르면 "흙벽이던 집에 시멘트를 덧바르며 확장하고 있다"라고 한다. 이웃들도 그를 본받고 있으며, 이렇게 지역에서 벌어지는 사례가 모여 인류를 오랜 빈곤의 굴레에서 한 걸음씩 벗어나게 돕고 있다.

　어떤 경우에는 우리가 당연하게 여기는 기술이 사람들의 삶에 큰 변화를 가져다준다. 예를 들어, 휴대전화는 농업 생산성을 높이는 교육 도구 역할을 할 뿐 아니라, 시장 정보와 소액 보험에 대한 접근성도 높여 준다. 2016년 기준 아프리카에는 칫솔보다 휴대전화 개수가 더 많았다. 케냐 서부 지역 농민들에게 문자 메시지로 농업 지식을 전하는 미국 비영리 단체 운영 담당자는 파이낸셜 타임스와의 인터뷰에서 "농민들에게 토양과 날씨, 시장 상황에 맞춘 정보를 제공하여 수확량과 순이익을 극적으로 늘릴 수 있다"라고 말했다.

　혁신은 계속 일어나지만 적용이 언제나 빠른 것은 아니다. 교육 부족이나 변화를 거부하는 태도 때문에 식량 생산과 관련된 신기술이 오랫동안 제대로 도입되지 못하기도 했다. 일부 농장은 투자하기엔

규모가 너무 작은데, 특히 인도에서는 농지 규모가 갈수록 줄어들어 이 문제가 더 심각해지고 있다.

　유전자 변형 작물(GMO)의 도입은 수확량을 높여 경작지를 덜 쓰도록 돕고, 기아를 줄이면서 야생 생물을 보호할 수도 있다. 빈곤국에서는 매년 25만~50만 명의 아이가 비타민 A 부족으로 시력을 잃으며 그중 절반은 1년 안에 사망한다. 생명공학 회사들이 특허권을 풀어서 널리 보급된 '황금쌀'은 이를 예방할 수 있다. 게이츠 재단은 비료 사용을 개선하고 GMO를 도입하면 아프리카 농민이 수확량을 두 배로 늘릴 수 있다고 본다. 작물의 영양 가치를 높이는 '생물 강화'도 이미 차이를 만들어 내고 있다.

　GMO 보급 속도가 예상만큼 빠르지 않은 것은 건강에 미치는 영향, '슈퍼 잡초' 발생, 다국적 기업의 지배력 강화에 대한 우려 때문이다. 그러나 이런 걱정은 당장 먹을거리가 부족한 일부 사람들의 현실과 함께 고려되어야 하며, 연구 결과도 대체로 이러한 우려를 뒷받침하지 않는다. 지속 가능하면서 전 세계 인구를 먹여 살리는 접근은 결코 불가능하지 않다.

　세계의 기아를 끝내려면 식량 생산에서 발전이 필요하다. 일반적으로 기근은 식량 부족과 깊은 관련이 있지만, 반드시 식량이 절대적으로 부족해야만 일어나는 것은 아니다. 실제로 식량이 충분히 생산되어도 이를 가장 절실히 필요로 하는 사람에게 도달하지 못해 기아가 계속되는 경우가 많다. 1840년대 아일랜드, 1930년대 우크라이나, 1940년대 벵골에서 기근이 일어났을 때도 곡물은 여전히 수출되

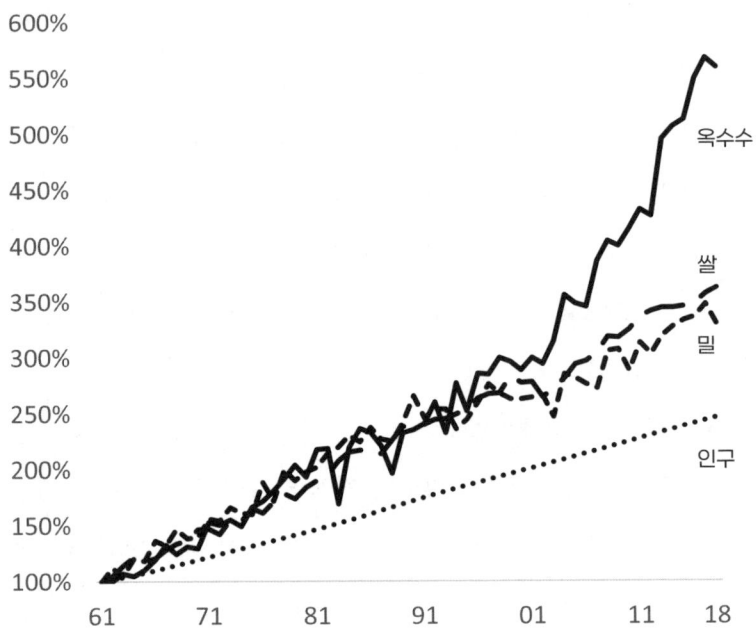

[표19] 주요 주식 작물 생산량과 인구 추이(1961~2018), 1961년 대비 백분율

출처: FAO, UN Population Division

지금은 인구 증가율이 안정적인 편이지만, 식량 생산은 여전히 빠르게 늘고 있다. 1960년대 초반부터 밀과 쌀 생산량은 세 배 이상 증가했고, 같은 기간 인구는 약 2.5배 늘었다. 최근 몇십 년 사이 가장 두드러진 상승세를 보인 작물은 옥수수로, 생산량이 다섯 배 이상 늘어났다. 옥수수는 주로 가축 사료로 쓰이는데, 지난 50년간 1인당 육류 소비량이 두 배로 늘어난 것 역시 이와 무관하지 않다.

[표20] 주요 주식 작물 생산성(에이커당 수확량)**, 1961~2018, 1961년 대비 백분율**

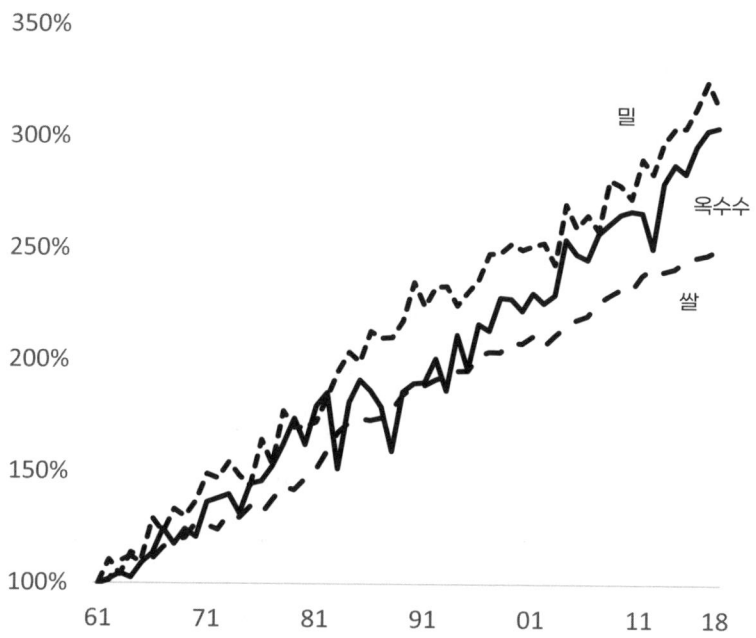

출처: FAO

많은 사람이 집약적 농업을 달가워하지 않지만, 더 적은 땅에서 더 많은 식량을 생산하면 그만큼 자연에 되돌려줄 수 있는 땅이 늘어난다. 최근 들어 수확량이 크게 늘면서 전 세계를 먹여 살리기 위해 농지 면적을 대폭 늘릴 필요가 없어졌다.

인구 증가가 점차 둔화되고 있고, 전 세계 여러 지역에서는 음식을 많이 먹기보다 오히려 덜 먹으려는 흐름이 뚜렷해지고 있다. 이런 상황에서 수확량 증가 추세가 이어진다면, 환경을 회복할 수 있는 실제적 기회가 될 것이다.

고 있었다. 오늘날 식량 원조가 이루어지고 있지만, 그 과정에서 시장이 왜곡되고 지역 농민이 의욕을 잃게 된다는 우려도 제기된다. 또한 부유한 나라의 농민을 지원하는 데 자원이 몰려 정작 가난한 나라 소비자에게는 충분한 도움이 되지 않는다는 지적도 있다. 이런 문제들은 분배방식이 어떻든 간에 모든 사람을 먹여 살릴 만큼 식량을 생산하기만 하면 된다는 맬서스주의적 관점을 넘어서는 부분이다.

미래의 식량

지금의 식량 생산 방식을 뛰어넘어 완전히 새로운 변화를 가져올 방식들이 등장하고 있다. 흙 대신 실내에서 작물을 기르는 수경재배는 LED 조명을 비롯해 온도·습도·영양분 같은 환경을 정밀하게 조절한다. 실제로 영국 런던 남부 클라팜 커먼 지하 33m에는 연간 약 2만kg의 채소를 재배하는 '농장'이 있다. 지하에서 작물을 키우면 지상 공간을 절약할 수 있고, 이곳에서 생산된 채소는 장거리 운송이 필요 없어 런던 시내에 훨씬 신선하게 전달된다. 공동 창립자인 스티븐 드링은 기자에게 "오후 4시에 수확해도 다음 날 점심 무렵이면 사람들이 먹을 수 있다"라고 말했고, 한 유명 셰프도 "영국 최대 도시 한복판에서 이렇게 신선한 식재료를 구할 수 있다니 정말 멋지다"라며 감탄했다. 광저우부터 몬트리올까지 여러 도시의 옥상 텃밭에서도 수경재배가 빠르게 확산되고 있으며, 이케아 역시 수경재배 키트를 판매 중이다.

이 밖에도 식량 생산 방식·생산량·농사 효율을 획기적으로 바꿀 다양한 기술이 아직 발전 초기 단계에 있다. 이러한 기술은 앞으로 인공 비료와 살충제를 덜 쓰고, 물과 토지 사용도 줄이면서 더 지속가능한 농업을 가능케 할 수 있다. 먼 훗날에는 넓은 땅에 작물을 무분별하게 심고는 자연의 여러 장애물을 극복하길 바라는 방식이 구식으로 여겨질지도 모른다.

비슷한 맥락에서, 머지않아 동물을 길러 도살하는 방식으로 고기를 얻는 일이 우스꽝스럽게 여겨질 수도 있다. 실험실에서 배양한 인공 고기가 대중화되기까지 아직은 시간이 더 필요하지만, 그 비용은 빠르게 낮아지고 있다. 2013년에는 실험실 햄버거 하나에 28만 달러가 들었지만, 앞으로 몇 년 안에 10달러 수준으로 낮아질 수 있다. 고기는 맛과 영양 면에서 매력적이지만, 생산 과정이 비효율적이라는 이유로 모든 사람이 채식을 하는 편이 환경·윤리적 측면에서 낫다는 주장도 있다. 그러나 고기를 완전히 포기하지 않고도 낮은 비용으로 지구 환경에 부담을 덜 주고 동물의 고통도 들어주며, 실제 고기와 거의 비슷한 식품을 만들 수 있다면 그 파급효과는 어마어마할 것이다. 실제로 세계에서 빙하가 없는 육지 중 4분의 1 이상이 육류나 기타 동물성 식품을 생산하기 위한 방목지로 쓰이는데, 이는 엄청난 자원을 소모한다. 최근에는 실험실에서 만든 인공 생선도 주목받고 있다.

인구가 기하급수적으로 계속 늘어난다면 언젠가는 맬서스가 말한 대로 인간 혁신이 한계에 부딪힐 우려가 분명 있다. 한 세기에 네 번씩 인구가 두 배로 불어나고, 그런 흐름이 수세기 지속된다면, 아무리 기술이 발전해도 식량 문제를 완벽히 해결하기는 어려울 것이다. 그러나 실제로는 음식 낭비만 줄여도 전세계 인구의 정점으로 여겨지는 약 110억 명 분의 식량을 감당할 수 있다. 여기에 더해 인간의 혁신이 끊임없이 나오고 있는 상황에 우리는 시간이 지날수록 배고픔에 시달리는 사람 수는 줄 것으로 기대할 수 있다. GMO 같은 혁신을 일부 거부하는 이들이 있겠지만, 가난한 이들에게는 그런 사치가 허용되지 않을 것이다. 게다가 식량 생산 분야에서의 혁신은 결코 새로운 일이 아니다. 수렵·채집에서 농경으로 넘어간 과정도 점진적이지만, 조금씩이지만 일종의 유전 공학이었기 때문이다. 19세기 미국의 급진 경제학자 헨리 조지(Henry George)는 이를 이렇게 표현했다.

"동물과 인간의 차이는 다음과 같다. 제이호크(매의 일종)와 인간 모두 닭을 잡아먹지만, 제이호크가 늘어나면 닭이 그만큼 줄어든다. 반면 인간이 늘어나면 닭도 더 많아진다. 바다표범과 인간 모두 연어를 먹지만, 바다표범이 연어를 한 마리 잡아먹으면 연어는 한 마리 줄어들 뿐이고, 바다표범이 일정 수준 이상으로 많아지면 연어도 결국 줄어들 것이다. 하지만 인간은 연어 알을 좋은 환경에서 기름으로써 자기가 잡아먹은 양을 상쇄하고도 남을 정도로 연어 수를 늘릴 수 있다. 결국 인간이 많아진다고 반드시 연어가 부족해지는 것은 아니다."

닭을 공장에서 대량 사육하거나 연어를 양식하는 방식이 전혀 환경 부담이 아예 없는 것은 아니지만, 적절히 관리될 수 있다. 윈스턴 처칠은 미래를 내다보며 이렇게 말했다. "우리는 가슴살이나 날개만

먹으려고 닭 한 마리를 통째로 기르는 어리석음에서 벗어날 것이다. 필요한 부위만 따로 적절한 배양 환경에서 길러 내면 되기 때문이다."

결국 인구 성장을 가로막는 결정적 한계는 식량 부족이나 다른 외부 요인이 아니라, 사람들이 스스로 내리는 선택이다.

미완성된 지도

　미래의 인류는 이미 우리 눈앞에 모습을 드러내고 있다. 젊은 층 중심으로 수명이 늘고 사망 시기가 늦춰지면서 전체 인구는 늘고 있지만, 자녀를 적게 낳아 인구 증가율은 점차 둔화되고 있다. 이들은 더 도시화되고 평균 연령이 높으며, 교육 수준과 영양 상태도 점차 개선되고 있다.

　다만 앞서 살펴봤듯이, 전 세계가 모두 같은 경로로 가는 것은 아니다. 사하라 이남 아프리카 여러 지역에서는 여전히 인구 근대화가 진행 중이다. 이 지역 상당수 국가는 이미 영아 사망률을 크게 낮추고 평균 기대수명을 늘렸지만, 앞으로 영아 사망률은 더 내려가고 기대수명은 계속 오를 것으로 비교적 자신 있게 얘기할 수 있다. 동시에 아프리카 전반의 출산율도 꾸준히 감소할 것이다.

　따라서 아프리카나 아프가니스탄, 동티모르 같은 나라에서도 인구가 늘고 고령화가 진행되면서 인구변천을 먼저 겪은 나라들을 점차 따라잡고 있다. 현재 인구변천 초기단계를 지나고 있는 나라도 앞으로는 더 나은 식생활과 교육을 누릴 것이라 기대할 수 있다. 물론 안정과 번영, 그리고 인구변천 성숙기의 상징인 '덴마크 수준'에 이르기까지는 여전히 갈 길이 멀다. 그러나 세계에서 가장 빈곤한 지역일수록 오히려 '덴마크적 방향'으로 나아가는 속도가 가장 빠르며, 이러한 발전이 꾸준히 이어질 가능성도 크다. 다만 네 가지 재난이 이를 가로막을 수 있는데 이는. 바로 환경 파괴, 전쟁, 팬데믹, 그리고 경제 붕괴이다. 이제 이 네 가지를 간단히 살펴보려 한다.

이 책은 지구온난화에 관한 책은 아니지만, 미래를 논할 때 기후 변화 관련 이야기를 피하기는 어렵다. 온실가스 배출량이 늘고 기온과 해수면이 계속 상승하면 농작물 수확이 어려워지고 기후 난민이 속출하며, 이 책에서 제시한 여러 전제가 흔들릴 수 있다. 이러한 극단적 시나리오가 아니더라도 환경오염이 심해지고 야생동물이 줄어들며, 지구 생태계 전반이 무너질 위험이 있다. 이런 일이 실제로 벌어질지 확실치는 않고, 일부 과학자는 상황이 그렇게까지 심각하지 않다고 주장하기도 한다. 우리가 하는 일의 상당수는 과거보다 훨씬 적은 탄소를 배출하면서도 할 수 있게 됐다. 사랑하는 가족이나 직장 동료와 음성·화상 통화를 하면서 직접 이동하지 않고도 소통이 가능해 에너지 소비를 크게 줄일 수 있다. 또 요즘 나오는 LED 전구는 예전 전구보다 에너지를 훨씬 적게 소모한다. 결국 발전이 반드시 환경을 해치는 것은 아니며, 오히려 환경 보호에 이바지할 수도 있다.

전 세계적으로 더 많은 이들이 더 높은 수준의 교육을 받으면서 환경 보호를 위한 다양한 혁신적 방법도 개발되고 있다. 태양광·풍력 발전이나 탄소 포집 기술이 온실가스 문제를 해결할 수 있고, 새로운 식량 생산 방식을 개발하며 기후 변화가 초래하는 농업 문제도 극복할 수 있다. '절대로' 일어나지 않을 일은 물론 일부 환경운동가가 경고하는 지구 온난화로 인한 인류의 전멸이다. 실제로 자연 재해로 인한 사망자 수는 수십 년간 꾸준히 줄어 현재는 전체 사망자의 1,000분의 1 수준에 불과하고, 사람들이 부유해질수록 재해로부터 자신을 지킬 능력도 높아진다. 인구가 늘어 환경에 부담을 주겠지만 인구 증가 속도는 해마다 느려지고 있고, 인간이 자연을 잠식하는 경우는 오히려 줄고 있다.

환경 재해와 마찬가지로, 전쟁이 앞으로 인구에 큰 영향을 미칠 가능성도 그리 높지 않다. 제3차 세계대전이 내일이라도 일어나 대규모 파멸을 부를 가능성을 완전히 배제할 수는 없지만, 역사적 기록을 보면 전투로 사망하는 비율은 전반적으로 감소하는 추세이며 1960년대 말 이후와 비교해도 훨씬 낮다. 10년에 걸친 시리아 내전으로 최소 35만 명이 목숨을 잃었고 이는 분명한 비극이지만 이는 전쟁 전 시리아 인구가 1년 새 늘어난 수보다 적다. 인구학적으로 더 큰 의미가 있는 것은, 그 열 배에 달하는 수백만 시리아인이 국경을 넘어 요르단·터키·레바논 등으로 이주했다는 사실이다. 또한 10년 동안 벌어진 시리아 내전 사망자 수는 3년간 이어진 한국전쟁과 비교해도 훨씬 적고, 세계 인구가 고령화될수록 전쟁 가능성이 줄어들 가능성도 높다.

이 책은 코로나19로 인한 봉쇄와 격리가 이어지는 동안 집필되었다. 코로나19 팬데믹으로 경제가 크게 흔들렸고, 선진국을 중심으로 사람들이 도시를 떠나는 흐름이 가속화될 수 있다. 또한 글을 쓰는 시점 기준 코로나19로 인한 초과 사망자가 1,600만 명 이상이라는 추산도 있다. 100년 전 스페인 독감으로 약 4천만 명이 사망했을 당시 세계 인구는 지금의 3분의 1도 되지 않았다. 현재로서는 코로나19가 고령층에 끼치는 영향이 다른 연령대에 비해 훨씬 크므로 인구 전체의 기대수명을 극적으로 낮추진 않을 것이다.

팬데믹은 오히려 사망률보다 출산율에 더 큰 영향을 끼칠 수도 있다. 봉쇄로 인해 집에 머무는 시간이 늘어나면서 연인 간 성관계가 잦아지거나, 유엔이 우려한 대로 피임에 접근하기 어려워진 탓에 계획에 없던 임신이 크게 늘어날 수도 있다. 반대로, 병원 진료 기피·결혼 연기·경제적 불안 등의 이유로 사람들이 출산을 미룰 수도 있다. 선진국에서는 대체로 코로나19가 출산율을 낮추는 쪽으로 작용하고, 빈곤한 지역에서는 피임 수단에 접근하기 어려워져 출산율이 오를 것으로 예측된다. 팬데믹이 어떤식으로 영향을 끼치는 이것은 일시적인 현상일 가능성이 큰데, 이후 특정 연도에 학교에 입학하는 아이들이 갑자기 많아지거나 지나치게 적은 등 불균형이 생길 수 있다.

대규모 경제 붕괴는 원인이 무엇이든 인구변천 초기 단계에 있는 가난한 나라에 치명적인 타격을 줄 수 있다. 실제로 2008~2009년 세계 경제 위기 때도 가장 큰 피해를 본 곳은 대체로 빈곤 국가들이었다. 그럼에도 이 시기 이후 상당수 개발도상국의 영아 사망률은 계속 낮아졌고 기대수명은 높아졌다. 결국 이 강력한 변화의 흐름을 되돌리려면 지금보다 훨씬 더 충격적인 경기 침체가 닥쳐야 할 것이다.

더 먼 미래의 인류

지금까지 우리는 눈에 보이는 현실적인 주제에 집중했다. 이 책에서 다룬 것 중 가장 미래적인 사례라 해봐야, 실험실에서 기른 고기 정도다. 우리 미래를 만들어 갈 출산율, 사망률, 이민 그리고 인종 변화에서의 흐름은 명확한데 이미 현재 우리와 함께 하기 때문이다. 그러나 이제는 그보다 좀 더 먼 미래에 벌어질 가능성이 있는 일을 생각해 봐야 한다.

우리가 지금까지 살펴본 바로는, 세계에서 가장 발전한 일부 국가가 기대수명 감소 흐름에 접어들었을 수 있다. 이는 아직 확실치 않지만, 기대수명이 연장되는 속도가 과거보다 느려진 건 분명하다. 가장 선진화된 나라조차 그러한데, 일본의 경우 1960년대에는 10년마다 5~6년씩 기대수명이 늘어났지만, 지금은 10년마다 1년 반에서 2년씩 늘어나는 데 그친다. 인간 수명이 어떤 자연적 한계에 도달했을 가능성도 있다. 정신 질환과 비만 문제는 이미 영미권에서 심각한 문제인데 둘 다 전 세계로 퍼지는 중일 수 있다. 러시아에서는 알코올중독, 자살, 비만이 오래전부터 큰 문제였다.

한편 노화에 대한 우리의 이해를 근본적으로 뒤바꿀 만한 과학적 발견이 일어나, 전혀 새로운 가능성이 열릴 수도 있다. 불멸까지 가지 않더라도 수명이 '고작' 200년만 되어도, 사회는 지금과는 전혀 다른 모습이 될 것이다. 언제, 어떻게 학습하고, 어떤 방식으로 일하며, 가족을 어떻게 구성할지도 지금과는 전혀 달라질 수 있다. 구체적으로 어떻게 달라질지는 분명치 않더라도, 우리가 지금 당연하게 여기는 삶의 패턴은 수명이 두 배가 되면 한물간 옛 방식으로 보일 수도 있다.

이미 임신과 성관계의 관계는 예전보다 훨씬 느슨해졌다. 피임 기술이 발전하면서 아이를 갖는 게 우연이 아닌 선택되었다. 모든 성관계가 임신으로 이어진 것은 아니지만, 모든 임신은 성관계로부터 비롯되었다. 적어도 시험관 수정 기술이 등장하기 전까지는 말이다. 앞으로는 성관계와 임신을 완전히 분리할 수도 있고, 부모의 숫자 역시 둘에 국한되지 않을 가능성도 있다. 실제로 여러 사람의 유전자를 조합해 아기를 낳는 상상은 그리 허무맹랑한 것이 아닌데 이미 세 사람 이상의 유전자가 섞인 아기가 태어난 사례가 있다. 물론 모든 아기가 뛰어난 지능과 아름다운 외모를 갖추고 유전 질환이 전혀 없는 미래는 엄청난 윤리적 문제를 불러일으킬 것이다. 그럼에도 기술만 가능하다면, 유전자 선택을 어느 정도 허용하자는 압력이 강할 것이다. 이미 특정 질환이 확인되면 임신을 중단하는 와중에 우리가 어느 방향으로 가고 있는지 조금은 가늠할 수 있다.

한 아이에게서 부모가 셋 이상이 될 가능성이 열리면, 지금까지 당연하게 여겼던 기본적인 인구학 개념도 흔들릴 수밖에 없다. 예전처럼 '한 어머니와 한 아버지'의 결합에서 태어난 아기라고 단정 짓기 어려워지기 때문이다. 여기에 더해, 최근 부상하고 있는 '젠더(성별) 유동성' 개념으로 인해 과거에는 분명했던 인구학적 구분이 희미해질 가능성도 크다. 현재 전 세계적으로 자신을 트랜스젠더로 밝히는 인구는 아직 최대 0.7% 정도이지만, 앞으로 대다수가 유동적 스펙트럼 안에서 성별을 선택하고 주기적으로 바꾸면서 살아가는 시대가 올 수 있다. 그렇게 되면 '여성 1명당 출산율'이나 '남성과 여성의 기대수명 차이'와 같은 전통적 인구통계 지표가 무의미해질 수도 있다.

결국 우리 의식을 다운로드한 뒤 완전히 새로운 신체로 업로드하거나, 아예 가상현실 속에서 살게 되는 날이 올 수도 있다. 범용 인공지능(AGI)이 인간을 지배하거나 해방시키거나, 인간의 삶을 통째로 흡수해 버릴 가능성도 떠올릴 수 있다. 지구를 떠나 다른 곳에 정착지를 만드는 시나리오 또한 그저 공상과학 같지만, 200년 전 사람들에게 지금의 우리가 누리는 많은 것 역시나 마법 혹은 공상과학으로 여겨졌다. 이런 가능성을 진지하게 고민하기 시작하면 이미 이 책의 범위를 훌쩍 넘어서게 된다. 그러나 인간 수명이 200년에 이르고 맞춤형 아기나 자유로운 성별 변경, 의식 다운로드가 흔해지는 세상이 오기 전에, 지금 당장 더 구체적이고 시급하게 해결해야 할 과제들이 남아 있다.

탈근대 트릴레마: 세 가지 E

선진국들이 탈근대적 인구 구조에 접어들면서 '트릴레마(trilemma, 삼중고)'를 마주하게 된다. 이는 셋 중 둘만을 선택할 수밖에 없는 상황인데, 이것이 곧 '세 가지 E'다. 이는 활발한 경제성장을 최우선시하는 '경제우선주의(Economics)', 특정 인종이 자기 고향으로 여기는 영역에서 수적으로 우세한 위치를 유지하려는 욕구인 '인종우선주의(Ethnicity)' 그리고 가족 형성보다 개인의 야망이나 삶의 목표를 우선시하는 가치인 '개인주의(Egoism)'이다.

여기서 '개인주의'라는 말을 쓰지만, 이는 실제로 훨씬 복잡한 개념이다. 불임의 경우를 제외하고, 사람들이 아이를 낳지 않거나 적게 낳는 데는 직장·경제적 부담, 노부모 돌봄, 개인적 욕구, 주변의 사회적 압박 등 여러 이유가 뒤섞여 있다. 그 어떠한 선택도 진공 상태에서 이루어지지 않는다. 보통 여성들이 가장 어려운 짐을 지는데, 유급 노동과 가사·육아를 병행하고 아이까지 낳으라는 압박을 받기 때문이다. 경제 상황이나 기타 여건 때문에 아이를 낳고 싶어도 못 낳는 경우도 많은데, 대체로 선진국에서는 아이를 희망하는 수준보다 적게 낳는다. 따라서 여기서 말하는 '개인주의'란, 여러 압력과 개인의 선호가 합쳐져 사람들이 소규모 가족을 선택하거나 자녀를 낳지 않는 흐름을 일컫는다.

이러한 트릴레마를 가장 잘 보여주는 나라는 세 군데가 있는데 이 세 나라는 모두 두 선택지를 위해 나머지 하나를 포기했다. 일본은 인종우선주의와 개인주의를 위해 경제우선주의를 희생했다. 앞서 봤듯, 일본은 대규모 이민을 받아들일 준비가 안 돼 있고 대체로 다문화주의를 환영하지 않는데, 이들 스스로도 아이 낳기를 꺼려 한다. 직장과 육아를 병행하기 어려운 문화와 가사·돌봄을 여성에게 기대는 분위기 속에서 여성들이 아이를 낳지 않으려는 것은 당연하다. 그 결과 일본은 역동적인 경제성장을 사실상 포기하고 세계 최고 수준의 국가 부채를 떠안았다. 노동 인구가 줄고 인구 전체가 감소하면서 일본 경제의 활력은 눈에 띄게 떨어졌고, 그 어떠한 경제 정책으로도 이를 되돌리기는 쉽지 않아 보인다.

이민이 단기적으로 또는 1인당 소득 기준으로 경제에 도움이 되는지는 여전히 논란이 있다. 해당 국가 내 기존 노동자들의 소득에는 크게 도움이 안 될 수 있지만, 인구가 늘지 않으면 경제도 성장하기 어렵다. 한 나라 안에서도 이민으로 이득을 보는 사람이 있는가 하면, 손해를 보는 사람도 있다. 영국은 전체 인구 중 약 13%인 9백만 명의 이민자 덕분에, 1인당 소득 기준은 아닐지 몰라도 전체 경제 규모가 커졌다. 노동 인구가 줄면 경제성장이 더디고, 노동력이 풍부하면 경제 활력이 높아진다. 특히 오랫동안 출산율이 낮았던 나라들은 이민으로 노동력을 보충하지 않으면 일손이 부족해질 것이다.

개인적 차원에서는 소득이 가장 중요할 수 있지만, 내 아이가 다니는 학교에 교사가 부족하거나, 고령 부모를 돌볼 간호사·요양보호사가 모자랄 때 노동력 부족이 가져오는 불편을 실감할 수 있다. 정부 입장에서는 전반적인 경제의 규모가 더 중요해서 연간 GDP 성장률, 세수 그리고 경제가 원활히 돌아가고 각종 서비스를 유지하는 데 필요한 노동력 등을 가장 신경 쓰게 된다.

영국은 일본과는 다른 길을 택했다. 영국 사람들 역시 아이를 많이 낳지 않는데 실제로 영국의 출산율은 약 50년 동안 대체 출산율을 밑돌았다. 생산성이 크게 늘지 않는 와중에, 역동적인 경제를 유지하기 위해 영국은 대규모로 이민을 받았다.

그 덕분에 어느 정도 경제 활력을 유지하며 병원·학교·사무실 등에 인력을 수월하게 공급할 수 있었는데, 그 결과 인구의 인종 구성이 바뀌었다. 영국 인구 중 영국계 백인 비율은 1990년대까지만 해도 90%를 훌쩍 넘었지만 2011년 무렵에는 약 80%로 낮아졌고, 앞으로도 점차 줄어들 것이다. 이를 문제시 하지 않고 환영하는 시각도 일부 있지만 보통 전통적으로 다수였던 민족이 자신들의 고향에서 소수가 되는 경우는 많은 반발을 일으키곤 한다. 게다가 소수 민족이 주류 문화에 동화되면, 이들 출산율이 전체 평균 수준으로 수렴하여 장기적으로 인구 문제가 해결되지 않을 수 있다.

민족이나 국가가 영원히 지속된다는 보장은 없다. 메디아인이나 서고트족처럼 역사 속에서 사라진 민족이 있듯이, 이탈리아인이나 일본인이 미래에도 반드시 존재할 것이라고 단언하기 어렵다. 실제로 유엔은 이탈리아와 일본이 앞으로 80년 안에 인구의 3분의 1 이상을 잃을 것으로 예측했다. 일본처럼 자국 내 인종 구성을 지키면서도 출산율은 억제하고, 어느 정도 경제성장을 포기하는 선택을 한 선진국도 있고, 영국처럼 개인주의와 경제성장을 유지하는 대신 인종 우선주의를 포기하여 자국 인종 구성의 변화를 감수하는 나라도 많다.

그러나 이스라엘은 다르다. 이스라엘은 문화적으로 출산을 장려하여, 여성 한 명당 평균 3명의 자녀를 낳는 유일한 선진국이다. 이 수준에 근접한 다른 선진국은 없으며, 이 높은 출산율 덕에 유대인이 다수를 차지하는 인구 구조가 유지되고 있다. 실제로 현재 이스라엘 내 유대계 여성의 출산율은 아랍계 여성의 출산율보다 조금 더 높다. (가자 지구 등의 팔레스타인 지역 출산율이 여전히 더 높기는 하지만, 예전보다 크게 떨어진 상태다.) 이스라엘은 개인주의를 포기한 대신, 경제우선주의와 인종우선주의를 모두 지켜냈다.

여기서도 '개인주의'이라는 표현에는 개인의 욕구뿐 아니라, 출산을 꺼리게 만드는 사회적 압력도 포함된다. 이스라엘에서는 사람들이 자녀를 갖기 위해 여러 희생을 기꺼이 감수하지만, 동시에 대가족을 장려하는 강력한 사회 분위기도 존재한다. 정부 정책이나 각종 서비스 지원 같은 제도적 장치부터, 아이가 없는 이들에게 은근히 따가운 시선을 보내는 문화적 분위기까지 말이다.

이스라엘은 건국 때부터 적대적인 주변국에 둘러싸여 있었고, 종교적 인구 비중이 크다는 점에서 예외적이라 할 수 있다. 하지만 문화적인 측면에서는 아이슬란드나 이탈리아의 출산율이 낮게 유지될 이유가 없다. 결국 출산율은 경제보다는 문화, 생물학보다는 개인의 우선순위가 더 크게 좌우한다. 이것이 바로 탈근대 인구 구조의 핵심이다. 이스라엘 사례는 한 나라가 교육 수준이 높고 기대수명이 길어도, 아이 중심 문화를 유지하고 실제로 출산율을 끌어올릴 수 있음을 시사한다.

이상의 내용은 얼핏 보면 출산을 장려하는 주장처럼 보일 수 있다. 물론 개인적으로는 부모가 되는 경험이 내 인생에서 가장 큰 보람이었지만, 여기서 나는 누군가에게 설교하려는 것이 아니라 개인과 국가가 처한 인구 관련 선택지와 그 결과를 보여 주려는 것이다. 정부가 경제발전 초기 단계에서, 즉 출산율이 낮아지는 시기에 가족 계획을 돕는 정책의 효과는 이미 여러 사례로 입증되었다. 1970년대 인도에서 실시된 강제 불임 수술 정책이나, 중국의 강압적 산아제한 정책처럼 지나치게 가혹한 방식은 불필요한 피해만 낳았다. 반면 출산율을 높이는 일은 훨씬 어렵다. 세금이나 복지 혜택을 늘리거나, 여성들이 일과 육아를 병행할 수 있게 해 주는 법·보조금을 마련하는 정책은 어느 정도 도움이 되지만, 탈근대 사회에서는 결국 개인과 가족이 어떤 가치를 중시하고 어떤 행동을 하느냐가 무엇보다 중요하다.

좌파 성향을 지닌 일부 사람들은 출산 장려 정책을 비롯해 개인적인 목표에 방해되는 압력을 달갑게 여기지 않는다. 그러나 이들은 개인주의적이고 세속적인 사회가 낮은 출산율을 유지하면서도 과연 존속할 수 있을지 고민해 봐야 한다. 부유한 나라는 당분간 이민으로 인구를 늘릴 수 있지만, 이민자들이 본래 문화를 유지하면 좌파 성향의 사람들이 지키고자하는 세속적·진보적 가치가 흔들릴 것이고, 이민자들이 동화되면 출산율이 낮아져서 장기적으로 인구 문제를 해결하기 어려워진다. 반면 우파 성향을 지닌 사람들 가운데서는 우리 민족이나 국민의 수적 우세가 뒤집힐 위기에 놓였다며 우려를 표하면서도 정작 자신들은 자녀를 낳을 생각이 없는 경우도 있다. 이런 상황에서 그러한 주장이 과연 타당한지 스스로 돌아볼 필요가 있다. 결국 미래의 인류가 어떤 모습이 될지는, 오늘 우리가 내리는 선택에 달려 있다.

감사의 글

저자 폴 몰랜드

에릭 카푸먼 교수님은 오랜 시간 내 글쓰기를 끊임없이 격려해 주셨고, 이 원고에도 귀중한 의견을 많이 주셨다. 대니 돌링 교수님 역시 아낌없이 시간과 생각을 나누어 주셨다. 또한 데이비드 굿하트님이 원고에 대해 주신 피드백과, 로버트 마셜, 이안 프라이스, 마이클 웨기에어 같은 오랜 친구들의 도움에도 깊이 감사의 말을 전한다. 경제 관련 주제 일부에는 마틴 반 더 웨이어님이 친절히 코멘트를 해 주셨다. 리처드 에어먼과는 인구통계학에 관해 흥미로운 대화를 많이 나누었다. 여러 해 동안 닉 로콕과 의견을 주고받으면서, 이 책의 여러 주제에 대해 내 생각을 다듬었다. 옥스퍼드대학교 세인트 앤터니스 칼리지에서 로저 굿맨 교수님과 동료들이 만들어 준 독특한 환경에도 감사한다.

미셸 로즌-오베르만과 니컬러스 험프리는 이 원고를 다듬는 데 큰 도움을 주었다. 니컬러스 블레이크의 꼼꼼한 검수 덕분에 책의 완성도가 크게 높아졌다. 그리고 에이전트 이상의 역할을 해 준 토비 먼디에게도 무한한 감사를 전하고 싶다. 탁월한 지성, 호기심, 프로 정신이 작업 전 과정에서 귀중한 힘이 되었다.

마지막으로, 내 아내 클레어와 아이들, 그리고 사위·며느리인 소니아와 조엘, 줄리엣과 사무엘, 아담, 그리고 내가 이 책을 헌정해 드린 어머니 잉그리드 몰랜드의 사랑과 응원이 없었다면 내가 한 모든 일은 불가능했을 것이다.

옮긴이의 글

역자 송지우

보이지 않는 손

"인류가 너무 많아 지구가 감당할 수 없다. 이것은 신이 설계한 고정불변의 원리다."

인간은 번번히 미래 예측에 실패해왔다. 예정대로라면 지구는 넘쳐나는 인구를 감당하지 못해 진작 몰락했어야 하고 20세기에는 전례 없는 대기근이 닥쳐서 세계대전에 버금가는 참상이 벌어졌어야 했다.

하지만 그런 일은 벌어지지 않았다. 아이를 하나만 낳아서 잘 기르라던 정부는 이제 아이를 낳도록 장려하기 위해 수당을 지급한다. 그럼에도 이러한 정책은 뚜렷한 효과를 보이는 것 같지 않고 미디어는 연신 우리나라가 3세대(three generations)가 지나고 나면 인구가 지금의 3%로 축소될 거라 얘기한다.

엄밀한 논리는 아니지만 그럴 듯하다. 최근 발표된 대한민국 출산율은 0.72이고 이는 다음 세대가 지금과 비슷한 인구 규모를 유지하기 위한 출산율의 3분의 1쯤 된다. 보통 우리는 그 숫자를 대체출산율이라 부른다. 대체출산율은 2.1명쯤 되는데 안타깝게도 일찍 사망하는 사례가 있을 것이니 한 세대가 다음 세대로 넘어갈 때 인구가 유지되기 위해서는 평균적으로 2명보다 조금 더 많이 낳아야 한다고 보는 것이다.

그런데 우리나라는 그보다 대략 3분의 1 수준으로 아이를 낳고 있다. 엄마와 아빠가 만나서 아이를 한 명만 낳으면 다음 세대 인구가 반토막이 되는데 이제는 둘이서 한 명도 채 낳지 않는 것이다. (물론 여기서 누군가는 애초에 요즘 엄마와 아빠의 만남 자체가 성사되지 않는다고 얘기할 수도 있겠다) 그럼 다음 세대 인구는 현 세대 인구의 3분의 1이 될 것이고 이 추세가 두 번만 더 반복되면 앞서 언급한 3%라는 값이 얼추 나온다.

하지만 과연 그렇게 될까?

가정을 하나 해보자. 예수가 탄생한 서기 1년부터 모든 여성이 평균 네 명의 자녀를 낳았다고 가정해보자. (이게 극단적인 가정이라고 반박하고 싶다면 윗세대 어르신들의 형제자매 수를 생각해보면 된다. 꽤 보수적인 가정이라는 게 금방 드러날 것이다.) 이 경우 한 세대인 약 25년이 지나면 인구가 2배 정도 늘어날 것이다. 그럼 21세기가 지나서 오늘날이 되면 전 세계 인구가 얼마나 될까? 답은 간단하다. 숫자 '1' 뒤에 0이 33개 붙는다. 이는 쉽게 말하면 우주에 존재하는 모든 원자의 수보다 지구에 있는 인간의 머릿수가 많다는 뜻이다.

하지만 실제로 그렇게 되지 않았다. 우선 과학적으로 인간의 몸에 원자가 이미 들어 있으므로 사람 수가 우주에 존재하는 모든 원자의 수를 넘는 것은 불가능하다. 그러나 결정적으로 인구가 늘어나려 할 때면 전쟁, 흑사병, 혹은 대규모 기근이 발생하여 그러한 증가세가 늘 억제됐다.

그렇다면 또 하나의 의문이 생긴다. 인구학에도 '보이지 않는 손'이 존재하는 걸까? 만일 이런 일이 반복되어 왔다면, 지금 우리가 겪고 있는 현상도 어떤 역사적 사이클의 일부일까?

　인구학은 거창한 이야기가 아니다. 인구학의 '보이지 않는 손'은 어떠한 마법도 아니고 우리가 이해하기 어려운 개념도 아니다. 놀랍게도 그것은 인간이 자유의지를 갖고 내리는 선택이 아우러져 발생한 힘이다.

　인구학의 보이지 않는 손을 우리가 쥐고 있다는 사실은 직관적으로 와닿지 않을 수 있다. 그러나 이 책을 읽으며 필자가 경험한 사고의 전환과 막중한 책임감을 독자 또한 함께 느낄 수 있기를 기대한다.

2025년 6월

TOMORROW'S PEOPLE
Copyright © Paul Morland 2022
All rights reserved

Korean translation copyright © 2025 by Guiparang Publishing
Korean translation rights arranged with THE ANDREW LOWNIE LITERARY
AGENCY through EYA Co.,Ltd.

이 책의 한국어판 저작권은 EYA Co.,Ltd를 통해
THE ANDREW LOWNIE LITERARY AGENCY와 독점 계약한 기파랑이 소유합니다.
저작권법에 의하여 한국 내에서 보호를 받는 저작물이므로 무단 전재 및 복제를 금합니다.

인구의 보이지 않는 손
10개의 숫자로 보는 인류의 미래

초판 1쇄 발행 | 2025년 7월 1일

지은이 | 폴 몰랜드
옮긴이 | 송지우

펴낸이 | 안병훈
펴낸곳 | 도서출판 기파랑
등 록 | 2004. 12. 27 제300-2004-204호
주 소 | 서울시 종로구 대학로8가길 56 동숭빌딩 301호 우편번호 03086
전 화 | 02-763-8996 편집부 02-3288-0077 영업마케팅부
팩 스 | 02-763-8936

이메일 | guiparang_b@naver.com
홈페이지 | www.guiparang.com

ISBN 978-89-6523-473-9   03300